新编
大学生心理健康教育

主编 徐鸿 潘复超

华中科技大学出版社
http://www.hustp.com
中国·武汉

图书在版编目(CIP)数据

新编大学生心理健康教育/徐鸿,潘复超主编. —武汉:华中科技大学出版社,2021.9
ISBN 978-7-5680-7538-1

Ⅰ.①新… Ⅱ.①徐… ②潘… Ⅲ.①大学生-心理健康-健康教育 Ⅳ.①G444

中国版本图书馆 CIP 数据核字(2021)第 185126 号

新编大学生心理健康教育
Xinbian Daxuesheng Xinli Jiankang Jiaoyu

徐　鸿　潘复超　主编

策划编辑：曾　光
责任编辑：刘　静
封面设计：孢　子
责任监印：朱　玢
出版发行：华中科技大学出版社(中国·武汉)　　电话：(027)81321913
　　　　　武汉市东湖新技术开发区华工科技园　　邮编：430223
录　　排：武汉创易图文工作室
印　　刷：武汉开心印印刷有限公司
开　　本：787mm×1092mm　1/16
印　　张：13.5
字　　数：340千字
版　　次：2021年9月第1版第1次印刷
定　　价：42.00元

本书若有印装质量问题,请向出版社营销中心调换
全国免费服务热线：400-6679-118　　竭诚为您服务
版权所有　侵权必究

《新编大学生心理健康教育》

编委会

顾　问　胡增军　夏明忠
主　任　张晓舟
副主任　高恩胜　徐　鸿
主　编　徐　鸿　潘复超
副主编　刘　方　徐　迪　黄　河
编　委　刘　方　徐　迪　黄　河　覃　琴　邹雨婷
　　　　赵　雪　郑　蓉　王耘科　母建春　张红梅

前言

人的心理健康是个体在成长和发展过程中所表现的认知合理、情绪稳定、意志坚定、行为恰当、人际和谐、适应变化的一种完好心理状态。当今社会竞争异常激烈,社会经济快速发展,教育体制深化改革,使得众多大学生面临学业、交友、择业与就业等一系列的问题与压力。他们中的一些同学既不善于掌握解决问题的能力,又缺乏缓解压力的有效方法,因此,不少大学生出现了焦虑、抑郁、压抑等常见的心理与行为问题,而且呈现出越来越严重、人数越来越多的现象。作为解决这些问题而开设的课程——心理健康教育,在心理知识传授、心理疾病预防、心理辅导工作等方面发挥着不可替代的重要作用。

近年来,党和国家越来越重视大学生心理健康教育问题。2016年教育部与国家卫生计生委等22部委联合印发了《关于加强心理健康服务的指导意见》,明确指出,高等院校要积极开设心理健康教育课程,开展心理健康教育活动,重视提升大学生心理调适的能力,保持良好的适应能力,重视自杀预防,开展心理危机干预。2018年《全国社会心理服务体系建设试点工作方案》也强调,高等院校必须设立心理健康教育与心理咨询机构,建立健全心理健康教师队伍,开设心理健康教育课程,开展心理辅导、心理咨询和危机干预等工作。

四川工商学院高度重视大学生心理健康教育工作。在制定的《中共四川工商学院委员会 四川工商学院关于加强和改进新形势下思想政治工作的实施方案(试行)》中,明确提出要加强学生心理健康教育、充实心理健康教师队伍、开展心理健康教育研究,打造适合我校学生教学特点和心理需求的公共基础课。

为有效开展心理健康教育,学校提出了四大举措。一要提高站位,凝聚共识。把学校心理健康教育视为贯彻党的教育方针,站在立德树人的高度来认识其重要性、必要性和紧迫性。心理健康教育是"全员育人、全程育人、全方位育人"的重要内容,也是建立和谐、安全、稳定校园的必然要求。全校上下要一盘棋,党政齐抓共管,群团组织积极参与,同心同德,上下联动,点面结合,有效开展心理健康教育。二要四个融入,多方施策。要把心理健康教育融入思政课,融入文化教育,融入社团活动,融入日常管理。除课堂教育、心理咨询主渠道以外,要开展丰富多彩、寓教于乐、形式多样的心理健康教育活动和文化体育活动。设立的活动要坚持普及性和普惠性的原则,人人参与,开朗向上,消减压力,愉悦身心,和谐人际。三要建立团队,协作攻关。建立专兼结合的心理健康教育师资团队,以心理教育中心为主体,将人文学院教师、辅导员队伍、马克思主义学院的师资等四支队伍有机结合,形成体系,分工协作,同向发力。学校领导小组、二级学院、其他组织分工合作,各司其职。心理健康教育中心要牵好头,带好队,有序、有效地开展工作。针对当前师资队伍年轻、无经验、非专业等特点,需加大培训培育力度。四要落细抓小,实际有效。心理健康教育是一项细微、细小、细化的工作,是做人的工作,而且是心理上的工作,不可大风大雨、简单粗暴,需要润雨无声,讲究方法。学生的健康成长、良好的社会环境和校园文化氛围、良好的校风会潜移默化地优化学生的心理品质。师生之间应相互沟通,教师会帮助温暖学生的心灵,耐心细致地做学生的思想工作,做到内化于心、外化于行。

虽然目前国内已有同类心理健康教育教材,但不能很好地结合学校办学定位、学校实情和学生个体特点,因此我校组织编写组,立足于学校应用型转型发展的实际,根据学生成长成才规律和学生心理需求特点编制了这本教材。

本教材的特点主要体现在以下几个方面。

1. 内容系统全面,亮点特色突出

这本《新编大学生心理健康教育》教材具体包括13章,全面系统地阐述了目前国内大学生心理健康教育的基本知识,覆盖了大学生心理健康教育的基本内容。如第一章和第二章介绍了什么是心理、心理学,人的基本心理结构等内容,弥补了国内同类教材重视科普性与可读性而忽视严谨性和学术性的缺陷。再如第十二章和第十三章,增加了"择业就业与创新创业"内容,在国内同类教材中基本没有安排或极少涉及这两个方面的内容,这实属我校此教材的亮点与创新。

2. 理论实践结合,知识深入浅出

本教材每一章都包含案例引入、理论阐述、阅读材料、课后思考等内容。理论联系实际,知识深入浅出,理论阐述讲究专业严谨、逻辑清晰,阅读材料强调形式多元、丰富有趣,有案例分享、心理自测、自我训练、心理活动、推荐阅读等,满足学生学习过程的趣味性和可读性。课后思考与练习的内容也有一定的弹性,能调动不同层次学生学习的积极性。课堂教学设计与学生实际状况相符合,学生阅读后就会感到有用而爱学。全书理论知识深浅适度,教师有把握的余地,理实一体而方便授课。

3. 立足办学定位,突出实践应用

《新编大学生心理健康教育》坚持学校"地方性、应用型、开放性"办学定位,突出应用。本教材一方面强化基础知识的学习和掌握，另一方面注重培养学生运用心理健康知识去解决实际问题的能力，激发学生的学习兴趣和求知欲望，增强学生的学习动机，提高理论联系实际的能力。因此，本教材中的不少案例来源于本校学生的真实事例，特别是在"大学生创业心理教育"一章，引用了已经在我校创新创业成功的几位同学的真实案例，总结分享这些创业者的经验，给在校学生提供就在身边的借鉴学习榜样。

学校高度重视这本教材的编写工作。在学校党委和行政的领导下，由副校长张晓舟教授主持，由学校心理中心主任徐鸿教授、人文学院高恩胜院长和学生工作部潘复超部长策划并实施，组织10余位教师，历时一年多，完成这本《新编大学生心理健康教育》教材。全体编委人员和参编教师克服困难，不计报酬，广泛收集资料和案例，精心编写大纲和章节，落实写作分工和撰稿，反复讨论校稿和定稿，为这本《新编大学生心理健康教育》教材做了大量的工作，付出了辛勤的劳动。这本教材凝聚了老师们的心血，也体现了我校领导和参编老师们对于民办高校课程改革和教材建设勇于探索的实践精神。借此机会，我代表学校向《新编大学生心理健康教育》教材的全体编委和参编人员表示衷心的感谢！

由于编写组成立时间不长、文献资料有限、时间比较仓促，教材中问题和错漏在所难免，欢迎使用教材的老师和同学们不吝指正！

四川工商学院校长：夏明忠

2020年9月

目录
Contents

第一章 什么是心理与心理学 /1
/ 第一节 心理的实质 /1
/ 第二节 心理学的研究对象 /4
/ 第三节 心理学的历史发展 /6

第二章 人的基本心理结构 /16
/ 第一节 人的一般心理 /16
/ 第二节 人的个性心理 /27

第三章 大学生自我意识与完善 /34
/ 第一节 大学生自我意识的发展 /34
/ 第二节 大学生自我意识的类型 /37
/ 第三节 大学生自我意识的完善 /42

第四章 大学生人格形成与教育 /48
/ 第一节 健全人格的含义 /48
/ 第二节 大学生的气质特点 /54
/ 第三节 大学生的良好性格 /56
/ 第四节 大学生健全人格的培养 /58

第五章 大学生人际交往及心理调适 /65
/ 第一节 大学生人际交往概述 /65
/ 第二节 大学生人际交往的常见问题 /68
/ 第三节 大学生人际交往的调适 /70
/ 第四节 大学生人际交往的艺术 /72

第六章 大学生的恋爱和性心理 /78
/ 第一节 大学生恋爱心理概述 /79
/ 第二节 大学生恋爱心理困扰及调适 /84
/ 第三节 大学生性心理困扰及调试 /90

第七章 大学生情绪调控与管理 /97
/ 第一节 情绪的概述 /98
/ 第二节 大学生情绪的特点 /101
/ 第三节 大学生常见的情绪困扰 /103
/ 第四节 大学生不良情绪的调适 /107

第八章　大学生压力管理与挫折应对　/113
　　/第一节　大学生心理压力及管理　/113
　　/第二节　大学生心理挫折及应对　/119

第九章　大学生心理健康与心理咨询　/128
　　/第一节　大学生心理健康概述　/128
　　/第二节　大学生的异常心理　/131
　　/第三节　大学生的心理咨询　/135

第十章　大学生心理危机与干预　/144
　　/第一节　大学生心理危机的认识　/144
　　/第二节　大学生心理危机的干预　/148

第十一章　大学生网络成瘾与心理教育　/158
　　/第一节　大学生网络成瘾的原因　/158
　　/第二节　大学生网络成瘾的心理调适　/167

第十二章　大学生择业与就业心理　/171
　　/第一节　择业心理误区　/171
　　/第二节　择业心理调适　/176
　　/第三节　职业生涯规划与目标管理　/180

第十三章　大学生创业心理教育　/188
　　/第一节　大学生创业心理概述　/188
　　/第二节　大学生创业心理指导　/193
　　/第三节　大学生创业历程解析　/197

参考文献　/202

后记　/205

第一章 什么是心理与心理学

 / 引子：日常生活中的心理学 /

一提起心理学，你头脑中出现的是什么呢？是天桥下看面相算命的"江湖人士"，还是美剧《犯罪心理》中能根据蛛丝马迹找出凶手的专家？抑或是随时随地都知道每个人心里想什么的"读心巫师"？其实这些都不是心理学，真正的心理学是一门科学，有严密的逻辑和实验步骤。生活中很多日常的现象涉及心理学。例如：有的人看见了红色想起了火焰和温暖，有的人看见了红色想起了红领巾，有的人看见了红色想到了死亡和血液；这种视觉上的相同事物带来的不同的心理感受，就是心理学。那么，心理学的定义是什么呢？怎么判断自己的心理是否健康呢？接下来，让我们一起来揭开心理学神奇的面纱，走近这一门古老而又年轻的学科。

第一节 心理的实质

人的心理现象是自然界最复杂、最奇妙的一种现象。人眼可以看见五彩缤纷的世界，人耳可以聆听旋律优美的琴曲，人脑可以储存异常丰富的知识。人有万物之灵的智慧，能运用自己的思维去探索自然和社会的奥秘，用语言交流思想和情感；人还有七情六欲，能通过活动去满足自己的各种需要，并在周围环境中留下自己意志的印记。总之，人类关于自然和社会方面的各种知识，在认识世界、改造世界方面所取得的一切成就，都与人的心理的存在和发展分不开。

一、什么是心理

心理是人脑对于客观事物的主观思考和感受。由于主观感受的不同，人会产生各种各样的心理现象，研究心理现象的产生和发展规律的学科就是心理学。心理并不是产生于我们的心脏，而是产生于我们的神经系统。

神经系统是指由神经元构成的一个异常复杂的机能系统。按照结构和功能不同，可以将神经系统分为周围神经系统和中枢神经系统。心理现象主要产生于中枢神经系统。

二、中枢神经系统

中枢神经系统包括脊髓与大脑。

1. 脊髓

脊髓是中枢神经系统的低级部位，位于椎管内，呈前后稍扁的圆柱状，全长粗细不等，上端在枕骨大孔处与延髓相连，下端尖削呈圆锥状，称脊髓圆锥，脊髓圆锥尖端延续为一细丝，称终丝，终丝向下经骶管终于第2尾椎的背面。成人脊髓全长为42～45厘米。

2. 脑干

脑干位于大脑下方，在脊髓和间脑之间，是中枢神经系统的较小部分，呈不规则的柱状。脑干自下而上由延髓、脑桥、中脑三个部分组成。

脑干是脊髓向上延伸的部分，它的下端与脊髓相连，上端与间脑相接。脑干内的白质由上、下行的传导束和脑干各部所发出的神经纤维所成，是大脑、小脑与脊髓相互联系的重要通路。脑干内的灰质分散成大小不等的灰质块，即神经核。神经核与接受外围的传入冲动和传出冲动支配器官的活动，以及上、下行传导束的传导有关。此外，在延髓和脑桥里有调节心血管运动、呼吸、吞咽、呕吐等重要生理活动的反射中枢。这些中枢受损，将引起心搏、血压的严重障碍，甚至危及生命。

延髓尾端在枕骨大孔处与脊髓接续，中脑头端与间脑相接。延髓和脑桥卧于颅底的斜坡上。脑干的功能主要是维持个体生命，包括心跳、呼吸、消化等重要生理功能。

3. 间脑

间脑各部分都有其特殊功能，但主要功能表现为接受和初步整合躯体性与内脏性感觉（嗅觉除外）冲动，并中继给大脑皮质特定感觉区。间脑还是大脑皮质下自主神经和内分泌的调节中枢，因此间脑受损时，人会出现感觉障碍和自发性感觉过敏，尤其是对痛觉的过敏明显，以及植物性神经与内分泌紊乱现象，如体温、水的代谢、睡眠、情绪等异常现象。

间脑结构较复杂，分为上丘脑、背侧丘脑、后丘脑、底丘脑和下丘脑。

（1）上丘脑主要的结构为躯体感觉通路的最后一级中继站，它把皮肤感觉、本体感觉冲动传向大脑皮质中央后回。

（2）背侧丘脑为两个卵圆形的灰质团块，灰质团块对称分布于第三脑室的两侧。每个卵圆形的灰质团块又分为丘脑前核、丘脑内侧核和丘脑外侧核。丘脑前核具有与内脏活动有关的功能，丘脑内侧核是躯体和内脏感觉冲动的整合中枢。

（3）后丘脑包括内侧膝状体和外侧膝状体。内侧膝状体内有内侧膝状体核，内侧膝状体是听觉传导路中最后一个中继站，接受听觉纤维的传入，并发出纤维至大脑皮质听觉中枢。外侧膝状体内有外侧膝状体核，外侧膝状体是视觉传导路中最后一个中继站，接受视觉纤维的传入，并发出纤维至大脑皮质视觉中枢。

（4）下丘脑是自主神经的皮质下中枢，与某些激素的分泌、情绪反应、某些代谢（如水、盐、糖、脂肪等代谢）的调节和体温、心血管运动、呼吸运动的调节以及食欲、睡眠、觉醒、生物钟（或昼夜节律）等的调节均有关系。许多生理心理学研究都涉及间脑，尤其是下丘脑。

4. 小脑

小脑也属于大脑的一部分，位于大脑的后下方，颅后窝内，延髓和脑桥的背面，由中间的蚓部和两侧膨大的小脑半球组成。小脑表面有许多大致平行的浅沟,沟间为一个叶片。小脑表面的灰质为小脑皮层;深部为白质,也称髓质。白质内有数对核团,称中央核。小脑是运动的重要调节中枢,有大量的传入和传出联系。大脑皮质发向肌肉的运动信息和执行运动时来自肌肉和关节等的信息,都可传入小脑。小脑经常对这两种传来的神经冲动进行整合,并通过传出纤维调整和纠正各有关肌肉的运动,使随意运动保持协调。此外,小脑在维持身体平衡上也起着重要作用。它接受来自前庭器官的信息,通过传出联系,改变躯体不同部分肌肉的张力,使肌体在重力作用下,作加速或旋转运动时保持姿势平衡。

5. 边缘系统

边缘系统是高等脊椎动物中枢神经系统中由古皮层、旧皮层演化成的大脑组织以及与这些组织有密切联系的神经结构和核团的总称。古皮层和旧皮层是被新皮层分隔开的基础结构。边缘系统的重要组成包括海马结构、海马旁回及内嗅区、齿状回、扣带回、乳头体以及杏仁核。边缘系统与其他脑结构(新皮层、丘脑、脑干)有广泛联系,所以边缘系统的作用是使中脑、间脑和新皮层结构之间产生信息交换。通过与下丘脑及植物性神经系统联系,边缘系统参与调解本能和情感行为,使得自身生存和物种延续。此外,海马结构还对学习过程和记忆发挥着突出的作用。因此如果海马结构或与之有功能联系的结构受损,则导致遗忘综合征。病变部位不同,产生的记忆障碍形式也不同。

三、大脑的结构和机能

1. 大脑的结构

人类的大脑是所有器官中最复杂的一部分,并且是所有神经系统的中枢。虽然它看起来是一整块的样子,但通过神经系统剖析,可了解它的各个功能。人类的大脑可以区分为三个部分:脑核(central core)、边缘系统(limbic system)、大脑皮质(cerebral cortex)。脑核部分掌管着人类日常基本生活(呼吸、心跳、觉醒、运动、睡眠、平衡等)的处理。边缘系统负责行动、情绪、记忆处理等功能。另外,它还负责体温、血压、血糖以及其他居家活动等。大脑皮质负责人脑较高级的认知和情绪功能,它区分为两个主要大块,即左大脑和右大脑,各大块均包含四个部分,即额叶脑(frontal lobe)、顶叶脑(parietal lobe)、枕叶脑(occipital lobe)、颞叶脑(temporal lobe)。

2. 大脑皮层分区机能

(1)初级感觉区。

初级感觉区是感觉神经纤维终止的区域,位于中央后回和中央旁小叶的后半部。初级感觉区感受躯干、四肢、头面部浅部的痛觉、温觉和触觉。此区感觉的特点是定位明确,分工精细,在皮质的定位呈倒立分布。初级感觉区的感觉投射具有一定的规律:①躯体感觉传入的投射左右交叉;②投射区域的大小与体表部位的感觉分辨精细程度正相关,主要与体表部位感觉装置及感觉神经元的数量有关;③投射区域有一定的分区,整体呈倒置分布,即头在下,足在上,但头面部各部呈正立分布。

(2)初级运动区。

初级运动皮质是额叶的一部分,主要负责计划、控制、运动执行,尤其是与延迟反应有关的动作。如果运动皮质受到电刺激,那么身体的一部分会运动,身体的哪一部分会运动关键看是运动皮质的哪个部位受到电刺激。在与世界进行交往时,人类需要精细的手部动作和大量的面部表情,相应地,大脑皮质中就有很大的区域用来处理手和脸的感觉及其运动反应。

(3)联合区。

联合区是按功能划分出的大脑皮层的一种区域,分为额联合区、额颞联合区、颅顶-颞-枕前联合区。除与周围的运动区和感觉区有由所谓的联合纤维所形成的联合之外,联合区还从皮层下的核(丘脑、丘脑下部)接收向中性纤维,并向皮层下投射离中性纤维。

联合区被认为具有发挥高级精神作用的整合机能,且这种整合机能因部位不同而异,人们曾通过切除实验对此进行了研究。额联合区被认为是思考、意志、创造、人格等的所在,额颞联合区被看作记忆的所在,颅顶-颞-枕前联合区被认为是知觉、认识和判断的中枢。

(4)大脑单侧化优势。

人的大脑两半球在进行言语及其有关的高级心理活动时表现出偏于一侧的现象。这一现象称为单侧化、一侧化(lateralization)或称为不对称(asymmetry)。这种现象早在十九世纪中叶已被临床神经学家发现,近些年来,由于多种技术方法的采用,人们对它又有了更加深入和广泛的探论,特别是在神经心理学界,这一现象是一项主要的研究内容,并成为在神经科学领域中有了重大突破的课题。

近几十年来,随着临床观察的深入和实验技术的发展及新方法的采用,虽然对于左半球的功能并未发现有与以往临床观察存在很大矛盾的新的材料,但对于右半球人们已注意到,在各种非语言形式的心理活动方面,如在形象的感知和记忆,时间、空间的知觉和定向,音乐的感知和记忆方面,它起着主要的作用,甚至在言语活动的某些方面,它也起着一定的作用。

第二节　心理学的研究对象

心理学是研究心理现象的科学。它既研究动物的心理,也研究人类的心理,而且主要研究人在各种言语行为中心理现象的产生、发展和规律。这一科学兼有自然科学和社会科学的性质,属于一门交叉科学。

人作为个体存在,每个人的心理结构各不相同,每个人的心理现象也各不相同。一般说来,个体的心理分为三个部分:认知心理过程、动机和情绪、能力和人格。每个人的认知不同,学习和做事的动机不同,遇到事情时情绪表现不同,能力不同,人格不同。因此,每个人的心理都是独一无二的。(第二章将专门介绍人的心理结构)

一、认知心理过程

认知心理过程是指个体获得知识和应用知识的过程,或信息加工的过程。认知心理过程是个体最基本的心理过程,包括感觉、知觉、记忆、思维和语言等。人接收外界输入的信息,并将这些信息经过大脑的加工处理,转换成内在的心理活动,进而支配自身的行为,这个过程就是心理加工过程,也就是认知心理过程。

通过视觉、听觉、味觉、嗅觉、触觉等感受到事物的存在,如感觉到颜色、明暗、声调、香臭、粗细、软硬等,形成对事物的印象,就形成了知觉。人通过感知觉获得的知识经验,并不会完全消失,而会保留在人脑中,经过大脑对事物的反复加工,就形成了记忆。随着经验的丰富和记忆的增多,人不仅能直接感知个别、具体的事物,认识事物的表面联系和关系,还能运用人脑中已有的知识和经验去间接地、概括地认识事物,揭露事物的本质及其内在的联系和规律,并用规律去解决问题。在这个时候,我们开始有了自己的思维等。这一系列的过程就属于个体的认知心理过程。

古怪的小红

小红是一个13岁的小女孩,今年刚上初一。老师和同学们渐渐发现小红穿衣服特别古怪:春秋冬总是穿着厚厚的棉袄,从头到脚裹得严严实实的,即使是夏天也穿着厚厚的衣服。有同学故意揭开小红的衣服,小红就会立马大叫:"冷啊!冷啊!"

请问:小红为什么会出现古怪行为?

二、动机和情绪

人类所有的认知和行为都是在动机的支配下进行的。那么,动机是什么呢?动机是一种内部动力,这种动力可以推动人的活动并使活动朝向某一目标。动机的来源是各种各样的需要,有需要就会有动机。例如:有的女孩子有减肥的需要,那么她就有减肥的动机,就有可能产生减肥的行为;有的同学有出国的需要,那么他可能就会产生学英语的动机,就有可能产生学英语的行为。人有各种各样的需要,有生理的需要,也有社会的需要,如劳动的需要、人际交往的需要、成就的需要、自尊的需要等。人有物质的需要,也有精神的需要。动机的来源就是人的各种需要,动机可以促使目标行为的产生。

小明的苦恼

小明是刚刚入学的大学生。经过高中时期艰苦的学习,小明感觉大学校园就应该是安逸休息的天堂。可是随着开学时期新鲜感的逐渐褪去,小明慢慢地发现自己没有了目标,每天浑浑噩噩的,不知道自己该干什么。随着大学生活一天天地过去,小明感觉到了前所未有的迷茫。

请问:小明迷茫的原因是什么?如果你是小明,你怎么解决大学初期的迷茫问题?

人在加工外界事物时,还会对事物产生不同的态度,产生满意、不满意、喜爱、厌恶、憎恨等主观体验,这种主观体验就是情绪。事业和学业上的成功、朋友的支持、家庭的团聚,使人感到愉快、兴奋和喜悦;而工作和学习上的失利、朋友的讥讽、亲人的争吵,使人感到沮丧、愤怒和痛苦。对于同一事物,每个人的情绪体验也并不一致。例如:看见半杯水,有的人会十分欣喜——"太好了,居然还有半杯水可以喝!"有的人会十分伤心——"太糟糕了,居然只剩半杯水了。"

情绪在认知的基础上产生,又对认知产生巨大的影响。积极的情绪能激发人们认识事物的积极性,使人锐意进取;消极的情绪会使人消沉沮丧,使人厌世、轻生,甚至夺去人的生命。

三、能力和人格

人在获得和应用知识的过程中，还会形成各种各样的心理特性，显示出人与人之间的心理差异。有的人善于记忆，有的人善于想象，有的人会跳舞，有的人会画画。每个人的能力不同，由此会形成不同的个体心理。除此之外，每个人先天的气质和后天的性格不同，遇到同一件事时产生的心理现象也不尽相同。例如：林黛玉多愁善感，看见花瓣的凋落便联想到自己的身世；而苏轼潇洒豪迈，哪怕再三被贬，依旧能笑对人生。这种人格的不同，造就了个体心理的不同。

案例分析

第二名也很棒

聪聪和笑笑是同一个班的同学，这次单元测验，两人都只考了第二名，可是两个人对这次单元测验的反应截然不同。聪聪仔细地分析自己的错题，找到问题之后便开开心心地继续学习；而笑笑整天哭丧着脸，连连感叹自己为什么马虎大意，为什么出错，为什么考不到第一名，接连七天，笑笑都没有办法好好学习。班主任见状，便邀请聪聪给笑笑做一下思想工作，聪聪大方地拍着笑笑的肩膀说道："别哭啦，第二名也很棒啊，第一名是没有进步空间的，第二名才更有进步的动力呀！下次努力就好了嘛！"

请问：为什么聪聪和笑笑对待同一结果有着截然不同的反应？

总之，认知心理过程、动机和情绪、能力和人格是个体心理现象三个重要的方面，这三个方面不是割裂的，而是互相联系、互相依存的。例如：认识的需要会推动人去探索世界，交往的需要会推动人去建立各种人际关系，并获得各种各样的情绪体验，同样，人的需要的产生和发展又依赖于认知。一个科学家正是由于积累了丰富的知识，才真正认识到自己的工作对造福人类的重大意义，并对自己的工作产生强烈的责任感，从而产生积极的研究动机。同样，人的能力和人格是在获得和应用知识的过程中产生和表现出来的，这些心理特性又调节着人脑加工信息的过程，并赋予个体不同的心理特色。

第三节 心理学的历史发展

心理学是一门古老而又年轻的学科。在心理学独立成为科学以前，有关"知识""观念""心""心灵""意识""欲望""人性"等心理学的问题，一直是古代哲学家、教育家、艺术家和医生共同关心的话题。

一、心理学古老的过去

（一）古代西方的心理学思想

在欧洲，心理学的历史可以追溯到古希腊亚里士多德和柏拉图的时代。亚里士多德（前384—前322）是一位学问渊博的哲学家，他的著作《论灵魂》探讨了灵魂的实质、灵魂和肉体的关系、灵魂的种类和功能等问题,是我们现在身心关系的理论来源。

在中世纪(476—1640),西方学者更多从宗教的观点来研究人类的行为。当时人们普遍认为行为不正常的人被邪恶的灵魂支配,或者受到了魔法和巫术的影响。心理治疗的目的就是释放出这些邪恶的灵魂,一般采用火烧、烟熏、鞭打等手段治疗心理不正常的人。这个时候的心理学更多地处在哲学和神学的支配下,并不能算是一门科学。

心理学在19世纪末逐渐成为独立的学科,现代心理学的诞生和发展有两个重要的历史渊源。

1. 近代哲学思潮的影响

近代哲学是指17—19世纪欧洲各国的哲学,主要包括法国17世纪的唯理论和英国17—18世纪的经验论。

唯理论的著名代表是法国著名的哲学家笛卡儿(1596—1650)。笛卡儿把人体和动物看作自动机械,它们的活动受力学规律的支配。他认为,用身体的原因不足以解释全部的心理活动,为了引起心理活动,还必须有灵魂的参加。这样笛卡儿就把统一的心理现象分成了两个方面,其中一个方面依赖于身体组织,而另一方面独立于身体组织之外。笛卡儿也因此陷入了二元论。笛卡儿关于身心关系的思想推动了动物和人的解剖学和生理学的研究,对现代心理学的诞生有直接影响。

经验论起源于英国哲学家霍布斯(1588—1679)和洛克(1632—1704)。霍布斯被认为是经验论的先驱,洛克被认为是经验论的奠基人。洛克反对笛卡儿的学说。他提出了"白板说",认为人的心灵最初像一张白纸,没有任何观念,一切的知识和经验都是从后天经验中得来的。英国的经验论演变到十八九世纪,形成了联想主义的思潮。联想主义的代表人物有穆勒、培因等。他们把联想的原则看成全部心理活动的解释原则。人的一切复杂的观念是由简单的观念借助联想逐渐形成的。

2. 实验生理学的影响

近代哲学为西方现代心理学的诞生提供了理论基础,而现代心理学的实验放大直接来源于实验生理学。19世纪中叶,生理学成为一门独立的实验科学。生理学的发展,特别是神经系统生理学和感官生理学的发展,对心理学走上独立发展的道路产生了重要的影响。

1861年,法国医生白洛嘉(1824—1880)从尸体解剖中发现,严重的失语症与左侧额叶部分组织病变有关。1869年,英国神经学家杰克逊提出了大脑皮层的基本机能分界线:中央沟前负责运动,中央沟后负责感觉。1870年,德国生理学家弗利茨和希兹用电刺激法研究大脑功能,发现动物的运动型行为是由大脑额叶的某些区域支配的。这些研究不仅加深了人们对大脑机能分区的认识,而且对研究心理现象和行为的生理机制开辟了广阔的前景。

(二)古代中国的心理学思潮

中国传统文化涵盖很广,是中国传统思想、道德伦理、典章制度等的集成。儒学、道家和佛教是中国传统文化中的三大传统思想,这三大思想构成了中国传统文化的精髓。心理学在传统文化中有很高的地位,诚如有的学者称:"中国文化本身便是一种充满了心理学意义的文化,心理学的意义也正是中国文化的突出特色。"

1. "心"的结构

在中国传统文化中,儒学、道家和佛教对"心"的解释包含着传统文化对心理的深刻理解。

"心理学"(psychology)的英文原意是研究精神现象的一门科学,在"心理学"英文的内涵中,所涉及与强调的是"精神"(mind)、"灵魂"(soul)、"意识"(consciousness)等,或者间接地表达人的"行为"(behavior)。在中国心理学界确认用"心理学"来翻译"psychology"之前,中国也有学者曾经使用"心灵学""解心术""识心术"等来翻译"psychology"。中国用"心"来解释心理学,与中国对"心"的广泛而深刻的理解分不开。在中国传统文化中,"心"不仅代表心脏,而且被用来表示思想、情感、意识,乃至态度、性格和意志这些现代心理学的基本内容。另外,心还被称为智慧之所在,如《管子·心术上》:"心也者,智之舍也。"从作为中国传统文化重要表征的汉字中可以解读中国传统文化对"心理"的认识。例如,中国汉字中大凡与人的心理有关的,都会有"心(忄)",如思、虑、想、念、恶、怒、怕、恨、怨、忿、愁、悟、悔、惧、惊、恐、忘、恋、恕、悲、性情、意志、惆怅、惋惜等,通过对这些与人的认识过程、情感过程、意志过程等心理过程相联系的汉字的解构,不难看出汉字中所表达的心理学意义,也不难看出中国传统文化对汉字"心"的意义的解析。可见,每一个带有心部的汉字,都有丰富的心理的内涵和意境,都表征了中国传统文化的心理学意义。

可以看出,心已经完全成了心理学的"心",它超越了假想的心理器官的"心脏",也超越了现实的心理器官的"大脑","心"已经表示人的灵性、人的智慧、人的心理、人的心灵、人的精神世界。

2."心"的作用

对于"心",儒家、道家、佛家有不同的理解。在儒家思想中,《孟子·尽心上》中,明确地提出了"尽其心者,知其性也。知其性,则知天矣"这一命题。孟子把儒家思想的四种基本范畴——仁、义、礼、智,皆归于心的注解:"恻隐之心,人皆有之;羞恶之心,人皆有之;恭敬之心,人皆有之;是非之心,人皆有之。恻隐之心,仁也;羞恶之心,义也;恭敬之心,礼也;是非之心,智也。"孟子十分肯定地说,"君子所性,仁义礼智根于心。"这充分反映出对于"心"的理解与把握是儒学的真谛。

在道家思想中,"道"是最根本、最重要的概念。对于包融天地、无形无迹的道,唯有心才能够把握。《管子》中,有这样明确的论述:"道也者,口之所不能言也,目之所不能视也,耳之所不能听也,所以修心而正形也……";"正形饰德,万物毕得";"心处其道,九窍循理"。可见,心是道与德之本。

在佛家思想中,有"三界惟心"和"万法一心"的说法,把"心"放在一切佛法、一切佛缘之根本位置。例如,《般若经·五百六十八》中说:"于一切法心为前导,若善知心悉解众法。种种世法皆由心。"中国禅宗又名心宗,它所有的教义皆可归结为"识自本心,见自本性;以心传心,心心相印"。

传统文化对"心"的解读,在一定意义上揭示了中国传统文化中对"心"的重视,对"心"在人的整体发展中所起的作用的认识。对"心"的重视,为研究"心"的学科的产生与发展提供了思想基础和舆论基础。

二、科学心理学的诞生

在14—17世纪,医学和生理学得到了发展,心理和脑解剖的研究恢复了生机。这时候的学者以自然的、朴素的眼光研究心理学。

法国哲学家笛卡儿认为,身体和心理是彼此独立的,相互之间有着强有力的影响。他将身体的运作看作机器般的机械运动,这种身心二元论在今天仍旧有着重要的影响。荷兰哲学家斯宾诺莎(1632—1677)相信身心之间不会相互影响,而是共同地、平等地影响着行为。

1879年,德国著名的心理学家冯特在德国莱比锡大学创建了第一个心理学实验室,开始对心理现象进行系统的实验室研究。在心理学史上,这一实验室的建立标志着科学心理学的诞生,冯特因此被称为"心理学之父"。

三、心理学的不同流派

心理学成为一门独立的学科之后,涌现出不同的流派,每个流派都持有自己的观点。代表流派有:弗洛伊德(S. Freud)的精神分析,研究异常心理,包括我们平时的梦境;华生的行为主义,用动物进行实验,来研究人的学习行为;等等。随着各流派的发展,心理学进入繁荣的"百家争鸣"时代。同样的心理现象在不同流派中可能会有不同的心理解释。

(一)构造主义

构造主义奠基人为冯特,著名代表人物为铁钦纳。构造主义主张心理学应该研究人的直接经验即意识,并把人的经验分为感觉、表象和情感三种元素。感觉是知觉的元素,表象是观念的元素,而情感是情绪的元素。所有复杂的心理现象都由这些元素构成。在研究方法上,构造主义主张内省,这是一种自我观察的方法,且主张将内省和实验方法结合起来。

(二)机能主义

机能主义是指主张研究心理活动和心理机能的心理学流派,19世纪末20世纪初产生于欧美。机能主义广义指欧美机能心理学。在欧洲,以布伦塔诺、斯顿夫、J.沃德、斯托斯、里博、比内等为代表,坚持以心理活动或心理机能为心理学的研究对象,反对冯特的内容心理学,大多属哲学思辨,缺乏实验根据,被视为机能主义的兴起。在美国,以1890年詹姆斯出版《心理学原理》为先声,以1896年杜威发表《心理学中的反射弧概念》一文为开端,机能主义很快成为美国心理学的总倾向。

机能主义认为心理学研究的对象是意识,心理学是对意识状态的描述和解释,意识状态是一种川流不息的状态,是思想流、意识流和主观生活流。机能主义反对把意识分解为基本元素的做法,认为这种做法容易破坏心理的整体。詹姆斯关于意识的观点有:每一种意识都是个人意识的一部分;意识是经常变化的;每个人的意识都是连续不断的,每个人的意识状态都是意识流的一部分;意识具有选择性。

(三)行为主义

行为主义是美国现代心理学的主要流派之一,也是对西方心理学影响最大的流派之一。

行为主义的主要观点是,心理学不应该研究意识,应该只研究行为,把行为与意识完全对立起来。在研究方法上,行为主义主张采用客观的实验方法,而不使用内省法。行为主义是强调运用自然科学的实证方法,对社会政治生活的过程做系统的、经验的和因果的解释的西方政治学思潮和流派。行为主义的发展可以被区分为早期行为主义、新行为主义和新的新行为主义。早期行为主义的代表人物以华生为首,新行为主义的主要代表人物为斯金纳等,新的新行为主义以班杜拉为代表。

行为主义产生于20世纪初的美国,代表人物是华生和斯金纳。这是针对构造主义理论的不足而在美国进行的一场心理学革命。它反传统心理学,而主张对人的行为进行研究的观点,主张心理学不应只是研究人脑中的那种无形的像"鬼火"一样不可捉摸的东西——意识,而应去研究那种从人的意识中折射出来的看得见、摸得着的客观的东西,即人的行为。行为主义认为,行为就是有机体用以适应环境变化的各种身体反应的组合,这些反应不外乎是肌肉的收缩和腺体的分泌。它们有的表现在身体的外部,有的隐藏在身体的内部,且强度有大有小。行为主义认为,具体的行为反应取决于具体的刺激强度,因此,行为主义把"S-R"(刺激-反应)作为解释人的一切行为的公式。行为主义认为,心理学的任务就在于发现刺激与反应之间的规律性联系,这样就能根据刺激而推知反应,反过来又可通过反应推知刺激,从而达到预测和控制行为的目的。

行为主义在20世纪20年代发展到高峰,成为从20年代到50年代整整30年在美国心理学研究中一直处于统治位置的一大流派,这在美国心理学史甚至世界心理学史上都是绝无仅有的。

(四)格式塔心理学

格式塔心理学又叫完形心理学,是西方现代心理学的主要流派之一,诞生于德国,后来在美国得到进一步的发展。该流派既反对美国构造主义心理学的元素主义,也反对行为主义心理学的刺激-反应公式,主张研究直接经验(即意识)和行为,强调经验和行为的整体性,认为整体不等于部分之和,而是大于部分之和,主张以整体的动力结构观来研究心理现象。该流派的创始人是韦特海默,代表人物还有苛勒和考夫卡。

格式塔心理学认为心理学研究的对象有两个,一个是直接经验,另一个是行为。格式塔心理学家认为心理学应该研究意识,但为了和构造主义心理学有所区别,于是就用"直接经验"来表述。所谓直接经验,就是主体当时感受到或体验到的一切,即主体在对现象的认识过程中所把握到的经验。这种经验是一个有意义的整体,它和外界的直接客观刺激并不完全一致。格式塔心理学认为,直接经验是一切科学研究的基本材料。

格式塔心理学的另一个研究对象是行为。格式塔心理学把行为分为显明行为和细微行为,前者指个体在自身行为环境中的活动,后者指有机体内部的活动。格式塔心理学研究的是显明行为。

(五)精神分析学派

精神分析学派是欧美现代心理学派别之一,也是广泛影响西方美学、文艺批评和社会学的流派之一。1895年奥地利精神病医师弗洛伊德和布洛伊尔合著出版《歇斯底里症研究》,1900年弗洛伊德发表《释梦》,开始奠定精神分析学说。其后弗洛伊德又创办学会、年鉴、公报、杂志、国际出版社,广为宣传。精神分析学说逐渐由精神病治疗的理论和技术,扩大为心理学的思想体系,进而扩大到人生哲学和宣传研究领域。该学派亦称弗洛伊德主义。

弗洛伊德认为,人的心理是由本我、自我和超我三层结构组成的。"本我"是一个无意识的结构,是同肉体相联系的本能和欲望,按"快乐原则"活动;"自我"是一个意识结构,是认识过程,按"现实原则"活动,感受外界的影响,满足本能的要求;"超我"是一个由社会灌输的伦理观所形成的结构,按"至善原则"活动,用来制约自我。

大一新生的痛苦

张某,女,十九岁,某大学一年级学生,父母均为工人,家庭生活温馨,因为是独生女,所以备受宠爱。上大学前,她的一切事宜均由父母料理,她从不承担任何家务劳动,甚至连衣服、袜子也不用自己洗。上大学后,她非常想念异地的家,极不适应大学生活,产生了许多心理上的矛盾与困惑。

"我真不该来这里上大学,我现在连一天也待不下去了。我日日夜夜都在想家,晚上上床,一想到睡的地方不是自己的家,就很难入睡。我在梦中梦到的都是爸爸妈妈。我也知道是梦,但就是不愿意醒过来,但总要醒啊!醒来一睁眼就心烦、心酸,真不想起床。不想吃早饭,也不想服从校规去做早操,但又怕身体垮了父母着急,于是强迫自己起床锻炼、吃饭。在校园里散步,听见广播里放的音乐有"妈妈"之类的歌词就要哭,一边走一边哭,走回寝室时,已哭成泪人。在校园、在街上,听见的几乎都是本地人的口音,深深觉得自己是被抛弃到异地的游子,我真是孤独极了。班上组织春游、秋游,我毫无兴趣,看到同学玩得高兴,我更是感到孤独、感到伤心。而且,看见天上的鸟儿,看到车站、码头,看到电影中的南方景色,就想回家,回到寝室就钻到被窝里哭。周末,看见本地同学纷纷回家,更是伤心得心口剧痛。

"我知道,爸爸、妈妈肯定希望我快快活活,好好读书。因此我力求使自己快乐起来。我强迫自己忘掉家里的温馨生活,把注意力集中到学习上。但是,无论何时何地,我的眼前总是浮现出父母和中小学时的同学……所以我根本不能忘掉他们,我的学习成绩一天天地在下降。我又怕自己被淘汰遭别人笑话,看不进书,却不敢不看,就是望着书发呆,晚自习也要在图书馆坐两三个小时才能坦然一点。好多作业没做,现在成天提心吊胆,担心期末考试不及格,更担心让家里人失望。现在,我真的后悔上大学,学习的目的也完全不清楚。我父母没上过大学,不也工作、生活得挺好的吗?我愿意回家去当清洁工,当摆摊的都行。但是父母肯定不允许我这样,所以我想转学,转到家乡的大学。可能转学后,我能够重新振作。"

说到这里,她又哭了起来,医生这次没有劝慰她,只是静静地等她平静下来。过了一会儿,她抬起头来又说:"入学后,我经常给家里写信,有时还打电话,把一些生活费都省下来用在给家里通信和打电话上。我现在觉得自己几乎要崩溃了,全靠家乡亲友的150多封来信,我才能强打起精神。"

分析:这种问题一般出现在刚入学的新生身上,对于一个快上了一年的大学生来说,应该已经习惯了学校的生活才是。由此可见,张某的适应能力不是很强,而且她缺乏安全感和独立能力。如果不能融入大学环境,就很难接受大学里的同学和老师,这样一来势必会形成孤立的生存空间,导致社交范围狭窄。这属于严重的心理问题,但是可以通过调节改变,多给予张某一些关注和温暖,她应该很快就会平静下来了。

她需要先去调整心态,在身边找一个能帮助她走出悲观想家的好朋友,时刻开导她,或者咨询心理咨询师。她可以去参加素质拓展训练,在挑战自己的乐趣中转移注意力,并积极参加各种活动,在活动中与同学相处,学习为人处事之道。只要她能转移注意力,适时地参加一些社会公益活动,慢慢地就能调整回来。

心理自测：中国大学生心理健康量表

评定项目	无	偶尔	有时	经常	总是
1. 我的情绪忽高忽低	1	2	3	4	5
2. 做什么事我都感觉很困难	1	2	3	4	5
3. 我喜欢与人争论、抬杠	1	2	3	4	5
4. 我对许多事情都感到心烦	1	2	3	4	5
5. 遇到紧急的事我的手发抖	1	2	3	4	5
6. 我怕应付麻烦的事	1	2	3	4	5
7. 我的情绪低落	1	2	3	4	5
8. 我感到人们对我不公平	1	2	3	4	5
9. 我觉得大多数人都不可信	1	2	3	4	5
10. 我感到别人对我不友好	1	2	3	4	5
11. 我不能控制自己的脾气	1	2	3	4	5
12. 我感到前途没有希望	1	2	3	4	5
13. 我喜怒无常	1	2	3	4	5
14. 我要求别人十全十美	1	2	3	4	5
15. 我抱怨自己为什么比不上别人	1	2	3	4	5
16. 我觉得别人想占我的便宜	1	2	3	4	5
17. 我觉得活得很累	1	2	3	4	5
18. 看到房间杂乱无章我就静不下心来	1	2	3	4	5
19. 读书时我需要很长时间才能提起精神	1	2	3	4	5
20. 我感到有坏事发生	1	2	3	4	5
21. 我感觉疲劳	1	2	3	4	5
22. 我常为一些小事而心情不好	1	2	3	4	5
23. 我不能容忍别人	1	2	3	4	5
24. 别人有好成绩时我会嫉妒	1	2	3	4	5
25. 我的想法与别人不一样	1	2	3	4	5
26. 遇到挫折我便灰心	1	2	3	4	5
27. 我经常责备自己	1	2	3	4	5
28. 我害怕别人注意我的短处	1	2	3	4	5

续表

评 定 项 目	无	偶尔	有时	经常	总是
29. 我一紧张就头痛	1	2	3	4	5
30. 我有打人或骂人的冲动	1	2	3	4	5
31. 我感到别人不理解我,不同情我	1	2	3	4	5
32. 我固执己见	1	2	3	4	5
33. 我对什么事都不感兴趣	1	2	3	4	5
34. 我心里焦躁	1	2	3	4	5
35. 我在人多、车多的路口心里发慌	1	2	3	4	5
36. 遇到紧急的事我会尿频	1	2	3	4	5
37. 我的心情时好时坏	1	2	3	4	5
38. 我对新事物不习惯	1	2	3	4	5
39. 我感到别人亏待我	1	2	3	4	5
40. 我感到与人很难相处	1	2	3	4	5
41. 我有摔东西的冲动	1	2	3	4	5
42. 我感到很难与人相处	1	2	3	4	5
43. 我总觉得别人在背后议论我	1	2	3	4	5
44. 我爱揭别人的短处	1	2	3	4	5
45. 我的喜怒都表现在脸上	1	2	3	4	5
46. 我常紧张得睡不好觉	1	2	3	4	5
47. 我无缘无故感到紧张	1	2	3	4	5
48. 应采取果断行动时我就犹豫不决	1	2	3	4	5
49. 我不擅长与人相处	1	2	3	4	5
50. 该做的事做不完我放心不下	1	2	3	4	5
51. 我不分场合地发泄不满	1	2	3	4	5
52. 我控制不住自己的情绪	1	2	3	4	5
53. 当别人看我或议论我时我感觉不自在	1	2	3	4	5
54. 我觉得别人对我的成绩的评价不恰当	1	2	3	4	5
55. 我感到自己没有什么价值	1	2	3	4	5
56. 我总觉得别人在跟我作对	1	2	3	4	5
57. 我的情绪波动很大	1	2	3	4	5
58. 我担心别人看不起我	1	2	3	4	5
59. 我感到忧愁	1	2	3	4	5

续表

评定项目	无	偶尔	有时	经常	总是
60.我心情紧张时胃就不舒服	1	2	3	4	5
61.在变化的情况下我不能灵活处事	1	2	3	4	5
62.我觉得我的学习或工作的负担重	1	2	3	4	5
63.我对比我强的人并不服气	1	2	3	4	5
64.我不能接受别人的意见	1	2	3	4	5
65.我对亲朋好友忽冷忽热	1	2	3	4	5
66.我觉得生活没意思	1	2	3	4	5
67.我担心自己有病	1	2	3	4	5
68.遇到紧急情况时我心跳得厉害	1	2	3	4	5
69.与陌生人打交道时我感到为难	1	2	3	4	5
70.我心里总感觉有事	1	2	3	4	5
71.在公共场合吃东西时我感到不自在	1	2	3	4	5
72.我朋友有钱让我感到不舒服	1	2	3	4	5
73.我做事想怎么做就怎么做	1	2	3	4	5
74.我难以完成工作或学习任务	1	2	3	4	5
75.紧张时我的手会出汗	1	2	3	4	5
76.我常用刻薄的话去刺激人	1	2	3	4	5
77.我不能容忍嘈杂的环境	1	2	3	4	5
78.我容易激动	1	2	3	4	5
79.我的感情容易受到别人的伤害	1	2	3	4	5
80.到一个新环境我不能很快适应	1	2	3	4	5

说明:中国人心理健康量表共有80个评定项目,每个评定项目采用5级评分制。

(1) 无:自觉无该项症状。

(2) 偶尔:自觉偶尔有该项症状。

(3) 有时:自觉有该项症状,时有发生。

(4) 经常:自觉有该项症状,经常发生。

(5) 总是:自觉有该项症状,总是发生。

中国人心理健康量表中的80个评定项目,归类于10个因子,各个因子所包含项目如下:

(1) 人际关系紧张与敏感:包括10,14,23,31,49,53,71,79,共8项。该因子主要反映受试者在人际关系方面紧张、敏感等。分数越高,代表人际关系越是紧张、敏感。

(2) 心理承受能力差:包括2,17,26,40,50,62,74,77,共8项。该因子反映受试者感觉困难、遇到困难、挫折时,觉得工作和学习负担重、难以完成,对杂乱环境不能忍受。分数越高,代表心理承受能力越差。

(3) 适应性差:包括6,18,35,38,48,61,69,80,共8项。该因子反映受试者对事情、环境、人不适应等。分数越高,代表适应性越差。

(4) 心理不平衡:包括8,15,24,39,42,54,63,72,共8项。该因子反映受试者感到别人对他不公平,抱怨自己赶不上别人,别人有成绩时自己生气,自己出力不讨好,觉得别人亏待自己,对比自己强的人不服气。分数越高,代表心理越不平衡。

(5) 情绪失调:包括1,13,22,37,45,52,57,65,共8项,该因子反映受试者情绪不稳定,心情不愉快,控制不住自己情绪等问题。分数越高,代表情绪失调越严重。

(6) 焦虑:包括4,20,28,34,47,58,67,70,共8项。该因子反映受试者对许多事情感到心烦,预感有坏事发生,心里烦躁,无缘无故紧张,担心自己有病等。分数越高,代表焦虑程度越高。

(7) 抑郁:包括7,12,21,27,33,55,59,66,共8项。该因子反映受试者情绪低落,对于前途感到无希望,对事情不感兴趣,觉得生活没意思等。分数越高,代表抑郁程度越高。

(8) 敌对:包括3,11,30,41,44,51,76,78,共8项。该因子反映受试者喜欢与人争论,不能控制脾气,爱刺激别人等。分数越高,代表敌对水平越高。

(9) 偏执:包括9,16,25,32,43,56,64,73,共8项。该因子反映受试者不信任人,固执己见,总认为别人背后议论自己、与自己作对,不能接受别人的意见,我行我素等。分数越高,代表偏执水平越高。

(10) 躯体化:包括5,19,29,36,46,60,68,75,共8项。该因子反映受试者心里紧张,特别是情绪产生的躯体化不适或症状,如手发抖、头痛、睡不好觉、胃不舒服、心跳加快等。

建议:此问卷仅供参考,如果有疑问,请咨询专业人员。

本章思考与练习

1. 你如何理解"心理的实质"?试举例说明。
2. 你认为心理学是研究什么的科学?
3. 怎样理解心理学"几千年的过去"与"百余年的今天"?

第二章 人的基本心理结构

 / 引子：自己挡自己 /

我刚参加工作时，住单位筒子楼。有一天半夜，我从梦中醒来，迷迷糊糊出门上厕所。在昏暗的灯光下，在楼道的拐角，我碰到一个人：阴郁的面孔，蓬乱的长发，带着一丝惊疑不安的神色。于是我站住了，就在这时，那人也停住了脚步。我向左走了一步，想让开那人，没想到那人也同向让我，于是我向右移，那人也向右移。我们就这样相互让着，结果谁也没有让开谁。这情景我平时走路时也遇到过，但从来没有像这天晚上这样无休无止。我想坐下来，同时我看到那人也露出了同样的打算。于是，我转身回去睡觉，好久才睡着。第二天，在一片阳光里醒来后，我仍然惦记着昨夜的事，跳起来，冲向楼道。在楼道的拐角，静静地立着一面镜子，据说是昨天下午才安装的。我恍然大悟，原来昨夜拦住我去路的，是我自己！从此我对人的各种心理现象产生了兴趣。

上一章我们知道了什么是心理、心理学。本章将要学习心理学所研究的各种心理现象，也就是人的心理活动的两种基本表现形式，即人的一般心理和个性心理。

第一节 人的一般心理

人的一般心理又称心理过程，是人脑对客观现实的积极反映过程。它包括认知过程、情感过程和意志过程。这三种心理过程相互联系、彼此影响。一方面，情感和意志是在认知过程中产生的；另一方面，良好的情感和意志对认知过程可以起到积极推动作用。

一、认知过程

认知过程又称认识过程，是人最基本的心理过程，是人脑对客观事物的属性及其规律的反映。认知过程包括感觉、知觉、记忆、思维、想象和注意等心理过程。

(一) 感觉和知觉

1. 感觉和知觉的概念

感觉是人脑对直接作用于感觉器官的客观事物个别属性的反映。感觉是最简单、最基本的心理活动。通过感觉,不但能分辨外界各种事物的颜色、声音、软硬、粗细、涩滑、重量、温度、气味和滋味等外界特征,而且能反映人体各部分(眼、耳、鼻、舌、躯干、四肢)的运动和人体内部五脏六腑的情况。例如,我们有"肚子饿"的感觉,这是胃的蠕动及血糖变化在头脑里的反映。

小贴士

"感觉剥夺"实验有多危险

英国科学家曾进行了一项实验:将6名志愿者分别关入一个与外界几乎隔绝的密封室内,观察他们在被剥夺视觉、听觉和触觉后产生的一系列变化。时年37岁的喜剧演员亚当·布鲁姆是6名志愿者之一,他同意接受"单独监禁",并同意实验者使用监视器监视他的活动并制作成电视纪录片。在整整两天两夜的时间里,他坐在完全黑暗、绝对安静的屋子中,实验者使用夜视摄像机观察他的行为。

实验前,布鲁姆把即将发生的一切想得很轻松:"我是一个忙碌的人,脑子里总是装满了各种想法和念头。我算了一下,只有48个小时,不太长,我相信自己可以应付。"

然而在门被"砰"的一声关上后,布鲁姆不知不觉中有了异常反应。"最初的半个小时,我不断说话、唱歌,给自己讲笑话听,但是不久后就感到厌烦、焦虑。我坐在床上,目不转睛地盯着前方,开始回忆过去的生活。我甚至开始担心家人。"

几个小时后,布鲁姆睡着了。但是在他醒过来后,情况变得更糟。"没有手表和日光,完全失去了时间的概念。我只有不停地打盹混时间,但是再次醒来后的感觉更痛苦。"

8个小时后,布鲁姆出现妄想症状。"我开始唱歌,突然痛哭流涕。我感觉情绪正在渐渐失控,甚至怀疑实验是一个骗局。我胡思乱想,如果实验者都走了,我是不是要被永远留在这里?尽管我知道这些想法荒谬可笑,但是我摆脱不了这些想法。"

24个小时后,布鲁姆的注意力开始涣散,思维变得迟钝。"没有光线,大脑得不到任何刺激,我感觉好像就要睡着一样。"

但是布鲁姆的真正麻烦来自进入实验30个小时以后。英国心理专家史蒂文·罗宾斯教授介绍说:"他在小房间中不停地踱步。这种动作经常出现在被限制自由的动物身上。"

40个小时后,布鲁姆开始产生幻觉:他看到一大堆牡蛎壳。"我可以看到牡蛎壳上发出珍珠似的光辉,就像白天一样。随后,我感觉整个房间飞了起来。我觉得自己已经失去了求生的意志。"

经历了48个小时的心理测试后,布鲁姆走出房间。根据对他的测试,布鲁姆处理信息的能力受损,记忆力减退,暗示感受增强。不过布鲁姆认为参加实验非常值得。

布鲁姆的实验全过程已经被制作成纪录片,计划在英国广播公司2台播放。罗宾斯教授表示:"理解感觉剥夺的影响非常重要,因为很多国家将这种方法作为一种审讯手段。"

对实验结果的研究发现,丰富的、多变的环境刺激是有机体生存与发展的必要条件。对感觉剥夺现象的研究不仅对研究病理心理现象有益,还对航天、航海、潜水等特殊环境下的工作人员有重要的实践意义。

但是这种实验风险也很大。加拿大心理学教授唐纳德·赫布曾对50多名志愿者进行过类似的实验,最终他不得不放弃,因为志愿者们的最大忍受极限不超过48个小时。

知觉是人脑对直接作用于感觉器官的客观事物整体的反映,是人对感觉信息进行组织和解释的过程。感觉和知觉是一切高级的、复杂的心理活动的基础,也是一切理性认识的源泉和基础。感觉和知觉是调节心理活动和维持正常心理活动所不可缺少的因素。图 2-1 所示为感知两歧图形。

2. 感觉和知觉的种类

(1)感觉的种类。

依据刺激的来源,人的感觉可以分为两大类:外部感觉和内部感觉。外部感觉接受外部的刺激,反映外界事物的属性,包括视觉、听觉、味觉、嗅觉和皮肤觉。内部感觉接受机体内部的刺激并反映它们的状态,包括动觉、平衡觉和肌体觉。

①视觉。

视觉是我们认识外部世界的主导感觉,在一个正常的人从外界接收的全部信息中,有 80%~90% 是通过视觉获得的。

图 2-1 感知两歧图形

②听觉。

耳朵是听觉器官。听觉是由振动频率为 16~20 000 赫兹的声波作用于内耳的柯蒂氏器的毛细胞所引起的,其中 1 000~4 000 赫兹是人耳最敏感的振动频率范围。通常人们认为,听觉的重要性仅次于视觉。

③味觉和嗅觉。

味觉和嗅觉这两种感觉时常联系在一起。味觉的适宜刺激是能溶于水的化学物质,嗅觉的适宜刺激是各种有气味的物质微粒。

④皮肤觉。

皮肤觉是以皮肤表面为感受器接受外来刺激而产生的感觉。它包括触觉、压觉、温度觉和痛觉。

⑤动觉和平衡觉。

动觉是因身体活动而产生的一种感觉,它反映身体各部分的运动和位置。这种感觉是由肌肉伸缩所产生的刺激作用于肌肉、肌腱和关节中的感受器而引起的。平衡觉又称静觉,是反映头部位置和身体平衡状态的感觉。平衡觉的感受器分布在内耳的前庭器官中。

⑥肌体觉。

肌体觉也就是内脏感觉,是有机体内部各器官、各系统的活动改变时所产生的感觉,如饥饿、口渴等感觉。肌体觉带有模糊的性质,并且缺乏准确的定位。肌体觉最常见的表现就是有些人常常可能分不清是胃疼还是肚子疼。

(2)知觉的种类。

从不同的角度和标准出发,知觉有不同的种类:根据知觉过程中起主导作用的分析器的不同,可以把知觉分为视知觉(如看书)、听知觉(如听音乐会)、嗅知觉、味知觉和皮肤知觉,以及复杂知觉(如看电影是视听综合知觉)等;根据人脑所反映的事物特性的不同,可以把知觉分为物体知觉和社会知觉;根据知觉映象是否符合客观实际和反映客观现实的精确性程度,可以把知觉分为精确知觉、模糊知觉、错觉和幻觉。

①物体知觉。

物体知觉包括时间知觉、空间知觉和运动知觉。其中,时间知觉是反映客观事物延续性和顺序性的知觉。人总是通过某种媒介来反映时间的。空间知觉是反映物体空间特性的知觉。运动知觉是指对物体空间位移和移动速度的知觉。

②社会知觉。

社会知觉是人对社会现象和社会关系的知觉。从心理学的角度来说,社会知觉主要包括对他人的知觉、人际知觉和自我知觉。

③错觉。

错觉是对外界事物不正确的知觉。错觉现象相当普遍,在各种知觉中都可产生。错觉可分为对物的错觉和对人的错觉。对物的错觉中最常见的是视错觉,其中图形错觉最常见。在人际交往中,在一定条件下,会产生对人的不正确的知觉。对人的错觉主要表现在第一印象、晕轮效应、刻板印象、近因效应等方面。

④幻觉。

幻觉是指在没有外在刺激的情况下,出现的虚假的知觉。幻觉一般有幻视、幻听、幻动等。幻觉是由于神经系统紊乱而引起皮质区的细胞不随意联系而发生的。精神病患者、无辜的受害者以及高度紧张或催眠状态下的人较容易产生幻觉。例如,在焦虑地等待某人到来时,感觉耳边老是有敲门声,但实际上并没有。这种幻听的出现与期待的心理密切相关。

(二)记忆

1. 记忆的概念

记忆是人脑对过去经历过的事物的反映。也就是说,记忆是人脑对曾经感知过、思考过、体验过和行动过的事物的反映。记忆与感知觉不同,感知觉是人脑对当前直接作用着的事物的反映,而记忆是人脑对过去经历过的事物的反映。

2. 记忆的环节

记忆是一个复杂的从"记"到"忆"的心理过程,包括识记、保持、再认或回忆三个基本环节。记忆过程的三个环节相互联系、相互制约。识记和保持是再认或回忆的前提,再认或回忆是识记和保持的结果和表现。

3. 记忆的种类

(1)根据记忆内容不同来划分。

根据记忆内容不同,可将记忆分为形象记忆、语词-逻辑记忆、情感记忆和动作记忆。

(2)根据记忆是否有预定目的,是否需要专门的办法和意志努力来划分。

根据记忆是否有预定目的,是否需要专门的办法和意志努力,可将记忆分为无意记忆和有意记忆。

(3)根据记忆是否与特殊时空有关来划分。

根据记忆是否与特殊时空有关,可将记忆分为情节记忆和语义记忆。

(4)根据记忆保持时间的长短来划分。

根据记忆保持时间的长短,可将记忆分为瞬时记忆、短时记忆和长时记忆。

4. 遗忘及其规律

(1)遗忘的概念。

遗忘是与保持相反的过程,指对曾经识记过的东西不能再认或回忆,或者错误地再认或回忆。遗忘有不同的种类,按时间来分,可分为暂时性遗忘和永久性遗忘。

(2)遗忘的规律。

德国心理学家艾宾浩斯于1878年首先对遗忘现象做了系统的研究。他以自己为被试,以无意义音节为记忆材料,把识记材料学到恰能背诵的程度,过了一定的时间间隔后再重新学习,以重学时节省的背诵时间或次数作为计算保持量的指标。他据此制成一条曲线(见图2-2),一般将之称为艾宾浩斯遗忘曲线,也称保持曲线。

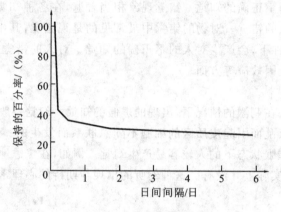

图 2-2 艾宾浩斯遗忘曲线

艾宾浩斯遗忘曲线表明了遗忘的规律,即人的遗忘是先快后慢的;最初忘得快、忘得多,以后忘得慢、忘得少。

(三)思维

思维是人脑对客观事物间接的、概括的反映。它揭露事物的本质特征和内部联系,是认识的高级形式,主要表现在人们解决问题的活动中。

1. 思维的特征

(1)间接性。

思维活动不反映直接作用于感觉器官的事物,而是借助于一定的媒介和知识经验对客观事物进行间接的反映,这是思维的间接性。例如,早晨起来,推开窗户,看见对面屋顶是湿的,于是便推想到:昨夜下雨了。这时,人并没有直接感知到下雨,而是以其他事物为媒介(屋顶潮湿),用间接的方法推断出来的。

(2)概括性。

思维是在大量感性的材料的基础上,把一类事物共同的、本质的特征和规律抽取出来加以概括,这就是思维的概括性。感觉、知觉只能反映事物的个别属性或个别的事物;思维则能反映一类事物的本质和事物之间的规律性联系。例如,通过感觉、知觉,我们只能感知到太阳早晨从东方升起,晚上从西方落下;通过思维,我们则能揭示这种现象的规律性(地球自转的结果)。

2. 思维的种类

思维作为一种高级的认识活动,从不同的角度来划分,具有不同的分类。

(1)根据思维活动凭借物的不同来划分。

根据思维活动凭借物的不同,可将思维分为感知动作思维、具体形象思维和抽象逻辑思维。

(2)根据思维活动探索目标方向的不同来划分。

根据思维活动探索目标方向的不同,可将思维分为集中性思维(辐合思维、求同思维)和发散性思维(辐射思维、求异思维)。

(3)根据思维活动创新程度的不同来划分。

根据思维活动创新程度的不同,可将思维分为常规性思维和创造性思维。

(四)想象

1. 想象的概念

想象是在头脑中对已有表象进行加工改造,重新组合形成新形象的心理过程。例如,"外星人""飞碟"等的形象就是人们想象出来的。想象的形象无论多么新奇,构成新形象的材料都来源于客观现实。它是在过去感知材料的基础上形成的,没有相应的感知材料,就不可能产生想象。因此,感知材料越丰富,想象也就越丰富;反之,想象也就越贫乏。

2. 想象的种类

根据想象时有无预定目的,可以把想象分为无意想象和有意想象。

(1)无意想象。

无意想象是一种没有预定目的、不自觉的想象。它是当人们的意识减弱时,在某种刺激的作用下,人们不由自主地想象某种事物的过程。例如:人们看见天上的浮云,想象出各种动物的形象;人们在睡眠时各种梦境、精神病患者在头脑中产生的幻觉等,都是无意想象。

(2)有意想象。

有预定目的,自觉产生的想象叫有意想象。根据想象的新颖程度、创造水平不同,有意想象又分为再造想象和创造想象。再造想象是根据语词描述或图像示意,在头脑中形成相应形象的心理过程。例如,学生读了曹雪芹的小说《红楼梦》后,在头脑中形成了林黛玉的鲜明形象。再造想象有一定程度的创造,但创造水平较低。创造想象是根据一定的目的在头脑中独立地形成新形象的心理过程。例如:飞机设计师在头脑中构思了一架新式飞机的形象;作家在头脑中构想了新的人物形象。创造想象比再造想象更复杂、更困难、更高级。

名家名言

想象力比知识更重要,因为知识是有限的,而想象力概括着世界上的一切,推动着进步,并且是知识进化的源泉。

——爱因斯坦

(五)注意

注意是认知心理重要的组成部分,主要表现为认知活动对认知对象的指向和集中。个体一旦选择了指向和集中的认知对象,其余部分随即成为背景或陪衬。图 2-3 所示为注意两可图。

1. 注意的概念

注意就是人的心理活动对一定对象的指向与集中。例如,学生在教室里聚精会神地听课,而不管其他无关的刺激,就是把心理活动指向和集中到老师的讲述上了。

2. 注意的特点

首先,注意是心理活动的指向性。注意使心理活动指向特定的对象和范围,即离开其他的对象和范围。当人们在认真观看电视节目时,对环境中的其他事物,便不会特别关注。

其次,注意是心理活动的集中性。注意使意识离开一切与特定的对象和范围无关的事物,而对特定的对象和范围保持一定的意识强度或紧张度。集中注意的对象就是注意的中心,其余的对象有的处于"注意的边缘",多数处于注意范围之外。

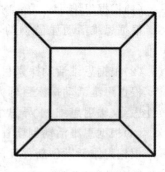

图 2-3 注意两可图

最后,注意是一切心理活动的共同特征。注意并不是一种独立的心理过程,它只是伴随着其他心理过程而存在的一种意识倾向性。注意总是和其他心理过程相联系,如我们平常所说的"注意铃声""注意灯光",并不是说注意本身就是独立的反映过程,而是由于习惯,把"注意听铃声"中的"听"字、"注意看灯光"中的"看"字省略了。可见,注意本身并没有自己特定的反映内容,但它总是伴随着心理活动的过程并贯穿始终。

会走路的"黑板"

物理学家安培,一天傍晚在街上散步,忽然脑子里考虑到一个题目,就向前面一块"黑板"走去,他随手从口袋里掏出粉笔头,在"黑板"上演算起来。可是,"黑板"一下子挪动了,而安培的演算题还没有算完,他不知不觉地追在"黑板"后面计算。"黑板"越走越快,安培觉得追不上了,这时他看见街上的人都朝他哈哈大笑,他这才发现,那块会走动的"黑板"原来是一辆黑色马车车厢的后背。

二、情感过程

人们在认识客观事物时,总是会对客观事物产生一定的态度评价和态度体验,或满意或厌恶,或喜爱或憎恨,或高兴或烦恼,或自豪或自卑,等等。这些心理现象称为情绪和情感,即情感过程。情绪和情感是人对客观事物是否符合自己的需要而产生的体验。情绪和情感在许多西方心理学著作中常常被合称为情感。

丑女变美女

在一个小岛上,住着一个原始部落,在部落里有这样一个习俗:男方对某个女方有意时需要用牛作为彩礼。岛上有一个丑女,早已过了适婚的年龄,但是没有一个男人向她家提亲,所以她很焦急。她越焦急变得越丑,越没有变美的自信心。终于有一天,一个年纪偏大的中年人向她求婚了,很快他们结婚了,丑女的心情变得越来越开朗,人长得越来越漂亮。有时岛上妇女一起聊天,有的说"我是用一头牛换来的",有的说"我是用两头牛换来的",这时以前的丑女会站起来说"我是用六头牛换来的",满脸的喜悦。是什么原因促使丑女变成了美女?

(一) 情绪

同学们玩过万花筒吗？万花筒里的世界是五彩缤纷、变幻莫测的。情绪亦是如此，一个人的情绪有如万花筒，丰富多彩。人类的情绪究竟有多少种，恐怕很难说得清楚。所以，时至今日，心理学界对情绪形式的划分尚未形成统一的看法。

中国古代最为我们所熟知的是"七情说"，最早出自《礼记》。它把人的情绪分为七大类，分别是喜、怒、哀、惧、爱、恶、欲。还有情绪的"四情说"、"五情说"和"九情说"等。

现代心理学家常把快乐、悲哀（痛苦与悲伤）、愤怒、恐惧列为情绪的四种基本形式，称为基本情绪或原始情绪。快乐是盼望的目的达到了，紧张解除后继之而来的情绪体验。悲哀是失去所盼望、所追求的东西或有价值的东西而引起的情绪体验。愤怒是由于目的和愿望不能达到，或顽固地、一再地受到妨碍，逐渐积累而产生的情绪体验。快乐和愤怒都是企图接近、达到目标（快乐企图接近、达到引起快乐的目标，愤怒企图接近、达到引起愤怒的目标）；恐惧则相反，是企图摆脱、逃避某种情景。恐惧往往是由于缺乏处理或摆脱可怕情景的力量和能力所造成的。恐惧比其他任何情绪更具感染性。

伊本·西拿的公羊

在中世纪，享有"医学之王"美誉的著名阿拉伯医学家伊本·西拿曾做过一个实验。他把两只公羊分别系在两个不同的地方，并给以同样的食物。一个地方是平静、安稳没有危险的草坪；另一只公羊待的地方是旁边关着狼群的动物馆。第二只公羊由于经常看到狼在它身边窥视而整天提心吊胆，精神一直处于高度紧张状态，不久就死了。而前一只公羊一直生活得很好。西拿做的这个实验表明了情绪对动物的身体状况有很大的影响。

根据情绪发生的强烈程度和持续时间，情绪可分为三种状态：激情、心境和应激。

1. 激情

激情是一种爆发式的、猛烈而时间短暂的情绪状态。例如，暴怒、狂喜、极度的恐惧、极度的绝望等都属于激情体验。中国古代有"四喜"，分别为：久旱逢甘雨，他乡遇故知，洞房花烛夜，金榜挂名时。激情往往伴随明显的外部表现，如感到恐怖时目瞪口呆、面如土色，绝望时心灰意冷、头脑昏迷，暴怒时暴跳如雷、拍案大叫，狂喜时手舞足蹈、高声谈笑等。

激情常常是由对个体具有重大意义的强烈刺激或突如其来的意外事件引起的。激动性和短时性是激情的显著特点。处于激情状态下，人认识活动的范围往往会缩小，人被引起激情体验的认识对象局限，理智分析能力受到抑制，控制自己的能力减弱，往往不能约束自己的行为，不能正确地评价自己行动的意义及后果，常常表现为惊慌失措或盲目行动，如打人、摔东西乃至严重的破坏性行为等。

范进中举

范进不看便罢，看了一遍，又念一遍，自己把两手拍了一下，笑了一声，道："噫！好了！我中了！"说着，往后一跤跌倒，牙关咬紧，不省人事。老太太慌了，慌将几口开水灌了过来。他爬将起来，又拍着手大笑道："噫！好！我中了！"笑着，不由分说，就往门外飞跑，把报录人和邻居都吓了一跳。走出大门不多路,一脚踹在塘里,挣起来,头发都跌散了,两手黄泥,淋淋漓漓一身的水。众人拉他不住,拍着笑着,一直走到集上去了。

2. 心境

心境是一种持久的、微弱的、具有渲染性的,能影响人整个精神活动的情绪状态,又叫心情。心境持续时间长,影响范围广。例如:一个人处在愉快的心境之中时,往往无论看见什么都高兴;一个人处于忧伤之中时,常常觉得一切都不顺心。心境产生的原因是多方面的。个人生活中的重大事件,学习和工作的顺利与否,人际关系的亲疏,健康状况的好坏,自然环境的变化等,都可能成为引起某种心境的原因。例如学生心境的变化与一周的作息时间表有关:最低点为周一或周二;最高点为周五或周六。

心境在人的现实生活中具有重要的意义。积极的、良好的心境能使人精神振奋、乐观地对待工作和生活,勇于克服困难和挫折;消极的、不良的心境使人精神不振、意志消沉。有学者认为:借助于锻炼、饮食、睡眠、颜色、光照、音乐和乐观思考,能有效抵御消极的心境。经常保持良好的心境,注意培养自己正确的世界观、人生观,注意加强自身个性和品德的修养,是非常必要的。

3. 应激

应激是在出乎意料的紧迫情况下所引起的急速而高度紧张的情绪状态。在突如其来的或十分危险的条件下,在几乎没有选择余地而必须迅速地做出决定的时刻,人容易陷入应激状态。例如司机在驾驶过程中遇到危险的时刻,人们在遇到巨大的自然灾害的时刻,都需要利用过去的经验,集中意志力,果断、迅速地判断情况,在一瞬间做出决定。人们在应激状态下的表现是不同的。有的人在紧急情况面前,从容自若,急中生智,能做出平时所不能做出的大胆而勇敢的行动,及时摆脱困境。有的人在紧急情况面前,惊慌失措,手忙脚乱,甚至不堪一击,当场晕死过去。

在应激状态下,人的整个机体受到惊动,并很快地改变机体的激活水平,使心率、血压、肌肉紧张度等发生显著的变化,引起体内多种激素分泌的增加,使情绪高度应激化。换句话说,应激就是机体动员自身的心理储备资源,以应付强烈的或超强的外界影响的机体防御性反应。但是,人在相当长的时期内都处于应激状态,会对人产生不利的影响,有时甚至是很危险的。

案例分享

应激的功劳

有一位体弱多病的妇女,家住二楼。一天她不慎将腰部扭伤,疼痛难忍,只好卧床休息。黄昏的时候,她突然听到有人在大声喊叫:"失火了,快救火!"很快她也闻到了呛鼻的烟味,原来是隔壁的邻居家失火了。她感到异常紧张,不知从哪里来的力量,她居然一下子就起身下床,迅速冲向一个装着家里十分贵重的东西的大木箱子,并将大木箱子抱起,快步跑到了楼下的马路上。所幸的是,由于救火及时,大约十分钟火就被扑灭了。在一切平静下来后,这位体弱多病并且腰部受伤的妇女,看着眼前又大又沉的箱子,怎么也不敢相信竟然是自己亲手将它从楼上抱下来的。

(二)情感

人类的个人情感是在交际活动中产生的,主要包括亲情、友情和爱情。人类是群居的社会性动物,个人情感往往体现出明显的社会属性。人类的社会性情感主要包括道德感、美感和理智感。

1. 道德感

道德感是由人的道德需要和道德观点是否得到满足或实现所产生的内心体验。个体自己或他人的思想或行为符合个体已有的道德行为准则时,就会产生积极的、肯定的情感体验,如愉快感、荣誉感、正义感、热爱感、责任感等。否则,就会产生消极的、否定的情感体验,如厌恶感、憎恨感、负罪感、孤独感、悲哀感等。每个人都以自己具有的社会道德准则去感知、分析、评价自己及别人的道德行为,并形成一定的道德认识和道德观念。道德感对个体的道德行为具有巨大的调节和动力作用。它既可以规范人们自己的言行,也可以使人按照道德准则去衡量和影响别人的言行。当然,人的道德感也不是一成不变的,随着认识的深化和观念的更新,个体会形成新的行为标准,产生新的道德观念,其道德感也会随着发生改变。

2. 美感

美感是由人的审美需要是否得到满足所产生的内心体验。例如,桃红柳绿的春天景色、雄伟壮观的祖国山河、阅读艺术作品、观赏绘画雕刻等,都可以使人体验到美的感受。

某些事物本身的美的形式可以引起人们共同的美感,如艳丽的花朵、秀丽的风景、优美的音乐等。除此之外,美感的产生受到个体不同审美需要的制约。现实生活中我们常可发现,对不同的对象,不同的人可能产生不同的美感。在观察客观事物时,人们总是以自身所建立的美的标准去审视和评价所观察的对象。如果客观事物的美的特质符合主体主观映象中的美的标准,满足了主体的审美需要,那么主体就会产生美感,反之,主体就不会产生美感。"情人眼里出西施",就说明美感的产生不仅取决于事物本身,也取决于事物与主体之间的联系。必要的知识经验和一定的鉴赏技能也是美感形成的必要条件。如果一个人缺乏对美的鉴赏力和相应的知识,即使再美的事物他也难以感受其美的存在。在社会活动中,美感与道德感是相互联系的。符合人们的道德需要和道德观念,能产生积极道德感的事物,都能引起人们内心的美感体验。

3. 理智感

理智感是人的认识需要是否得到满足所产生的内心体验。例如,求知感、怀疑感、坚信感、成就感等都是理智感的具体表现。理智感与人的好奇心、求知欲、探索真理等社会性需要相联系。理智感是随着人们认识和实践活动的逐步深入而发展起来的。认识活动是理智感得以产生的重要基础,而理智感的发展又反过来推动认识的进一步深入,成为人们认识世界和改造世界的一种动力。强烈而健康的理智感是人们顺利完成学习和工作任务的重要条件。以科学研究为例,热爱真理,敢于怀疑,摒弃偏见,是科学研究取得成功的重要条件之一。

三、意志过程

人们在认识事物和完成各种任务的过程中,总会遇到某些困难。这时,人们就会想方设法战胜困难,达到自己预定的目的。这种想方设法并采取各种措施,克服一定的困难,坚决达到目的的心理活动过程,就是人的意志过程。这一过程通常可分为两个阶段,即确定目标与采取决定阶段和执行决定与克服困难阶段。

(一)确定目标与采取决定阶段

确定目标与采取决定阶段是意志行动的开始阶段,也叫决策阶段,它决定着行动的方向,是意志行动的动因。这一阶段主要包含预定目的与心理冲突。人的意志行动是有目的、有计划、有方向的心理活动过程,为了达到目的,在决定行动方向时往往存在着各种心理冲突。意志行动中的心理冲突情况是很复杂的。

从内容上看,确定目标的心理冲突可分为两大类。一类是原则性心理冲突。凡涉及个人愿望与社会道德标准相矛盾的心理冲突,都属于原则性心理冲突。例如周末是去看电影还是参加义务劳动,是一种公与私之间的矛盾,这时的心理冲突属于原则性心理冲突。另一类是非原则性心理冲突。凡不与社会道德标准相矛盾仅属个人兴趣爱好方面的心理冲突,都属于非原则性心理冲突。例如周末是去看电影还是看小说,这类动机冲突仅属于个人兴趣爱好方面的冲突,属于非原则性心理冲突。

从形式上看,确定目标的心理冲突可分为四大类。第一类是双趋冲突,指个体在活动中,同时并存两个具有同样吸引力的需要,但又无法同时接近而产生的心理冲突。例如,一个大学生期望选修两门喜爱的学科但只准选修一门时,就会产生双趋冲突。第二类是双避冲突,指个体在活动中,同时并存两个具有同样威胁力的需要,但又无法同时回避而产生的心理冲突。例如,一些学生既怕学习又怕补考(受处分),但他必须选择其一时,就会产生双避冲突。第三类是趋避冲突,指个体在活动中,对需要想接近又想回避而产生的心理冲突。例如,学生想参加校足球队为学校争光,又怕耽误时间影响自己的学习成绩时,就会产生趋避冲突。第四类是多重趋避冲突,指个体在活动中,对两个或两个以上的需要想接近又想回避而产生的心理冲突。例如:一个大学生想选修一些有吸引力的课程,但又害怕考试失败;想参加校足球队为学校争光,但又害怕耽误太多的时间;想参加学校的学生会竞选,但又怕选不上没有面子,这时就会产生多重趋避冲突。

(二)执行计划与克服困难阶段

人的意志行为一旦确定目标之后,就会立即进入执行计划与克服困难的过程。

1. 执行计划阶段

执行计划阶段是人意志行动的完成阶段和中心环节,是使行动计划付诸实施的阶段。意志行动只有经过执行计划阶段的付诸行动,才能达到预定目的。意志在执行计划阶段中的作用主要表现在两个方面。第一,意志对行动的调节。意志对行动的调节作用表现在两个方面:一方面,发动积极行动去达到预定目的;另一方面,制止那些有碍达到目的的活动。意志这两个方面的支配调节作用,在现实生活中是对立统一的。例如,对于一个犯了错误而且拒绝认错的学生,教师既要克制自己的感情冲动,抑制鲁莽行为,又要发动自己的行动去观察他的表情,判断他的内心活动,及时做出理智的决定和采取必要的措施等。第二,意志对人的活动的支配调节作用不仅表现在外显的意志行动上,还表现为它支配调节着人的内部心理状态。例如,在嘈杂的环境中,能坚持学习,就包含着意志对注意、记忆、思维等认识过程的调节。

2. 克服内外困难

人的意志行为在执行决定的过程中常常会遇到来自内部和外部的各种各样的困难。内部困难是指来自个体自身内在条件的干扰,涉及生理与心理两个方面,如经验不足、能力缺乏、信念动摇、情绪低落、身体欠佳等都属于内部困难。外部困难是指个体来自客观外在条件的干扰,如自然环境恶劣、生活和工作条件简陋、遭他人讽刺和打击等都属于外部困难。外部困难和内部困难相互影响:内部困难往往是由外部困难引起的,内部困难一经产生,会使得外部困难更加难以克服;外部困难是通过内部困难起作用的。人的意志行为能否成功克服内外困难取决于行动目的是否明确及知识和物质的储备是否充分。行动目的越明确,克服困难的毅力也就越强。知识和物质准备得越充分,越有利于困难的克服。

在实际活动中,意志行动的两个阶段是不可分割的,是彼此紧密联系、反复交替的统一体。在采取决定阶段中有执行决定,在执行决定阶段中也有采取决定的某些意志心理活动。采取决定而不执行决定是意志薄弱的表现;没有经过第一阶段就去行动,则是盲目的行动,并非意志行动。

第二节　人的个性心理

个性源于拉丁语"persona","persona"最初指演员所戴的面具,而后指演员本身和他扮演的角色。个性不仅指一个人的外在表现,而且还指一个人真实的自我。在现代,人的个性心理亦称人的个性,是指在一定的社会条件下形成的个人所具有的意识倾向以及较稳定的各种心理特征的总和。

具体来说,个性心理是由个性心理倾向和个性心理特征两个部分构成的。个性心理倾向是推动人进行活动的动力系统,主要包括需要、动机、兴趣、理想、信念、世界观、人生观等。个性心理特征是表现在人身上的经常的、稳定的、本质的心理特征,主要包括能力、气质和性格,其中性格是个性心理特征的核心。个性心理倾向是个性心理中最活跃的因素,决定一个人对事物的态度。个性心理特征是个人具有的较稳定的因素。个性心理倾向直接决定着一个人心理活动的内容,而个性心理特征较多地影响着这个人心理活动的形式。

一、个性心理倾向

(一)需要

1. 需要的概念

需要是有机体内部的一种缺失或不平衡状态。它表现为有机体对内部环境或外部生活条件的一种稳定的要求,并成为有机体活动的源泉。需要是个性心理倾向的基础,是个体活动的基本动力。需要的表现形式是多种多样的,通常需要以动机、兴趣等形式表现出来。

阅读材料

中国民谣中的"需要层次理论"

忙碌为充肚子饥,刚得饭饱又思衣。
恰得衣食两分足,家中缺少美貌妻。
家娶三妻和两妾,出门走路少马骑。
骡马成群任驱使,身无官职被人欺。
七品六品官太小,四品三品官亦低。
朝中一品当宰相,又想面南做皇帝。

2. 需要的种类

人的需要是多种多样的,可以根据不同的标准对人的需要进行分类。

(1)生理性需要和社会性需要。

根据需要的起源,可以把人的需要分为生理性需要和社会性需要。生理性需要是保存和维持有机体生命和延续种族的一些需要。例如,对饮食、睡眠、休息、运动、排泄、防寒避暑和配偶等的需要。生理性需要是人最原始和最基本的需要。社会性需要是与人的社会生活相联系的一些需要。例如,对劳动、交往、求知和娱乐等的需要。社会性需要是社会存在和发展的必要条件。这些需要并不是生来就有的,而是在生理性需要的基础上,在社会实践和教育的影响下形成和发展起来的。

(2)物质需要和精神需要。

根据需要的对象,可以把需要分为物质需要和精神需要。物质需要是指对衣、食、住、行等有关对象的需要,对学习、工作等有关用品的需要等。精神需要是指人对社会精神生活及其产品的需要。例如,认识的需要、交往的需要、道德的需要、美的需要,等等。

在这些需要中,既包括生理性需要,也包括社会性需要。因此,人的物质需要和精神需要会随着社会生产的发展和社会的进步而不断发展。

(二)动机

1. 动机的概念

动机是激发和维持个体进行活动,并使得该活动朝向某一目标的心理倾向或动力。人从事任何活动都有一定的原因,这个原因就是人的行为动机。

动机与需要有密切的联系。动机是在需要的基础上产生的,是由需要推动的,但需要在强度上必须达到一定的水平,并指引行为朝向一定的方向,才有可能成为动机。

小 贴 士

瓦伦达心态

瓦伦达是伟大的绳索平衡家。瓦伦达家族是世界知名的一个空中飞人马戏班,他们经常在钢索上做叠罗汉的表演。在20世纪50年代的一天,观众在美国电视上观看当时瓦伦达的一个新的走钢索节目,钢索上有三层,一共叠了七八个人,结果在电视上观众亲眼看着他从钢索上坠地而死。瓦伦达走钢索多年,他说:"我走钢索时从不去想到达目的地,只想着走钢索这件事本身,专心专意地走好钢索,而不去管这件事可能带来的一切。"

所以他一直都走得很好,除了最后一次。事后他的太太回忆说,她知道这一次他一定会出差错,因为他不断地说:"这次太重要了,绝不能失败。"

后来,人们就把专注于事情过程本身、不计较得失的心态,叫作瓦伦达心态。

2. 动机的种类

人的动机是多种多样的,可以根据不同的标准对人的动机进行分类。

(1)生理性动机和社会性动机。

根据动机的起源,可以把动机分为生理性动机和社会性动机。生理性动机是和人的生理性需要相联系的,如饥、渴、性、睡眠等动机。社会性动机是和人的社会性需要相联系的。成就动机、交往动机、认识动机和劳动动机等,都属于社会性动机。

(2)高尚动机和低级动机。

根据动机的性质和社会价值,可以把动机分为高尚动机和低级动机。高尚动机符合社会发展规律和人民利益,能持久地调动人的积极性,促使人为社会发展做出贡献。例如,助人为乐、克己奉公、为政清廉等都是由高尚动机所驱动的。低级动机违背了社会发展规律与人民利益,不利于社会向前发展。例如,假公济私、损人利己、贪污受贿等都是由低级动机所驱使的。

(3)长远的间接动机和短暂的直接动机。

根据动机持续作用的时间,可以把动机分为长远的间接动机和短暂的直接动机。长远的间接动机持续作用的时间长、比较稳定、影响的范围大。这种动机一般来自对活动意义的深刻认识。例如,一位师范生想成为一名优秀的教师,这个动机促使他努力学习、刻苦锻炼。这就是长远的间接动机。短暂的直接动机只对个别具体行动起作用,并且持续作用的时间短,不够稳定,往往受到个人情绪的影响。例如,仅仅是为了某次考试得高分而努力学习,就是一种短暂的直接动机。

(三)兴趣

1. 兴趣的概念

兴趣是人积极探究某种事物的认识倾向。它使人优先对某种事物给予注意,并带有积极的情绪色彩和向往的心情。兴趣是爱好的前提。当兴趣进一步发展成为从事某种活动的倾向时,兴趣就变成了爱好。爱好不仅是对事物的优先注意和向往,而且使人有从事实际活动的倾向。

2. 兴趣的种类

人的兴趣是多种多样的,可以根据不同的标准对人的兴趣进行分类。

(1)直接兴趣和间接兴趣。

根据兴趣的倾向性,可以把兴趣分为直接兴趣和间接兴趣。直接兴趣是由事物或活动本身所引起的兴趣,如对新奇的东西感兴趣、看电视或小说等。间接兴趣是指对活动的目的和结果的兴趣。例如,认真复习功课,是想顺利通过考试,而不是对复习感兴趣。

(2)物质兴趣和精神兴趣。

根据兴趣的内容,可以把兴趣分为物质兴趣和精神兴趣。物质兴趣主要指人们对舒适的物质生活,如衣、食、住、行方面的兴趣。精神兴趣主要指人们对精神生活,如学习、研究、文学艺术、知识等的兴趣。

3. 兴趣在学习中的作用

个体一旦对某种活动产生了兴趣,就能提高进行这种活动的效率,对于学习活动来说亦是如此。因此,学习兴趣问题受到众多教育家的重视。兴趣在学习中的作用主要体现在两个方面。一方面,兴趣是引起和保持注意的重要因素。对感兴趣的事物,人们总是愉快、主动地去探究。兴趣使人集中注意,产生愉快、紧张的心理状态,对认识过程产生积极的影响。孔子说:"知之者不如好之者,好之者不如乐之者。"意思是说,对于学识,懂得它的人赶不上喜欢它的人,喜欢它的人又赶不上以它为乐的人。另一方面,兴趣对学习起着促进作用。有研究表明,兴趣比智力更能促进学生努力学习,即"兴趣是最好的老师"。学生对一门课程感兴趣,会促使他刻苦钻研,并且进行创造性的思维,结果不仅会使他的学习成绩大大提高,而且会大大地改善学习方法,提高学习效率。

(四)理想、信念和世界观

1. 理想

理想是个人对未来有可能实现的奋斗目标的向往和追求。理想是个人对自己设定的目标,该目标是人积极向往和追求的对象。理想是人生航标。根据理想的内容,可以将理想分为社会理想和个人理想。社会理想是关于社会公理、社会制度、社会体系等的理想,个人理想是关于个人未来的理想。

2. 信念和世界观

信念是坚信某个观点的正确性,并支配自己行为的个性倾向。它使个性稳定而明确,是具有巨大力量的行为动机。信念具有坚信感和稳定性,是知、情、意的高度统一体。信念完整地表现出选择性、系统性和坚韧性时,就构成了人的世界观。

> **案例分享**
>
> **理想能走多远?**
>
> 五六十年前,有一个十多岁的穷小子,他自小生长在贫民窟里,身体非常瘦弱,却立志长大后要做美国总统。如何实现这样的抱负呢?年纪轻轻的他,经过几天几夜的思索,拟定了这样一系列的连锁目标:做美国总统首先要做一个州长——要竞选州长必须得到雄厚的财力支持——要获得财团的支持就一定得融入财团——要融入财团就需要娶一位豪门千金——要娶一位豪门千金必须成为名人——成为名人的快速方法就是做电影明星——做电影明星前得练好身体,练出阳刚之气。
>
> 按照这样的思路,他开始步步为营。一天,在看到著名的体操运动主席库尔后,他相信练健美是强身健体的好办法,因而有了练健美的兴趣。他刻苦而持之以恒地练习健美,他渴望成为世界上最结实的男人。三年后,凭着发达的肌肉和健壮的体格,他成为全美健美先生。
>
> 在以后的几年中,他成了欧洲乃至世界健美先生。22岁时,他进入了美国好莱坞。在好莱坞,他花了十年时间,利用自己在体育方面的成就,一心塑造坚强不屈、百折不挠的硬汉形象。终于,他在演艺界声名鹊起。当他的电影事业如日中天时,女友的家庭在他们相恋九年后,终于接纳了他这位"黑脸庄稼人"。他的女友就是赫赫有名的肯尼迪总统的外甥女。
>
> 婚姻生活过了十几个春秋,他与太太生育了四个孩子,建立了一个"五好"家庭。2003年,年逾57岁的他,告老退出了影坛,转而从政,并成功地竞选成为美国加利福尼亚州州长。
>
> 他就是美国风云人物阿诺德·施瓦辛格。他的经历让人们记住了这样一句话:理想有多远,我们就能走多远。

二、个性心理特征

(一)能力

1. 能力的概念

能力是顺利完成某种活动所必需的,并直接影响活动效率的个性心理特征。

对于各种能力的有机组合,我们称之为才能。例如,数学才能的基本组成部分为对数学材料迅速而广泛的概括能力、解决数学问题时敏捷的思维推理能力和熟练的数学运算能力等。才能的高度发展就是天才。天才是才能最完备的结合,能够促使人创造性地完成某种或多种活动任务,如数学天才高斯,天才画家达·芬奇。

2. 能力的分类

从不同的角度,可对能力进行不同的分类。

(1)实际能力和潜在能力。

按能力是否已经获得,可以将能力分为实际能力和潜在能力。实际能力是指已经培养起来的或表现出来的能力,如会游泳、会打字等。潜在能力是指还没有表现出来的一种可能性。可能性经过适当的训练和教育可以转化为实际能力。

(2)一般能力和特殊能力。

按能力是否只与所要完成的任务有关,可以将能力分为一般能力和特殊能力。一般能力是指完成大多数活动所必须具备的基本能力,如一般认识能力、一般活动能力、一般交往能力等。特殊能力是指完成专业活动所特别需要的能力,如音乐能力、绘画能力、数学能力等。一般能力和特殊能力联系密切,一般能力的发展为特殊能力的发展创造了有利条件。

(3)再造能力和创造能力。

按能力的创造性,可以将能力分为再造能力和创造能力。再造能力是指在活动中能顺利掌握别人积累的知识和技能,并按现成的模式进行活动的能力。例如,学画、习字时的临摹,儿童对父母说话、表情的模仿等。创造能力是指产生新思想、发现和创造新事物的能力。例如,作家、科学家、教育家在活动中经常表现出创造能力。一般认为,创造能力包含独特性和价值性两个基本特征。

(4)认识能力、实践活动能力和社会交往能力。

按能力的功能,可以将能力分为认识能力、实践活动能力和社会交往能力。认识能力就是学习、研究、理解、概括和分析的能力。实践活动能力就是操纵、制作和运动的能力。社会交往能力就是与周围人相互交往、保持协调的能力。

(二)气质

1. 气质的概念

气质是指个人生来就具有的、心理活动的稳定的动力特征。所谓心理活动的动力特征,是指心理过程的速度、强度、稳定性、指向性和灵活性等。

心理过程的速度是指知觉的速度、情绪和动作反应的快慢;强度是指情绪的强弱、意志的坚强程度;稳定性是指注意持续时间的长短、情绪的起伏变化;指向性是指外倾和内倾,即有的人倾向于外部事物,从外界获得新印象,有的人倾向于内部,经常体验自己的情绪,分析自己的思想和印象;灵活性是指思维的灵活程度。

2. 高级神经类型与气质的分类

20世纪初,巴甫洛夫认为人的气质是由人的高级神经活动类型决定的。大脑皮层的基本神经过程有强度、均衡性和灵活性三种基本特性。根据这三种特性可以将个体的神经活动分为四种基本类型:胆汁质即兴奋型(强而不平衡型)、多血质即活泼型(强、平衡而灵活型)、黏液质即安静型(强、平衡而不灵活型)和抑郁质即抑制型(弱型)。

胆汁质的人表现出精力旺盛、不易疲劳,但易冲动、自制力差、性情急躁、办事粗心等行为特点。多血质的人表现为动作和言语敏捷迅速、活泼好动,待人热情、亲切,但又显得有些粗心浮躁,注意力和情感都易转移或发生变化。黏液质的人表现为:情绪较稳定,心平气和,不易激动,也不外露;行动稳定、迟缓,说话缓慢且言语不多;处事冷静而踏实;自制力强,但也易于固执拘谨。抑郁质的人表现为:对事物和人际关系观察细致、敏感;情绪体验深刻稳定,不外露;行动缓慢,不活泼;学习和工作易感疲劳。抑郁质的人在工作中常表现出多虑、不果断,在生活中常有孤独、胆怯的表现。

(三) 性格

性格是指个人对现实的稳定态度和习惯化了的行为方式。它在人的个性心理特征中起着核心的作用,是一个人本质属性的独特结合,也是一个人区别于其他人最显著、最集中的表现。性格是由许多个别特征所组成的复杂心理结构,具体包括以下四个方面。

1. 性格的态度特征

这一特征是指人在对客观现实的稳定态度方面表现出来的性格特征。这是最重要的性格特征。它具体表现在以下三个方面:首先,对社会、集体、他人的态度,主要表现为关心社会、热爱集体、具有同情心、为人诚实热情等,相反的特征是自私自利、冷酷无情、虚伪傲慢等;其次,对学习、工作、生活的态度,主要表现为认真、积极、负责、节俭等,相反的特征是马虎、消极、无责任心、奢侈等;最后,对自己的态度,主要表现为自尊自信、谦虚谨慎、克己自律等,相反的特征是自卑羞怯、骄傲自大、自暴自弃等。

2. 性格的意志特征

这一特征是指人在调节行为方式方面表现出来的性格特征。它具体表现在自觉性、自制性、果断性、坚持性四个方面。自觉性表现为行为是否具有明确的目的,是否服从于自觉目的,主要表现为自觉、主动、积极等,相反的特征是盲目、被动、消极等。自制性表现为能否支配和控制自己的行为,主要表现为冷静、沉着、克制等,相反的特征是冲动、慌乱、任性等。果断性是在紧急情况或困难条件下处理问题的特点,主要表现为勇敢顽强、镇定果断等。相反的特征是惊慌失措、优柔寡断等。坚持性是在长期学习、工作中表现出来的特点,主要表现为有恒心、坚持不懈等,相反的特征是半途而废、虎头蛇尾等。

3. 性格的情绪特征

这一特征是指人在情绪活动时在强度、稳定性、持续性和主导心境等方面表现出来的性格特征。它具体表现在情绪强度特征、情绪稳定性特征、情绪持久性特征和主导心境特征这四个方面。情绪强度特征表现为个人受情绪影响的程度和情绪受意志控制的程度。例如:有人情绪体验比较微弱,容易用意志控制;有人情绪体验比较强烈,难以用意志控制。情绪稳定性特征表现为情绪起伏波动的程度。例如:有人不论在成功时还是在失败时,情绪都比较平静,对情绪的控制比较容易;有人成功时沾沾自喜,失败时垂头丧气,对情绪的控制比较困难。情绪持久性特征表现为个人受情绪影响时间久暂的程度。例如:有人遇到愉快的事,当时很高兴,事后很快恢复平静;有人愉快的情绪则持续很久。主导心境特征表现为不同的主导心境在一个人身上表现的程度。例如,有人经常愉快,有人经常忧伤。

4. 性格的理智特征

这一特征是指人在感知、记忆、想象和思维等认识过程中表现出来的性格特征。在感知方面,有主动观察型和被动感知型,有详细分析型和综合概括型,有快速型和精确型;在思维方面,有深刻型和肤浅型,有独立型和附和型;在想象方面,有主动想象型和被动想象型,有狭窄想象型和广阔想象型,有创造想象型和再造想象型,等等。

本章思考与练习

1. 正常人的心理现象由哪些心理过程构成?试举例说明。
2. 如何观察人的个性心理特征?请列举案例进行判断分析。

第三章 大学生自我意识与完善

引子：斯芬克斯之谜

斯芬克斯是希腊神话中一个长着狮子躯干、女人头面的有翼怪兽。它坐在忒拜城附近的悬崖上，向过路人出了一个谜语："什么东西早晨用四条腿走路，中午用两条腿走路，晚上用三条腿走路？"路人如果猜错，就被害死，由此许多人无辜惨死。最终，聪明的俄狄浦斯猜中了谜底是人，斯芬克斯因羞惭跳崖而死。

千百年来，人们早已认同并认定这个"谜"已被俄狄浦斯解开。然而如果对斯芬克斯之谜进行深度探究会发现，俄狄浦斯对"斯芬克斯之谜"的解答是"表象"的、"动物"层面的，换言之，他并没有真正地解开"斯芬克斯之谜"。由此看来，对于今天的我们来说，德尔菲神庙前石碑上镌刻着的"认识你自己"几个大字仍然是一个"谜"。迄今，"斯芬克斯之谜"依旧是横亘在当代人类面前的一个严峻课题。

在前面的学习中我们认识了心理、心理学以及人的心理结构，接下来我们将进一步认识人的自我意识以及如何进行自我意识的发展和培养。

第一节 大学生自我意识的发展

一、自我意识形成的影响因素

（一）社会文化因素

社会文化具有塑造人格的功能，具体表现为：不同文化的民族有其固有的民族性格，不同的地域有着不同的文化传统，不同的文化发展时期有着不同的文化认同。社会文化对自我意识的影响力一直被人们认可，它对自我意识的形成与发展具有重要的作用。社会文化因素决定了自我意识的共同性特征，使同一社会的人在自我意识上具有一定程度的相似性，如民族意识等。

（二）家庭环境因素

孩子的自我意识是在与父母的相互作用中逐渐形成的。孩子在批评中长大，学会了责难；

在敌意中长大,学会了争斗;在虐待中长大,学会了伤害;在支配中长大,学会了依赖;在干涉中长大,学会了被动与胆怯;在宽容中长大,学会了耐心;在赞赏中长大,学会了欣赏;在爱中成长,学会了爱人。富有感情的父母将会示范并鼓励孩子采取更富情感性的反应,因此也加强了孩子的利他行为模式而不是攻击行为模式。孩子的自我认识就是在父母与他们的相互磨合中形成的。

"早期的亲子关系定出了行为模式,塑成一切日后的行为。"这是有关早期童年经验对自我意识最有影响力的一个总结。

(三)学校教育因素

学校是一种有目的、有计划地向学生施加影响的教育场所。教师、班集体、同学与同伴等都是学校教育的元素。教师对学生自我意识的发展具有指导定向作用。教师的人格特征、行为模式与思维方式对学生产生巨大的影响。每个教师都有自己独特的风格,这种风格为学生设定了一个"气氛区",在教师的不同"气氛区"中,学生表现出不同的行为表现。洛奇(Lodge)在一项教育研究中发现:在性情冷酷、刻板、专横的教师所管辖的班集体中,学生的欺骗行为增多;在友好、民主的教师"气氛区"中,学生的欺骗行为减少。心理学家勒温等人也研究了不同管理风格的教师对学生人格的影响作用。他们发现,在专制型、放任型和民主型的管理风格下,学生表现出不同的人格特点。

小贴士

皮格马利翁效应

1960年,哈佛大学的罗森塔尔博士曾在加利福尼亚州一所学校做过一个著名的"皮格马利翁效应"实验。新学期,校长对两位教师说"根据过去三四年来的教学表现,你们是本校最好的教师。为了奖励你们,今年学校特地挑选了一些最聪明的学生给你们教。记住,这些学生的智商比同龄的孩子都要高。"校长再三叮咛:要像平常一样教他们,不要让孩子或家长知道他们是被特意挑选出来的。这两位教师非常高兴,教学更加努力了。一年之后,这两个班级的学生成绩是全校中最优秀的,甚至比其他班学生的分数值高出好几倍。

知道结果后,校长不好意思地告诉这两位教师真相:他们所教的这些学生的智商并不比别的学生高。这两位教师哪里会料到事情是这样的,于是归因于自己教得好。随后,校长又告诉他们另一个真相:他们两个也不是本校最好的教师,而是在教师中随机抽选出来的。

正是学校对教师的期待,教师对学生的期待,才使教师和学生都产生了一种努力改变自我、完善自我的进步动力。这种企盼将美好的愿望变成现实的心理,在心理学上称为期待效应。教师的关注对学生有着至关重要的影响。皮格马利翁效应说明了每个学生都需要教师的关爱,在教师的关注下,他们会朝着教师期望的方向发展。

二、自我意识的产生与发展

大学生的自我意识是在儿童青少年时期自我意识基础上的进一步发展,它有继承性,又有自身新的特点。发展心理学研究表明,个体的自我意识从发生、发展到相对稳定和成熟,大约需要20年的时间。

(一)生理自我形成期(1~3岁)——萌芽阶段

在生命降生之初,婴儿是没有自我意识的,他们一般不能意识到自己和外界事物的区别。例如,他们经常吸吮自己的手指头,就像吸吮母亲的乳头一样津津有味。到8个月左右,婴儿的生理自我开始萌生,这就是自我意识的最初形态。到1岁左右,儿童开始能把自己的动作和动作对象区别开来,初步意识到自己是动作的主体。例如,当他们手里抓着玩具的时候,他们不再把玩具当作自己身体的一部分了。1岁以后,儿童逐步认识自己的身体,也开始能意识到自己身体的感觉。不过,他们只是把自己作为客体来认识,他们从成人那里学会使用自己的名字,并且像称呼其他东西一样来称呼自己。大约到2岁左右,儿童逐渐学会用代词"我"来代表自己。3岁左右的儿童,自我意识有了新的发展。3岁左右的儿童的自我意识已经有了一定的发展,但他们的行为是以自我为中心的,即以自己的想法来解释外部世界,并把自己的想法和情感投射到外界事物上去。

(二)社会自我形成期(4~12岁)——外部探索

从4岁到少年期,是个体受社会文化影响最深的时期,也是个体学习角色的时期。个体在家庭、幼儿园、学校中学习、游戏和劳动,通过模仿、认同、练习等方式,逐渐形成各种角色观念,如性别角色、家庭角色、伙伴角色、学生角色等。这一时期也是个体获得社会自我的时期,他们开始能意识到自己在人际关系、社会关系中的作用和地位,能意识到自己所承担的社会义务和享有的社会权利等。青春期以前,个体的眼光是向外的,引起他们兴趣和注意的是外部世界,他们对自己的内心世界关注并不多。他们虽然已经意识到自己是一个主体,可以充分认识到自己的行为,但不了解自己的心理状态。他们常常把自己的情绪视为某种客观上伴随行为而产生的东西,而不懂得情绪是自己的主观感受。他们还不善于运用自己的眼光去认识世界,而只是照搬成人的观点作为自己对外部世界的认识。

(三)心理自我发展期(13~18岁)——持镜自照

从少年到成年早期大约10年时间,个体的自我意识趋于成熟,并且个体逐步获得了心理自我。此时,个体的自我意识表现出以下四个方面的特点:①用自己的观点来认识与评价事物,使自我意识成为个体认识外部世界的中介因素,从而使个体的思想和行为带有浓厚的个人色彩;②会从自己所见到的人格和身体特征出发,强调相应事物的重要性,从而形成特有的价值体系,以指导自己的言行,提高自己的社会地位;③追求生活目标,出现与价值观相一致的理想自我;④抽象思维能力大大提高,使自我意识超越具体的情境,进入精神领域。

(四)意识的分化、矛盾与统一、稳定时期(19岁以上)

在此阶段,个体基本上正处于大学阶段,个体的自我意识开始趋于整合统一,自我认识自觉、符合客观实际,会将自己与周围的同学、教师或心目中的成功人士、英雄相比,并运用自己的聪明才智和经验,对自己的思想、学习、成长等情况进行独立的分析和判断。在此阶段,个体的自我体验更加敏感、丰富、强烈,如乐观与悲观、苦闷与愉悦、独立与依赖、自尊与自卑等;基本格调是积极、乐观、健康向上的;自我调控积极、主动、持久,在行为过程中常常以社会规范、社会期望和内心信念要求自己,自我控制意识明显提高;自我形象设计强烈、丰富、完善,对自己的未来充满信心,希望能过上自由自在、符合自己愿望的生活;在自我形象的设计上更加具有丰富性、完整性、社会性、稳定性。

总体而言,自我意识有以下特征:第一,自我意识的分化;第二,以自我意识的矛盾冲突为中心的探究,开始出现以学习成才为中心的自我探究、以社交活动为中心的自我探究、以个人未来的前途与发展为中心的自我探究、以自我的社会价值为中心的自我探索等形式;第三,大学生自我意识的统一;第四,大学生自我意识的转化,在大学期间,个体自我意识的发展会经历从大一的依赖性和盲目性到大二、大三的理想性以及大三后的稳定性的一系列过程。

自我意识的形成和发展过程,正是一个人人格成长的过程,每一个成长阶段都有它必须完成的任务,忽视了任何一阶段的健康成长,都会给个体的发展带来困惑和阻碍。新精神分析学派心理学家埃里克森将人的心理发展分为八个阶段,认为每个阶段都有一个特殊的核心问题,解决了特殊的核心问题,自我意识就会进入一个新的阶段,这在下一章会详细介绍。

认识并接纳自我

操作:小组活动加全班交流。

(1)写出20个"我是……的人",应尽量选择一些能反映个人风格的语句。

(2)将内容进行归类:身体状况、情绪状况、才智状况、人际关系状况等。

(3)评估每一项是积极的(+)还是消极的(-)。

(4)团体成员在小组(5~6人)内交流:抱着理解他人的心情,去认识团体内一个个独特的人。

(5)指导者请每个小组的代表发言,交流活动的感受。

第二节 大学生自我意识的类型

认识自我

黎巴嫩著名的小说家纪伯伦写过一篇小说——《认识自我》。这篇小说的主人公叫赛艾姆。在一个风雨交加的夜晚,赛艾姆在家里读旧书。柏拉图记录的他的老师苏格拉底关于"认识自我"的一段话引起了他的注意。"认识你自己。"他猛然从这句话中受到了启示,就觉得:"对啊,我也要认识下我自己啊!"于是,他猛然从椅子上站起来,走到穿衣镜前,在这风雨交加的夜晚,用昏暗的灯光,通过镜子来认识自己。

"从身材上看,我是矮小的,但拿破仑、维克多·雨果两位不也是这般吗?我的前额不宽,天庭欠圆,可苏格拉底和斯宾诺莎也是如此;我承认我是秃顶,这并不寒碜,因为有大名鼎鼎的莎士比亚与我为伴;我的鹰鼻弯长,如同伏尔泰和乔治·华盛顿的一样;我的双眼凹陷,使徒保罗和哲人尼采亦是这般;我那肥厚嘴唇足以同路易十四媲美,而我那粗胖的脖子堪与汉尼拔和马克·安东尼齐肩。"

"我与巴尔扎克一样,阅读写作时,咖啡壶一定要放在身旁;我同托尔斯泰一样,愿意与粗俗的民众交际攀谈;有时我三四天不洗手脸,贝多芬、惠特曼亦有这习惯;我的嗜酒如命,足令马娄和诺亚自愧弗如;我的饕餮般暴饮暴食使巴夏酋长和亚历山大王也要大出冷汗。"

经过一番审视,赛艾姆得意极了。一想到自己集中了世界上这么多伟人的品质,他就十分兴奋。过了一会儿,我们的这位赛艾姆穿着他那脏脏的衣服,倒卧在乱七八糟的床上,进入了鼾声如雷的梦乡。

一、大学生自我意识的类型

大学生在自我意识的发展过程中常常会出现理想我和现实我的矛盾,我们把这一矛盾统一归纳为五种类型。

(一)自我肯定型

自我肯定型又称自我接受型,指认可自己,肯定自己的价值,对自己的才能和局限能客观评价、坦然接受,表现为:现实我认识客观、深刻;理想我符合社会需求,且经过努力可以实现;二者统一后的自我完整并且强有力,既适应社会需要,又有助于自身成长。

(二)自我否定型

现实我评价过低,理想我与现实我的差距很大,缺乏自信,拒绝自己,甚至摧残自己,处处与自己为敌。此类大学生不是通过积极改变现实我去实现理想我,而是在一定程度上放弃理想我,趋同现实我,以求得自我意识的统一,其结果是更加自卑。

(三)自我矛盾型

此类大学生的理想我和现实我难以统一,对自己缺乏"我是我"的统合感觉,产生"我非我"和"我不知我"的分离感觉,矛盾的强度大,延续时间长,内心不平衡。

(四)自我扩张型

对现实我的评价过高,虚假的理想我占优势,认为理想我的实现轻而易举,时常以幻想的我代替真实的我,带有白日梦的特点,在自不量力的情况下,个人所追求的学业、事业、友谊和爱情主观追求都大于客观条件,所以失败的概率比较大。此类大学生盲目自尊、爱慕虚荣、心理防卫意识很强,容易产生心理变态和行为障碍,个别大学生还可能用违反社会道德规范或违法犯罪的手段来谋求自我意识的统一。

(五)自我萎缩型

此类大学生极度缺乏或丧失理想我,对现实我深感不满,又觉得无法改变,消极放任,得过且过,或几近麻木、自卑感极强,从不满自己到自轻自艾、自怨自恨、自暴自弃、孤独沮丧,最终把自己龟缩在极小的圈子里,自生自灭。

二、大学生自我意识的缺陷

(一)自我认识的偏差

1. 高估自我

生活中,很多大学生经常把自己看作是有价值的、令人喜欢的、优越的人,而总是用显微镜放大他人的缺点,正所谓"看自己,一朵花;看别人,豆腐渣"。以这种"我好,他不好"的心态建立起的人际交往模式必然会造成人际关系的紧张。高估自我的典型表现如下:

(1)自我中心。

自我中心型的大学生想问题、做事情从"我"出发,无法设身处地进行客观思考,反倒颐指气使、盛气凌人,不接受别人的批评,因而常常不能赢得他人的好感和信任,人际关系不和谐。

(2)过分追求完美。

健康向上是人类的本能,但是过分追求完美容易导致自我适应障碍。追求完美的大学生对自己有过高的要求,期望自己完美无缺,却忽视实际情况。他们甚至将普遍性问题看成是自己的"不完美"的表现,容易产生情绪障碍以及自信心低下、自卑等心理障碍。

(3)自我扩张。

自我扩张型的大学生往往在大学生活开始的时候在某些方面获得过成功。这些成功反过来强化了自我,形成了自我扩张。这些大学生的特点是容易冲动,情绪激动时难以自持,往往偶有一"得"就充满了"天将降大任于斯人也"的自满感,容易产生过度自大、看不起别人的心理偏差。

2.低估自我

与高估自我相反的是大学生自我评价过低,他们往往看不到或者忽视自己的价值,认为自己事事不如别人,对自己缺乏信心。大学生过低的自我评价会导致自己对自身能力的怀疑,限制对自己未来学业和事业及美好事物的憧憬和向往,严重的会引起情感挫伤和内心冲突。低估自我的典型表现如下。

(1)自我否定。

大学生自我否定的极端心理是青年初期的基本心理特征。这一年龄段的学生还未形成关于自己的稳固的形象,看问题往往比较片面和依赖外部评价。他们对于周围人给予的评价非常敏感和关注,一旦遭遇失败和挫折就会灰心丧气,怯懦自卑。

(2)过分从众。

在群体生活中,个体往往会在群体的压力下,在知觉、判断、选择、信仰及行为上放弃自己的主张,趋向于与群体中大多数人一致,也就是我们所说的"随大流"。在大学校园里常见的从众现象有学习从众、消费从众、恋爱从众、作弊从众等。从众心理人人皆有,但是从众心理过强有碍于心理发展。

主观的我和客观的我之间的矛盾是任何人都难以避免的。古今中外,不知有多少著名的历史人物因得不到同时代公正的评价而抱憾终生,这个矛盾对于大学生来说是比较突出的。因为大学生对自己的认知和评价要受个人的出身、经历、教育程度和由个人的社会地位所制约的视角的限制,很难做到全方位地对自己进行客观的审视和评价,而他人可以从不同的地点,在不同的情况下,以不同的视角对大学生进行审视和评价,所以,主观的我与客观的我之间的矛盾对于大学生来说是必然存在的。

案例分析

自卑的泥淖

小蒋,男,21岁,大学二年级学生。性格内向,不善言谈,遇到事情总爱一个人苦苦思索。大学一年级第二学期,有一门课不及格,参加英语四级考试又没有通过,认为自己的学习能力不强,没法儿适应大学的学习。觉得自己缺乏社交能力,两年的大学生活,没有知心朋友,有话无处讲,有事无处求。对自己就读的大学不满意,认为缺乏学术氛围,周围的同学都在混日子,自己也只能无所事事、随波逐流。因此,小蒋认定自己的前途一片暗淡,将来是注定没有出息的。

分析:上述案例呈现的是典型的由于自我认识不足而导致的自卑心理。自卑是指个体自我评价过低、自愧无能而丧失自信,并伴有自怨自艾、悲观失望等情绪体验的消极心理倾向。自卑的人常常夸大自己的缺陷,以偏概全。

原因:①生理或心理缺陷;②自我认识不足,过低的期望;③内向的性格;④挫折的经历和不恰当的归因。

方法:①挑前面的位子坐;②练习正视别人;③把走路的速度加快25%;④练习当众发言;⑤咧嘴大笑;⑥调整自我信念,建立对自我的合理认知,创造小的成功经验,小成功可带来大成功,使人获得自信。

奥地利精神病学家阿德勒在《自卑与超越》一书中谈到,每个人都有程度不同的自卑,自卑可以超越。许多因身体缺陷而有自卑感的人,能以超出常人10倍的努力奋发图强。实际上,自卑感在追求成功的过程中经常出现,只要不过分纠缠于自己的那些不足与劣势,正视现实,超越自我,就会获得稳定的自豪感。

(二)自我体验的偏差

自我体验,即自己对自己是否满意,满意则自我肯定,信心十足;不满意则自我否定,垂头丧气。人的自我认识是通过自省与他人反馈一并实现的,而且是一个穿越时空的过程,那么这里就存在两对交织的矛盾:其一是主观的我和客观的我的矛盾,源于"自省"与"人言"的差异;其二是现实的我与理想的我的矛盾。现实的我是综合了自我、他人评价后的现在的我,理想的我是综合了自我、他人要求的虚拟的最令自己向往的我。以人本主义的观点来说,这层矛盾从根本上来自人自我成长的要求。如果以社会学习理论来看,则这层矛盾因人际间的比较而产生。这种比较可以是现实生活中的我、你、他之间的比较,也可以是现实的我与文学作品中、过去历史中的他(她)之间的比较。通过比较,会有一个学习的榜样产生,这个榜样可以是跨时空、跨文化的。自我体验偏差主要包括以下方面。

第一,孤独感。孤独感是由于主观的我与客观的我不一致,得不到他人思想上的理解与情感上的共鸣而产生的一种消极的自我体验。随着年龄增长,大学生与同辈、长辈之间的交流日益减少,而且由于思想的深化、个性的分化和形成,他们更希望在深层次上与知心朋友倾诉心声和产生情感共鸣。当这种要求不能达到时,他们往往就会产生孤独感。

第二,自卑与自负。这是同属于自信误区的"两兄弟"。一般来讲,现实的我与理想的我是不一致的,二者之间是有一定的距离的。如何看待二者之间的距离就直接关系着自我体验的好坏。当对缩短两者的距离充满信心时,个体就会产生良好的自我体验,但如果自信过度就会产生自我感觉过度良好、骄傲、自大、自负、一意孤行的行为。相反,有的大学生将现实的我和理想的我做比较时体验到的是过大的距离感且认为自己无法缩短距离时,就会体验到失望,从而逃避退缩,这就是自卑的根源。自卑和自负都会影响大学生的心理发展和人格成熟,是不容忽视的自我意识缺陷。

罪恶的自我厌恶

小林,22岁,大学三年级学生。大学一年级时,他与一女生恋爱,但女生的父母因小林的身高只有一百五十六厘米而强烈反对,导致失恋。从此以后,小林便痛恨自己的身材矮小,埋怨自己的遗传基因为什么这么差,不应该带着这"三等残废身体"来到这世界上。他认为自己这辈子无法找到理想的对象。于是,他经常情绪低落,自怨自艾,时而仰天长叹,时而掩面哭泣。有一次,他轻生,幸而被同寝室的同学及时发现,经抢救后性命无碍。

分析:特征为厌恶自己身体上的某些特征、心理特点和个性、行为结果;表现为处事谨慎、心地善良、洁身自好、与世无争、不能容忍自己的缺点和不足、追求自我的过度完善。

原因:①生理缺陷;②自我认识过低;③内向的性格特征;④失恋的挫折经历;⑤认知失调不恰当的归因;⑥消极的人生态度。

方法:①正确对待自己的得失;②认识到人的缺点有些是可以通过个人的努力去改变的,还有一些是自身改变不了的;③使抱负水平适度;④确立合理的远景目标和近景目标;⑤调整因为失恋而导致的自我认知与自我体验的偏差,接受恋爱挫败。

(三)自我控制的偏差

自我控制,即个体对自己的控制。我们常说的"自制力"就是指自我控制的能力。自制力的强弱可以直接由情绪、行为表现出来。自制力强的人,常会克制自己的情绪,做事有计划性,自我发展方向明确。自制力弱的人,常会不顾场合宣泄一番,表情就是"晴雨表",行为充满"情境性"。自制、自律、自觉等是对积极的自我控制的描述,而自我放弃、懒惰、逆反等是消极的自我控制。自我控制偏差有以下两个方面的表现。

第一,自我放弃。大学期间个体在自我控制上开始有了明显的自觉性和主动性,但是在追求上进的同时遭遇困难、挫折是在所难免的,因而不少大学生常常情绪波动较大,在困难面前心生畏惧,自我放弃。还有一些大学生认为中小学寒窗苦读十余载,如今考上大学,总算"解放"了,再不愿意埋头苦读,将"60分万岁"作为信条,甚至面对多门课程不及格或者重修的情况都无动于衷。

第二,逆反心理。逆反心理是大学生自我意识发展中的非理性产物。个体在生理基本成熟、心理迅速走向成熟而又未真正达到成熟的时候,渴望在思想上、行动上乃至经济上尽快独立,从而具有很强的独立意识和批判精神。大学生正处在这样的时期。但由于在这个时期,他们的智力发展虽已达到成熟,但阅历有限,感性经验不足,情绪表现为富有两极性,易于感情用事,以至于形成偏见。当这种偏见与现实生活碰撞时,就很容易出现偏激的行为。持这种心理的大学生往往对师长的教育或周围的正常事物持消极、冷漠、反感甚至抗拒的态度,行为往往表现出越是禁止的东西越是感兴趣,越是不让做的事越要做。这部分人在网络社会中喜欢搜寻具有刺激性的信息,言行容易失控甚至可能走上犯罪之路。

案例分析

反其道而行之

小马,男,20岁,大一学生。读小学时,小马为人老实,唯父母和教师的意见是从。小马上初中以后,他的妈妈还是像过去一样没完没了地唠叨,一件小事,总是千叮咛万嘱咐,小马一听就烦。于是他一反常态,开始和家长唱反调。进大学后,小马不相信他人,我行我素,学校和班级要求的,他就反对;学校和班级反对的,他偏要去做。

分析:特征为小马具有经常与正确的认知信息相对立的并与常规教育要求相反的对立情绪和行为意向,即逆反心理;表现为对正面宣传做反面思考,无端否定榜样和先进人物,对不良倾向产生情感认同,消极反抗思想教育和遵章守纪要求。

原因:①青少年迫切希望扮演的角色的要求与家长和老师对青少年不合实际的角色期待发生激烈冲突;②青少年知识经验不足以及思维具有片面性。

方法:①澄清自己的需求;②区分自己和家长的矛盾点;③对自己的意识和所做出的行为做出有选择性的分化;④认清自己的性格特征、气质类型、价值观、动机和需求。

心理活动

天生我才

我最欣赏自己的外表是_____。

我最欣赏自己对朋友的态度是_____。

我最欣赏自己对学习的态度是_____。

我最欣赏自己的一次成功是_____。

我最欣赏自己的性格是_____。

我最欣赏自己对家人的态度是_____。

我最欣赏自己做事的态度是_____。

针对游戏结果进行探讨和分析。我们要善于发现自己的优势。

第三节 大学生自我意识的完善

一、多视角客观地认识自我

人的确难以客观地观察和把握自己。我们衡量他人往往是比较容易的,我们甚至可以毫不费力地如实评价他人。个体当某人的面可能会说一些言不由衷的吹捧话,但他的内心绝对知道此人真正的瑕疵;而对于个体自己,个体就不那么苛刻和严厉了,面对自己的一言一行时,个体过滤缺点的网便具有很大的眼,个体也许并不是有意为之,而是他的自尊心使然。所以我们需要多视角、客观地认识自我。一般来说,我们可以用以下几种方法来进行初步的自我认识。

(一)通过自我反省和检查认识自我

孔子曰:"吾日三省吾身。"个体可以从以下几个"我"中去认识自己。

首先,自己评价的我。自己评价的我是指个体实际观察到的客观的我,包括身体、容貌、性别、年龄、职业、性格、气质、能力等。

其次,他人评价的我。他人评价的我是指与别人交往时,由别人对你的态度、情感反应而觉知的我。不同关系的人对自己的反应和评价不同,他人评价的我是个人从多数人对自己的反应中归纳出的统觉。

最后,反省反思的我。反省反思的我也指自己对自己的期许,即理想我。我们还可以根据实际的我、自觉别人眼中的我、自觉别人心中的我等多个我来全面认识自己。

对于现代大学生而言,虽然有多个"我"可供认识,但形成统合的自我观念比较困难。这是因为现代社会急剧变迁,在改革开放后多元价值的影响下,大学生形成客观、全面的自我认识变得更具挑战。

(二)通过实践活动及结果认识自我

我们常说"实践出真知",我们从小到大所学习的都需要在实践的检验中才能得到确切的答案,认识自我也亦然。实践活动具有现实性、即时性、客观性、变通性等特点,在实践活动中所展现的特质更能体现个体的主观能动性和能力。活动计划、策划、实施、总结等环节可以帮助我们更加深刻地认识自己在过程中的表现和需要调整的地方,对我们有效地认识自我具有重要的价值。

二、全面客观地对待自我

全面客观地对待自我包括两个方面:积极悦纳自我和有效控制自我。

(一)积极悦纳自我

积极悦纳自我就是要无条件地接受自己的一切,无论是好的还是坏的,是成功的还是失败的,是有价值的还是无价值的,凡自身现实的一切都应该积极悦纳。平静而理智地对待自己的长短优劣、得失成败、客观、开朗,以发展的眼光来看待自己,是发展健康的自我体验的关键和核心。

具体来说,积极悦纳自我就要:接受自己,喜欢自己,觉得自己独一无二,有价值感、自豪感、愉快感和满足感;性情开朗,对生活乐观,对未来憧憬;平静而又理智地看待自己的长处与短处,冷静地对待自己的得与失;树立远大的理想,并以此激励自己不断地克服消极的情绪;既不以虚幻的自我补偿内心的空虚,也不以消极回避漠视自己的现实,更不以怨恨、自责以至于厌恶来否定自己。

积极悦纳自我的四个阶段如图 3-1 所示。

(二)有效控制自我

有效控制自我是健全自我概念、完善自我的根本途径。一般来说,大学生要有效控制自我,就应做到以下几点。

1. 建立合乎自我实际的抱负水平

个体应确立合适的理想我,即面对现实,确定自己的具体奋斗目标,把远大的理想分解成

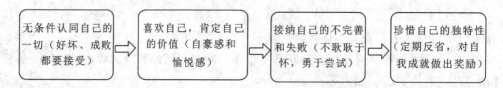

图 3-1　积极悦纳自我的四个阶段

一个个远近高低不同的子目标,并由近及远,由低到高,循序渐进,逐步加以实现。

2. 增强才能评价的自尊和自信

为了使自己具有更强大的动力去实现远大的理想,为了激励自己不断奋进,个体应该在各种活动中随时增强对自己的才能评价,从而提高内心的自尊和自信。

3. 培养顽强的意志和坚强的性格

个体应发展坚持性和自制力,增强挫折耐受力,使自己能自觉、主动地认清目标,为实现目标而努力排除干扰、克服困难,正确地面对成功与失败。

此外,个体还可以通过心理测验、活动成果等途径来认识自己。

卖牛奶的女孩

一个女孩头上顶着一桶牛奶,正向着市场走去。她开始想着:"我要把这桶牛奶卖个好价钱,然后买只母鸡,母鸡会下很多的蛋,蛋孵出小鸡,小鸡会长大,卖了以后,可以买头母牛,母牛会生小牛,最后我就可以有一个牧场,我将非常有钱,那时我会高兴得跳起来。"想到这里,她真的跳了起来。当然,她头顶上的牛奶也打翻了。

由于她的潜意识在做深沉的思考,她的感官停止了从外界接受感觉,所以她的身体依照潜意识的想象配合着行动,结果可见,她必然非常后悔、自责,甚至回到家中,还会受到家人的责备。但她错了吗?

别人包括她自己看到的是外在的行为,根本看不到她的潜意识心灵中对未来美好的想象所带给她的喜悦,于是种种批评随之而来,淹没了喜悦。我们太缺乏对喜悦、对爱的容受力了。

思考:我们已经习惯用指责、担心、害怕来阻止潜意识心灵的活动,别人听不到我们的心声。我们也不允许自己去聆听自己,所以我们离自己越来越远。我们为什么不允许自己对自己有更深层的认识,并真实地把它表达出来呢?

自我的发展需要不断自我反思、自我监控。将成长作为一条线索贯穿于人的始终时,整理自己成长的轨迹显得尤为重要。整理自己成长的轨迹时,我们要依照过去、现在、未来进行清理,深刻了解与把握自己。我们要记住:自我体验永远是个体的,我们在分享他人自我成长的硕果时,也在促进我们自己的成长。如何成为自己,是当代大学生言行的主要关注点。成为自己就是做一个"自如的我,独特的我,最好的我"。

大学生成为自己的过程,是自身自我统一的过程,是不断完善自身的过程,是个体从认识"小我"到走向社会"大我"的过程;是既注重自我,又不固守自我,而是根据社会要求不断改造自我,既注重自我价值的实现,又不仅仅局限于追求个人自我价值的实现,而是把自我价值的实现与国家的需要统一起来,在为他人和社会的服务中实现真正的自我价值的过程。

完善自我是一种境界,更是一个过程。个体只有坚持正确的方向,本着科学的方法,将个人的自我需求和区域的发展、时代的呼唤、社会的需求相结合,将青春之我、奋斗之我投身到火热的祖国建设中,辩证地看待社会,分析自我,才有可能最终超越自我,成为自己。

心理自测:自我和谐量表

下面是个人对自己看法的一些陈述。在填答时,请你先看清每句话的意思,然后圈选一个数字(1代表该句话完全不符合你的情况,2代表该句话比较不符合你的情况,3代表不确定该句话是否符合你的情况,4代表该句话比较符合你的情况,5代表该句话完全符合你的情况)以代表该句话与你现在对自己的看法相符合的程度。因为每个人对自己的看法都有其独特性,所以答案是没有对错的,你只要如实回答即可。

序号	项 目	完全不符合~完全符合				
		1	2	3	4	5
1	我周围的人往往觉得我对自己的看法有些矛盾	1	2	3	4	5
2	有时我会对自己在某方面的表现不满意	1	2	3	4	5
3	每当遇到困难,我总是首先分析造成困难的原因	1	2	3	4	5
4	我很难恰当表达我对别人的情感反应	1	2	3	4	5
5	我对很多事情都有自己的观点,但我并不要求别人与我一样	1	2	3	4	5
6	我一旦形成对事物的看法,就不会再改变	1	2	3	4	5
7	我经常对自己的行为不满意	1	2	3	4	5
8	尽管有时得做一些不愿意的事,但我基本上是按自己的意愿办事的	1	2	3	4	5
9	一件事好就是好,不好就是不好,没有什么可含糊的	1	2	3	4	5
10	如果我在某件事上不顺利,我往往就会怀疑自己的能力	1	2	3	4	5
11	我至少有几个知心朋友	1	2	3	4	5
12	我觉得我所做的很多事情都是不该做的	1	2	3	4	5
13	不论别人怎么说,我的观点绝不改变	1	2	3	4	5
14	别人常常会误解我对他们的好意	1	2	3	4	5
15	很多情况下我不得不对自己的能力表示怀疑	1	2	3	4	5
16	我的朋友中有些是与我截然不同的人,这并不影响我们的关系	1	2	3	4	5
17	与朋友交往过多容易暴露自己的隐私	1	2	3	4	5
18	我很了解自己对周围人的情感	1	2	3	4	5
19	我觉得自己目前的处境与我的要求相距太远	1	2	3	4	5

续表

序号	项　目	完全不符合～完全符合				
		1	2	3	4	5
20	我很少去想自己所做的事是否应该做	1	2	3	4	5
21	我所遇到的很多问题都无法自己解决	1	2	3	4	5
22	我很清楚自己是什么样的人	1	2	3	4	5
23	我能很自如地表达我所要表达的意思	1	2	3	4	5
24	如果有足够的证据,我也可以改变自己的观点	1	2	3	4	5
25	我很少考虑自己是一个什么样的人	1	2	3	4	5
26	把心里话告诉别人不仅得不到帮助,还可能招致麻烦	1	2	3	4	5
27	在遇到问题时,我总觉得别人都离我很远	1	2	3	4	5
28	我觉得很难发挥出自己应有的水平	1	2	3	4	5
29	我很担心自己的所作所为会引起别人的误解	1	2	3	4	5
30	如果我发现自己在某些方面表现不佳,我总希望尽快弥补	1	2	3	4	5
31	每个人都在忙自己的事,我很难与他们沟通	1	2	3	4	5
32	我认为能力再强的人也可能遇上难题	1	2	3	4	5
33	我经常感到自己是孤独无援的	1	2	3	4	5
34	一旦遇到麻烦,无论怎样做都无济于事	1	2	3	4	5
35	我总能清楚地了解自己的感受	1	2	3	4	5

计分标准与结果解释:各分量表的得分由所包含的项目分直接相加获得。三个分量表包含的项目及题号如下表所示。

分　量　表	包含的题目	大学生常模	自测分数
自我与经验的不和谐	1、4、7、10、12、14、15、17、19、21、23、27、28、29、31、33,共16项	46.13±10.01	
自我的灵活性	2、3、5、8、11、16、18、22、24、30、32、35,共12项	45.44±7.44	
自我的刻板性	6、9、13、20、25、26、34,共7项	18.12±5.09	

"自我与经验的不和谐"反映的是自我与经验之间的关系,包含对能力和情感的自我评价、自我一致性、无助感等,它所产生的症状更多地反映了对经验的不合理期望。

"自我的灵活性"与敌对与恐怖显著相关,可以预示自我概念的刻板和僵化。

"自我的刻板性"不仅同质性信度较低,而且与偏执显著相关。对于这一分量表的使用仍然在探索中。

此外还可以计算总分,方法是将"自我的灵活性"反向计分,即选1计5分,选2计4分,选3计3分,选4计2分,选5计1分,再与其他两个分量表的得分相加。总分越高,自我和谐程度越低,大学生中,低于74分(含74分)为低分组,75～102分为中间组,103分及以上为高分组。

建议:此量表仅供参考,如果有疑问,请咨询专业人员。

 本章思考与练习

1. 通过对本章的学习,分析自己的优势与不足,提出完善自我的打算。
2. 结合实际,谈谈自我意识与心理健康的关系。

第四章 大学生人格形成与教育

 / 引子：人格缺陷案例分析 /

这是一封学生的来信："当我反思大三时，我觉得大三是我过得最窝囊的一年：学习成绩没起色，工作更是一张白纸。我很想为此找一些客观的理由。是因为失恋吗？我和她是多年的知心朋友，由友谊发展到爱情，她突然提出分手，因为她已不再爱我，在接到电话的那一刻我差点当场昏厥过去。我想竭力挽留，因为我一直都以为我和她之间的感情是真正的爱情，应该好好珍惜。我应当尊重她，我应当珍惜我和她之间曾经拥有过的那份纯洁的感情。我现在有些茫然，如果要找理由，可以说是因为我的右腿。儿时习武不慎扭伤了骨头，我没有在意，直到意识到病症的严重性才去医院。这确实也使我产生了一些自卑的想法。我甚至还担心若干年后我的身体是否依然健壮，因为儿时受的伤到现在还没有痊愈。这注定我的路比别人的难走。"

我们综合分析这位学生的情况时发现，失恋、学业成绩不理想、身体原因都成为担子压到了他的身上，他变得不再坚强，变得脆弱，变得有些茫然、不知所措，形成回避型人格。当面临内心的冲突时，他不是选择解决问题而是选择逃避，一味地迁就忍让。这与个体的不良成长环境和早期生活经验有关。

西方有一句谚语："最后一根稻草也能压垮一头骆驼。"人格良好的发展需要良好的环境，更需要对自身正确的认识。逃避竞争、放弃责任并不能够解决面临的问题，个体的人格是在经历挫折、失败与成功等诸多方面后才逐渐成熟起来的。

上一章我们了解了自我意识是什么，也知道了自我意识的产生与发展，以及如何完善大学生的自我意识。本章将要学习人格的结构、气质和性格的特点以及大学生健全人格的自我培养。

第一节 健全人格的含义

一、人格的含义

人格可以定义为源于个体自身的稳定行为方式和内部过程。这里包含两个方面。一是自身的稳定行为方式。这是指一个人性格上的稳定性。例如,我们看到一个人的作品时,我们感叹"这就像他干的事情",或者我们根据对一个人的了解,可以推出他的下一步行为。二是个人的内部过程。这里主要指一个人的气质类型。例如,每个人面对失恋体验到的痛苦程度不一,持续时间也不一致。如果有一个你熟悉的朋友失恋了,你会直觉地判断:他需要很多酒精才能睡着。

人格是不是会经常改变呢?不会。人格其实就是我们判断人与人之间区别的依据,如果人格经常变化,那么我们很难和别人形成友好的、稳定的交往模式。因此,人格具有以下特征:独特性、稳定性、整体性和社会性。

(一)人格的独特性

个体的人格是在遗传、环境、教育等因素的相互作用下形成的。不同的遗传、生存、教育环境,形成了个体独特的心理特点。世界上没有完全相同的两片树叶,同样,世界上没有两个具有完全相同人格的人。每个人都有自己独特的风格。因此,才能构成一个人有别于他人的人格特征。

(二)人格的稳定性

人格的稳定性包括两部分内容:一是跨时间的持续性,也就是说18岁的你的人格和28岁的你的人格是一致的;二是跨情境的持续性,也就是说在家里的你的人格和在学校的你的人格也是一致的。这是因为一个人在成长过程中不断接受着各种各样的刺激,或做出这样或那样的反应,久而久之就形成了稳定的行为模式和对待事物一致的态度。当然,这种稳定性不是绝对的,而是相对的,随着个人的环境变化和本人的主观努力,人格是可以改变的。

(三)人格的整体性

人格的整体性是我们判断一个人的心理是否健康的重要指标。当一个人的人格要素在各方面彼此和谐一致时,他的人格就是健康的。换言之,一个人想的、说的和他做的都是一致的,并且让他感觉舒服自在,就是健康的。否则,个体就会出现适应上的困难,甚至出现人格分裂。

(四)人格的社会性

人是群居性动物,因此我们都是社会人。人们各种各样的人格是在社会化的过程中形成的,因此,人格也决定着一个人的生活方式,甚至决定着一个人的命运。我们是否能与更广泛的人进行联系,是否能与更广泛的人进行良好的合作,从而产出更多的社会价值,都是由我们人格的社会性决定的。

名家名言

人的鲜明特征是他独有的。过去不曾有,将来也不会有一个人和他一模一样。

——戈登·奥尔波特

二、健全人格的标准

人格反映出一个人总的心理面貌,健全的人格是大学生心理健康的重要体现。人格健全者能正确地待人处事,能完成各项事务,能使自身和他人感到舒适和愉快。人格不健全者容易患上心理疾病,在工作、生活、情绪等方面出现危机。这里给大家推荐两个心理学大家的人格理论,供大家学习选用。

(一)埃里克森的标准

埃里克森认为,人要经历八个阶段的心理社会演变,这些阶段包括四个童年阶段、一个青春期阶段和三个成年阶段。在每个阶段我们都应形成良好、健康的人格品质,这样我们才可以顺利发展到下一阶段。因此,每个阶段都建立在前一阶段之上,这八个阶段紧密相连。埃里克森人格发展阶段如表 4-1 所示。

表 4-1 埃里克森人格发展阶段

年龄/岁	阶 段	人 格 品 质
0~1.5	婴儿期	拥有信任感,获得希望的品质
1.6~3	儿童早期	拥有自主感,获得意志的品质
4~6	学前期	拥有主动感,获得目的的品质
7~12	儿童期	拥有勤奋感,获得能力的品质
13~18	青春期	拥有同一性,获得忠诚的品质
19~25	成年早期	拥有亲密感,获得爱的品质
26~65	成年期	拥有繁殖感,获得关心的品质
66~	成年晚期	拥有完美感,获得智慧的品质

第一阶段:婴儿期,0~1.5 岁。此阶段的发展任务是形成基本信任感,克服基本不信任感,体验希望的实现。要完成这个任务,须使婴儿的各种需要都得到满足。一贯的及时而亲切的照料,会使婴儿感到舒服和安全,从而对照料者和周围环境产生信任感,并将这种信任迁移到其他人身上。具有基本信任感的儿童敢于希望,富于理想,能够积极探索新事物。《哈佛女孩刘亦婷素质培养纪实》的作者指出,婴儿期产生的信任感,对孩子日后人际关系的建立和积极探索品质的形成至关重要。

第二阶段:儿童早期,1.6~3 岁。这一阶段的发展任务是获得自主感,克服羞怯和疑虑,体验意志的实现。在这一时期,儿童掌握了大量的技能,如爬、走、说话等,并开始"有意志"地决定做或不做什么。此时儿童出现了第一个反抗期,在与监护人的互动中,将学会坚持与放弃。家长在教育子女的过程中,一方面要控制儿童的行为,使儿童的行为符合社会规范,帮助儿童形成良好的习惯;另一方面要鼓励儿童自主地行动,帮助儿童形成积极探索的心理品质。也就是说,既要发展孩子的自主意识,让孩子拥有一定的自主探索机会;又要趁机帮孩子树立"规则"意识,让孩子知道不是所有事情都可以随意去做。例如,当幼儿撕书时,家长可以阻止他撕书,并将一堆废报纸拿给他,告诉他这些是可以撕的。

第三阶段:学前期或游戏期,4~6 岁。这一阶段的发展任务是发展主动感,克服内疚感,体验目的的实现。在游戏中,孩子不断地解决各种矛盾,体验着自我的功能,体现出自我治疗和自我教育的作用。如果孩子表现出的主动探究行为一直受到鼓励,他们就会形成主动性,这有利于他们将来成为有责任感、有创造力的人。

第四阶段:儿童期或学龄期,7~12 岁。这一阶段的发展任务是获得勤奋感,克服自卑感,体验能力的实现。在这一阶段,儿童一般都在学校接受教育,开始关注自己在班级里的表现。成人可以帮孩子制定合理的目标和计划,通过单项训练法重点提高孩子在某方面的能力,从而帮助孩子体验到"努力就会进步",培养孩子的勤奋感,这使他们在今后的独立生活和承担工作任务中充满信心,继而养成勤奋学习的习惯,并从勤奋学习中获得各种知识和技能,从而获得许多的能力。

第五阶段:青春期,13~18岁。这一阶段的发展任务是建立同一感和防止同一感混乱,体验忠诚的实现。在这一阶段,青年要对自己有一个全面而清晰的认识,使自己的各个方面形成一个比较统一的整体。只有当一个人外在表现和内心想法一致时,他才能形成一个比较统一的自我,也才能吸引与他相合的朋友。处于这一阶段的大学生将直面理想我与现实我之间的冲突,并需要对此做出有效调整(有机统一)。

小贴士

了解自我同一性混乱

谈到自我同一性混乱,大家会联想到某个电影里的多面人物、多重人格等(如《致命ID》就是讲多重人格分裂的电影),甚至有人会联想到自己,也有人不禁会发问:这是一种什么样的感觉?它的表现又是怎样的呢?在埃里克森看来,自我同一性混乱又称角色混乱,是指积极的自我同一性的形成一旦受阻,个体就会出现同一性整体失调,无法有效整合自己的经验,无法正确认识自己或确认自我,甚至错误地歪曲自我,不能正确地选择生活角色,在内部和外部之间出现不平衡感和不稳定感,角色混乱,自我陷入一种毫无布局的扩散、弥漫状态。它的表现为故意蔑视他人,脱离社会,违背社会准则。

第六阶段:成年早期,19~25岁。此阶段的发展任务是获得亲密感,而避免孤独感,体验爱情的实现,获得爱的能力。此阶段需要建立在个人自我同一性已经形成的基础上。只有具有牢固的自我同一性的青年人,才敢冒与他人发生亲密关系的风险,因为爱情意味着把自己的同一性与他人的同一性融为一体,这里有自我牺牲或损失,青年人只有具有牢固的自我同一性才能在恋爱中建立真正亲密无间的关系,从而获得亲密感,否则将产生孤独感。在此基础上,青年男女已具备能力,并自愿准备去分担工作、承担责任、生儿育女等,以期以充分的准备和满意的状态进入社会。青年人学会了爱人,就能拥有稳定的亲密关系,可以顺利发展到下一个阶段。

第七阶段:成年期,26~65岁。此阶段的发展任务是获得繁殖感,而避免停滞感,体验关怀的实现。这时男女建立家庭,他们的兴趣扩展到下一代。但这里的繁殖指的是个体关心和指导下一代的成长,也就是该个体能够感受到自己对下一代的良好影响。缺乏这种体验的人,会倒退到一种假亲密的需要状态,沉浸于自己的天地之中,只一心专注于自己而产生停滞感。在这一时期,人们还要承担社会工作。这是一个人对下一代的关心和创造力最旺盛的时期,人们在这一时期将获得关心和创造力的品质。

第八阶段:成年晚期,从66岁到死亡。这一阶段的发展任务是获得完善感,而避免绝望感、厌倦感,体验智慧的实现。这时人生进入了最后阶段,老年人的体力和心理每况愈下,对此他们必须做出相应的调整和适应,接受自我、承认现实,这是一种超脱的智慧。如果一个人的自我调整大于绝望,他将获得智慧的品质。一个人如果对自己的一生比较满意,就会产生完善感;如果没有这种感觉,就不免恐惧死亡,觉得人生短促,对人生感到厌倦和失望。老年人对死亡的态度直接影响下一代儿童时期信任感的形成。因此,第八阶段和第一阶段首尾相联,构成一个循环或生命周期。

如果我们在某一阶段没有形成相应的良好品质也不用担心,只要在现在所处的阶段,我们认真学习,完善自己的品质,在生活和学习中有意识地培养缺少的品质,我们将很快拥有这些良好的品质,获得健康的人格。

(二)马斯洛的标准

马斯洛十分擅长研究健康人格的心理特点。他曾对全球500名最有影响力的人进行心理访谈,发现他们身上具有共同的特点。因此,他认为要形成健康的人格,需要满足以下15点要求。

1. 准确客观地知觉现实

具有健康人格的人有良好的现实知觉,能如实地看待世界,不拘泥于自己或所属文化群的愿望、希望、恐惧、焦虑以及理论或者信仰。

2. 接纳自然、自己和他人

具有健康人格的人能坦然接受自己、自然和他人的天性、优点或缺点,并能与之泰然相处。他们从容而自在地生活,并且很少使用防御机制。

3. 自发、坦率、真实

具有健康人格的人能真实地对待自己的感情,并坦诚地说出自己的感受。他们不掩饰自己,不按别人的愿望行事,真诚地对待自己和他人,能自然而单纯地表现自己。

4. 以工作快乐为中心

具有健康人格的人致力于一些能够发挥潜能的工作和使命,巧妙地把谋生与实现自我融合为一,即使不再需要靠自己的工作谋生,仍以努力工作为乐。

5. 有独处和自立需要

具有健康人格的人喜欢自己的自立需要而不是与他人交往以获得安全感和满足感。他们并非有意回避别人,只是不依赖他人,且更喜欢独处。

6. 满足自主生存

具有健康人格的人不受所谓的尊重、地位、报答、金钱、名气、威望、爱等需要的影响,他们的满足来自自身内部,可以不受环境的影响而自主生存。

7. 具有永不衰退的鉴赏力

具有健康人格的人对许多人生经验都能保持常新的鉴赏与愉快感受。日出、日落、孩子、音乐、美餐都可能使他们产生永不衰退的美感体验,使他们感觉快乐、惊喜甚至敬畏。

8. 愿意享受高峰体验

高峰体验是一种强烈、漫无边际、气势磅礴的体验,是一种从未有过的力量感和入迷、极乐、惊奇、敬畏以及失去时空感的体验,是一种天人合一、物我两忘的体验。享受高峰体验时,人处于短暂的自我实现状态。

9. 具有强烈的社会兴趣

具有健康人格的人热爱人,能迅速理解和宽恕他人的过失,有强烈的社会兴趣,对人的命运充满了关注,并致力于社会的健康发展。

10. 人际关系广泛而深刻

具有健康人格的人具有很强的与人交往的能力,却只和很少数的人建立很深的关系。他们对他人的爱是无私的,对于他们来说,提供爱和接受爱是一样重要的。

11. 具备民主的性格结构

具有健康人格的人具有普天之下皆兄弟的博大情怀,对人不存偏见,一视同仁并且友好地看待不同阶层、种族、宗教、教育水平、国家或肤色的人。

12. 具有创造发明才能

具有健康人格的人是有创造性和发明才能的,他们的创新精神反映在他们所从事的工作中。

13. 具有非常明确的伦理和道德标准

具有健康人格的人具有十分明确的伦理和道德标准,且不论在什么样的情境下,都坚持这些原则。他们反对为了目标而不择手段。

14. 富有哲理和幽默感

具有健康人格的人的幽默是富于哲理性的,是有教益和有创见性的,可以称为真正的人的幽默。

15. 自信、自主、自我定向

具有健康人格的人自信并自主,能够抵制社会的压力而进行思考和行动。他们是由内引导的,不被环境指挥,在遵守社会习俗与规范的同时保持自己的价值体系和行为方式。

三、大学生健全人格的特征

人格健全的大学生最明显的特征是:能够正视自己,面对过去,看望未来,并且有意识地控制自己的生活,掌握自己的命运,渴望迎接生活的挑战,在实践中发挥自己的潜能并实现自身的价值。大学生健全人格的特征具体如下。

（一）对自己能客观评价和认可接纳

人格健全的大学生能现实地评价自己的长处和短处,对自己的特点表示认同,做到悦纳自我。人格健全的大学生能够积极地开放自我,正确地认识自我,坦率地接受自己的不足,并对生活持乐观向上的态度。

（二）自我成长即发展,实现自我才能

人格健全的大学生实现自己各种能力及才干的动机是高尚的,不是为了私利,而是为了公众利益,具有实现各种较高目标如关心他人、实现理想等的强烈愿望和能力。人格健全的大学生具有自我发展、自我塑造与自我完善的能力,能够充分开发自身的创造力,创造性地生活,发现生命的意义,并选择有意义的生活。

（三）具有高度的自主性

自主性人格健全的大学生一般都会遵从自身的内容标准,行为有一定的规范。他们的行为一般来说独立性很强,内心平衡并且有完整的生活哲学。人格健全的大学生人生态度乐观向上,生活态度积极热情,有正确的人生观与价值观,能够理性分析生活事件,头脑中非理性观念较少,人格独立,自信自尊。

(四)具有良好的适应性

人格健全的大学生在困难和挫折面前具有忍耐能力而不被困难压垮。他们对于事物的判断更注重现实的依据,而不是凭自己的主观想象。对于他人的内心活动,他们具有较为敏锐的觉察力。

(五)能自我控制,人际关系和谐

人格健全的大学生具有爱的能力、对环境的控制能力、适应和调节自身的能力。他们能建立令人满意的人际关系,能够适应环境的要求,总是能有效地解决问题。人格健全的大学生心胸开阔,善解人意,宽容他人,尊重自己,也尊重他人,对不同的人际交往对象表现出合适的态度,既不狂妄自大,也不妄自菲薄,在人际关系中具有吸引力。

第二节 大学生的气质特点

一、气质的概念

气质是心理学中的一个专业概念,是表现个体在心理活动的强度、速度、稳定性与指向性等方面的一种稳定的个性心理特征。

在日常生活中,我们可能遇到以下场景:学校请来了明星,该明星准备在学校礼堂开办一场演唱会。假如该明星正是你喜欢的一位艺人,但是当你得到消息去买票时,已经没有票了。这时你会怎么做?

我们来看看我们的同学怎么回答:

——我会去售票处看看有没有人退票。

——我会去礼堂门口,买高价票。

——我会去和保安套近乎,请求他让我进去。

——我会去找辅导员老师,请求他卖给我演唱会的票。

——我会去找维持治安的同学,请求他帮我混进去。

——我会在门口等到散场,最好等到他出来,然后要签名。

——我会去附近转转,如果没有机会,就回寝室看直播。

——我会等到中场,在保安松懈的时候,偷偷溜进去。

……

我们先不评价同学们的行为是否合适,单从他们的想法和行为中,我们就可以清晰地看到,每个人因为气质的不同,所以所表现出来的想法和行为方式不一样,人格也不同。

气质并不是推动人们行为的心理原因,而是人的心理活动和行为的外显特点,如概念中的强度、速度、稳定性和指向性。

强度:情绪的强弱、意志的紧张度。

速度:思维的灵活度、情绪或动作反应的快慢。

稳定性:持续时间的长短,情绪的起伏变化。

指向性:心理活动是倾向于外部事物还是倾向于自身内部。

例如:失恋后,有人可以迅速调整自己,有人却深陷其中不可自拔;有人把失恋的原因归于对方或环境,有人却认为是自己的无能导致的失恋。

二、气质的类型

(一)多血质(活泼型)

特征:灵活性高,易于适应环境变化,善于交际,在工作和学习中精力充沛而且效率高;对什么都感兴趣,但情感和兴趣易变化;有些投机取巧,易骄傲,受不了一成不变的生活。

代表人物:韦小宝,孙悟空,王熙凤。

(二)黏液质(安静型)

特征:反应比较缓慢,坚持而稳健地辛勤工作;动作缓慢而沉着,能克制冲动,严格恪守既定的工作制度和生活秩序;情绪不易激动,也不易流露感情;自制力强,不爱显露自己的才能;固定性有余而灵活性不足。

代表人物:沙和尚,薛宝钗,鲁迅。

(三)胆汁质(兴奋型)

特征:情绪易激动,反应迅速,行动敏捷,暴躁而有力;性急,有一种强烈而迅速燃烧的热情,不能自制;在克服困难上有坚忍不拔的劲头,但不善于考虑能否做到,工作有明显的周期性,能以极大的热情投身于事业,也准备克服且正在克服通向目标的重重困难和障碍,但当精力消耗殆尽时,便失去信心,情绪顿时转为沮丧而一事无成。

代表人物:张飞,李逵,晴雯。

(四)抑郁质(抑制型)

特征:具有高度的情绪易感性,主观上把很弱的刺激当作强作用来感受,常因微不足道的原因而动感情,且有力、持久;行动表现上迟缓,有些孤僻;遇到困难时优柔寡断,面临危险时极度恐惧。

代表人物:林黛玉,林冲,于连。

三、气质的塑造

(一)气质类型的混合

心理研究表明,在实际生活中,单一典型的气质类型的人不多,大多数人都具有两种或两种以上的混合型气质。

(二)气质本身无好坏

气质是没有好坏之分的,任何一种气质都有其积极面和消极面,关键在于通过气质类型来了解自己的人格特点,扬长避短。气质不决定一个人的智力发展和成就大小,所以,不要盲目地崇拜或迷恋某种气质类型。由于气质能影响个人心理活动的外显和行为表现,因此我们应了解自己的气质类型,以便更好地认识自己。

(三)根据气质类型择业

气质虽然无好坏之分,也不会影响一个人的成败得失,但在一定程度上会影响一个人的活动方式和工作效率。不同职业对人的气质有特定的要求。例如,对教师的要求是能言善辩、思维敏捷,对护士的要求是耐心、热情、细致等。不同气质类型的人适合不同的职业。

胆汁质型属于热情、直率、外露、急躁的气质类型。这样的人适合做导游、勘探工作者、推销员、节目主持人、外事接待员、演员等。他们适应热闹、繁杂的工作环境,而对长期安坐的细致工作很难胜任。

多血质型属于活泼、好动、敏感的气质类型。这样的人工作能力强,一般容易适应新环境,适应面较广泛,适合做政府及企事业单位管理工作、外事工作、公关工作、驾驶员、医生、律师、运动员、新闻工作者、演员、公安侦察员和服务员等。他们不适合做过细的工作,对单调、机械的工作也很难胜任。

黏液质型属于稳重、自制、内向的气质类型。这样的人的特点是,情感不易变化和暴露,平素心平气和,不易激动,说话慢且言语少,遇事谨慎,善于克制忍让,对工作埋头苦干,有耐久力,注意力不易转移,但往往不够灵活,容易固执拘谨。他们一般适合做外科医生、法官、组织者、财会、统计员和播音员等。

抑郁质型的人感情细腻,做事小心谨慎,善于观察到微小细节,在团体中表现积极认真、努力向上、毫不懈怠,无论置身于何种岗位,只要担负了责任,就以所从事的工作为荣,努力解决困难。这是抑郁质型人的长处。这样的人较适合从事需要持久耐心、操作精细的工作,如实验研究、文献管理、财务出纳、化验分析、教育培训等工作,而不适合做需要与各色人物打交道、变化多端、大量消耗体力和脑力的工作。

第三节　大学生的良好性格

一、性格的概念

性格是一个人对现实的稳定的态度,以及与这种态度相应的,习惯化的行为方式中表现出来的人格特征。性格一经形成便比较稳定,但是并非一成不变,而是具有可塑性。不同于气质,性格更多体现了人格的社会属性,个体之间人格差异的核心是性格的差异。

案例分析

性格决定命运

故事一的主人公叫小敏,是一名刚刚高考完的学生。她能歌善舞,在高中学习期间担任学校的文艺委员,每次学校有大型晚会的时候,都能看到她的身影。她性格活泼、开朗,深受同学们的喜爱,每当同学们遇到挫折和困难的时候,小敏总会在第一时间去关心和安慰,并且劝导他们要拥有乐观、积极向上的心态。

但是命运仿佛和她开了一个大玩笑。刚刚结束高考后,小敏由于高烧不退,被父母紧急送进了医院,结果查出她得了白血病。对于一个花季少女来说,这是一个多么可怕的噩梦啊! 她的父母怕她接受不了,将病情隐瞒了下来。但是纸包不住火,最后小敏还是知道了自己的病情,但是她并没有怨天尤人、自怨自艾,而是乐观、积极地面对自己的病情,并且每天安慰自己的父母。时间一天天过去,小敏在等待骨髓配型成功的过程中经受着病痛的折磨,但她没有向命运低头。

向日葵追随阳光而成长,小敏活得像向日葵一样,每天追随着希望而成长。皇天不负苦心人,最后小敏骨髓配型成功,并且成功地进行了手术。现在她已经走进了大学的校园,继续乐观地生活着,不惧人生的任何困难。

故事二的主人公叫小哲。同样,命运也和他开了一个玩笑,但是他输给了命运。小哲是一名刚毕业的大学生,学习成绩优异,但是如果向同学们打听小哲,除了学习好,没有人对他有其他的印象,即使是同寝室的兄弟对他也不了解。因为小哲性格内向、孤僻,平时不与人来往,没有人能成为他的朋友。其实,由于家境贫寒,内向的性格使他产生了严重的自卑心理,他只想通过优异的成绩证明自己,每天告诉自己一定要找到一个好工作,改变自己的命运。

在一次招聘会上,小哲应聘了一家500强企业。对这家企业,他心仪已久。他抱着必胜的心态参加了面试。在面试后的半个月时间里,他都没有接到用人单位的电话,于是他开始焦躁不安。有同学被这家企业录取了的消息彻底击垮了他的心理防线。他非常悲伤,也没有人能让他诉苦。想着自己黑暗的未来,他喝了一瓶酒后,从教学楼跳了下去,结束了年轻的生命。但就在几天后,小哲的母亲接到那家企业的电话,被告知小哲被录取了,可以去上班了。小哲的母亲告诉他们,儿子已经不在了。原来面试通过的简历放在一起,在通知被录取人员时,该企业员工漏下了小哲,几天后发现就想着赶紧通知他,但没想到是这样的结果。

思考:从故事一和故事二中主人公的身上你看到了什么?到底是什么决定着我们的命运?

二、性格的类型

心理学家们曾经以各自的标准和原则,对性格类型进行了分类,下面是几种有代表性的观点。

(一)理智型、情感型和意志型

根据知、情、意三者在性格中所占的优势,可以将性格分为理智型、情绪型和意志型。理智型的人通常以理智来评价、支配和控制自己的行动;情绪型的人往往不善于思考,言行举止易受情绪左右;意志型的人一般表现为行动目标明确,主动积极。

(二)内倾型和外倾型

根据心理活动的倾向性划分标准,可以将性格分为内倾型和外倾型。这是一种最具有影响力的观点,由瑞士心理学家荣格(G. G. Jung)提出。

内倾型的人沉稳谨慎,做事和说话三思而后行,不善交际,反应慢,较难适应环境,害怕改变,比较注重别人对自己的评价,有时候显得冷漠、孤僻;外倾型的人热情大方,感情外露,不拘小节,善于交际,独立性强,适应能力强,不介意别人对自己的评价,但有时候善变、轻率、感情用事。

(三)独立型和顺从型

根据个体的独立程度,可以将性格分为独立型、顺从型。独立型的人善于独立思考,不易受外来因素的干扰,能够独立地发现问题和解决问题;顺从型的人易受外来因素的干扰,常不加分析地接受他人的意见,应变能力较差。

（四）A-B 型人格

福利曼和罗斯曼描述了 A-B 型人格类型，人们在研究人格和工作压力的关系时，常用到这种人格类型。

A 型人格：性格急躁，缺乏耐性，成就欲高，上进心强，有苦干精神，工作投入，有时间紧迫感和竞争意识，动作敏捷，说话快，生活处于紧张状态，且社会适应性差，属于一种不安定性人格。

B 型人格：性情温和，举止稳当，对工作和生活的满足感强，喜欢慢节奏的生活，可以胜任需要耐心和谨慎思考的工作。

三、大学生性格问题及调适

当代大学生成长的社会环境基本相同，就大学生整体而言是健康的，但由于一些个别的地区差异，性格的健康水平有差异。当代大学生常见的性格问题主要有以下几个。

1. 自傲型
表现：轻浮，没礼貌，爱惹事，自视清高，看不起其他人。
调适方法：培养正确的世界观。

2. 抑郁型
表现：消极厌世，闷闷不乐，多愁善感，不愉快等。
调适方法：增强自我控制能力。

3. 缺乏自信型
表现：不负责任，对自己的外在和内在都没有信心，过分在意别人的眼光。
调适方法：多多投身于实践活动。

4. 缺乏意志型
表现：容易接受别人的暗示，容易放弃一项决定或目标，对事物没有持续性。
调适方法：加强培养意志品质。

5. 冷漠型
表现：对人冷淡，缺乏同情心，缺乏良心和道德感，不懂感恩。
调适方法：重视心理教育。

6. 炫耀型
表现：喜欢追求奢侈品，喜欢向别人炫耀自己的优点及欲望。
调适方法：通过心理治疗排除性格障碍。

第四节 大学生健全人格的培养

一、正确认识自我，主动悦纳自我

人最难的是了解和认识自己，一个人往往特别容易看到他人的优点和缺点，而对于自我的了解就显得不那么清晰。这大概就是我们常说的"当局者迷,旁观者清"。台湾地区女作家三毛生前曾说过:"一个不会悦纳自己的人,是难以快乐的。"一个人的心理健康与否,生活得是否快乐,有一个重要的指标,就是能不能愉快地接受自我,即悦纳自我。

悦纳自我包括三个方面:第一,接受自己的全部,无论是优点还是缺点,无论是成功还是失败;第二,无条件地接受自己,接受自己的程度不以自己是否做错事而有所改变;第三,喜欢自己,肯定自己的价值,有愉快感和满足感。只有真正做到如此,才是悦纳自我。一个悦纳自己的人,并不是一个完美的人,而是在接受自己优点的同时,也了解自己的缺点,很坦然地承认了自己的不足之处,然后不断克服缺点,注意自我形象塑造,把握自己的做人准则,不断完善自己,更加自信地面对生活,并走向成功。

二、保持积极的心态,培养乐观的情绪

积极的心态能够减少负面情绪。拥有积极心态的人情绪也随之变得正面,不会沉溺于负面情绪中,且能更快地恢复到正面情绪,因而生活会更加美好且有乐趣。正面情绪能促进身体健康,压力、烦躁等负面情绪会引发冠心病等疾病。将负面情绪转化为正面情绪,能够提升个体整体的健康状况。

那么,如何做到保持乐观的心态呢?

(一)坚持写日记

研究表明,自我检省能有效地促进学习和工作,帮助人们培养积极的心态。个体记录自己的情绪和想法,有助于认清自身的行为和反应;记录每天发生的美好的事,有助于提高自身的幸福感和对生活的满意度。

(二)回顾美好的事物

经常回顾让自己开心、骄傲、感恩、平静、满足、愉快的事件,可以提高应对困难的能力,心态自然会逐渐变得积极。

(三)做喜欢而开心的事情

总是把他人放在第一位的人可能很少顾虑到自己。我们首先得照顾好自己,这样才有能力去关爱他人。因此,个体应先把自己调整到最佳状态,然后给他人最好的关爱。

(四)自觉远离负能量

当我们的内心不够坚定、不够强大的时候,我们容易被负能量影响,动摇好不容易建立起来的正性力量。因此在建立乐观的心态时,个体要注意远离负能量。

三、锻炼意志,提高心理承受能力

心理承受能力是指个体承受和调节由逆境(困难与挫折等不顺利的情况)引起的心理压力和负性情绪的能力,主要是对逆境的适应力、容忍力、耐力、战胜力。一定的心理承受能力是个体良好的心理素质的重要组成部分。

那么,如何才能增强意志,提高心理承受能力呢?

(一)确定目标并努力执行

每天晚上临睡前,用纸列出明天要做的所有事,然后用数字 1 至 10 来标出它们的重要性,

然后按数字由大到小进行排列,选出最重要的六件事作为明天要做的事。将这六件事写在纸上,并将纸带在身上。第二天就专注做这六件事。做完一件事,就划掉一件事。这样做可以锻炼心理承受能力中的韧劲。

(二)安排任务且必须完成

在工作和生活、学习中,每天给自己安排任务,完不成,就接受相应的惩罚,如跑步、做俯卧撑等。这样做往往会获得很大的成绩,同时可以锻炼心理承受能力中的意志力。

(三)自觉经历磨炼

可以从简单的事情过渡到较难的事情,从客观中的小事做起,逐步培养自己的兴趣。这样做个体更加容易提高坚持度。

(四)多在逆境中锻炼意志力

实际的方法有跑步、爬山等。当出现心理上的挫折时用"我能行"代替"我不行"来规劝、激励自己,就可以逐步锻炼自己的心理承受能力。

四、不断学习,确立人生发展目标

一个人要想发展,确立人生发展目标是有效的方法。从根本上来说,确立人生发展目标就是认定自己的人生哲学或基本信念。个体应根据不同时期、所从事的工作确立自己的短期、中期、长期目标,包括自我期待与基本价值观。实践使人们感受到知识可以改变命运。一个人要活到老、干到老、学到老,不断扩大自己的知识领域。唯有不断地充实自己,完善自己,个人才能立于不败之地。

那么,我们的人生确立一个什么样的发展目标呢?

每个人的条件不同,人生发展目标也不可能相同,但确定人生发展目标的方法是相同的。下面就如何确立人生发展目标的重点做简单介绍。

(一)目标确立符合社会与组织需求

人生发展目标如同一种"产品",这种"产品"有市场才有"生产"的必要,故个体在确定人生发展目标时,要考虑到内外环境的需要。有需求,才有位置。

(二)目标确立要适合自身发展特点

不同的人有不同的特点。这种特点就是一个人的性格、兴趣、特长等。个体要将人生发展目标建立在自身的最优性格上、最大兴趣上、最佳特长上。如果做到这一点,个体就能左右逢源,心想事成。

(三)目标确立要左右高低恰到好处

人生发展目标是高一点好,还是低一点好呢?总体来看,人生发展目标还是高一点好。远大的人生发展目标能起到激励作用。但人生发展目标过高,脱离了实际,个体会因好高骛远而招致失败。人生发展目标太低,个体不用努力就能实现,人生发展目标也就失去了意义。

(四)目标确立要留有余地

人生发展目标要留有余地,也就是在实现人生发展目标的时间安排上,不要过急、过满或过死。如果过急,如需要五年才能达到的人生发展目标,定为三年或两年完成,就会"欲速则不达",不是计划落空,就是影响工作质量。如果安排过满,在同一时间里既做这个,又做那个,结果会顾此失彼,使人身心太累,导致无法坚持。如果安排过死,如规定某一时间只能做某事,若遇某些干扰,无法完成,又没有补做时间,必然会落空。

五、与人为善,建立和谐的人际关系

这里所谓的和谐,主要是指个体自身的需求能够得到正面的回应。有回应但是负面的,自然不是和谐的关系。人应该活在人际关系中,只有在人际关系中,个体才能被看见,也只有在被看见的人际关系之中,个体的能量才能滋养自身,有益身心健康。因此,大学生应该拥有许多亲密的同学朋友,善于参加广泛的活动,并且与人相处时诚恳热情,没有占有欲,处理好嫉妒心。

六、培养创造思维,拥有创造性人格

创造性人格的培养在个体的创造性发展中具有非常重要的作用。创造性人格在创造活动中起着动力和监控作用。只有具备创造性人格,个体才能不为各种环境因素所限制,坚持进行自己的创造性活动。具有创造性人格的个体,在创造性活动过程中会随时监控自己的活动过程,运用更有效的方法和技能,取得创造成就。因此,我们应注意创造性人格的培养,使创造教育得到全面的开展。

如何才能拥有创造性人格呢?

(一)对未知世界痴迷

培养创造性人格时,我们要敢于尝试,敢于自我探索,不怕失败,对探索大自然的奥秘保持浓厚的兴趣和好奇,拥有愿意支配自然的强烈欲望,有为人类幸福而献身的崇高理想。

(二)克服功利主义思想

培养创造性人格时,我们要摒弃浮躁。探索创新是一个需要内心宁静的过程,内心装了太多的浮华和利益,只会让人浮躁,使人不能沉下心来钻研。

(三)改变相信权威的认知

培养创造性人格时,我们要敢于质疑。世故,圆滑,八面玲珑,不得罪人,不敢坚持真理,遇事先为自己打算,没有是非观念,将导致我们失去创造性。我们应敢于质疑权威,善于做学术的追究和讨论。

(四)培养跨学科的理论

培养创造性人格时,我们要提升全球视野。眼睛是心灵的窗户,眼界足够宽广,思想才能自由。

 心理自测:测测你的气质类型

由陈会昌编制的气质测验60题,可以帮助个体大致确定自己的气质类型。此题既可用于集体测试,也可以用于个人自测。测试时间一般为15～20分钟。

在回答这些问题时,你认为:

很符合自己的情况记2分;比较符合自己的情况,记1分;介于符合自己的情况与不符合自己的情况之间,记 0 分;比较不符合自己的情况,记-1 分;完全不符合自己的情况,记-2 分。

| 2分 | 1分 | 0分 | -1分 | -2分 |
| 很符合 | 比较符合 | 介于符合与不符合之间 | 比较不符合 | 完全不符合 |

1. 做事力求稳妥,一般不做无把握的事。( )
2. 遇到可气的事情就怒不可遏,把心里话全说出来才痛快。( )
3. 宁可一个人干事,不愿很多人在一起。( )
4. 到一个新环境很快就能适应。( )
5. 厌恶那些强烈的刺激,如尖叫、噪声、危险镜头等。( )
6. 和人争吵时,总是先发制人,喜欢挑衅。( )
7. 喜欢安静的环境。( )
8. 善于和人交往。( )
9. 羡慕那种善于克制自己感情的人。( )
10. 生活有规律,很少违反作息制度。( )
11. 在多数情况下情绪是乐观的。( )
12. 碰到陌生人觉得很拘束。( )
13. 遇到令人气愤的事,能很好地自我克制。( )
14. 做事总是有旺盛的精力。( )
15. 遇到问题总是举棋不定,优柔寡断。( )
16. 在人群中不觉得过分拘束。( )
17. 情绪高昂时,觉得干什么都有趣;情绪低落时,又觉得什么都没意思。( )
18. 当注意力集中于一事物时,别的事很难使我分心。( )
19. 理解问题总比别人快。( )
20. 碰到危险情景,常有一种极度恐怖感。( )
21. 对学习、工作、事业怀有很高的热情。( )
22. 能够长时间做枯燥、单调的工作。( )
23. 符合兴趣的事情,干起来劲头十足,否则就不想干。( )
24. 一点小事就能引起情绪波动。( )
25. 讨厌做那种需要耐心、细致的工作。( )
26. 与人交往不卑不亢。( )
27. 喜欢参加热烈的活动。( )
28. 爱看感情细腻、描写人物内心活动的文学作品。( )
29. 工作学习时间长了,常感到厌倦。( )
30. 不喜欢长时间谈论一个问题,愿意实际动手干。( )
31. 宁愿侃侃而谈,不愿窃窃私语。( )
32. 别人总是说我闷闷不乐。( )
33. 理解问题常比别人慢些。( )
34. 疲倦时只要短暂的休息就能精神抖擞,重新投入工作。( )
35. 心里有话宁愿自己想,不愿说出来。( )

36. 认准一个目标就希望尽快实现,不达目的,誓不罢休。( )
37. 学习、工作同样一段时间后,常比别人更疲倦。( )
38. 做事有些莽撞,常常不考虑后果。( )
39. 老师讲授新知识,总希望他讲得慢些,多重复几遍。( )
40. 能够很快地忘记那些不愉快的事情。( )
41. 做作业或完成一项工作花时间总比别人多。( )
42. 喜欢运动量大的剧烈体育运动或参加各种文艺活动。( )
43. 不能很快地把注意力从一件事转移到另一件事上去。( )
44. 接受一个任务后,就希望把它迅速完成。( )
45. 认为墨守成规比冒风险强些。( )
46. 能够同时注意几件事物。( )
47. 当我烦闷的时候,别人很难使我高兴起来。( )
48. 爱看情节起伏跌宕、激动人心的小说。( )
49. 对工作抱认真严谨、始终一贯的态度。( )
50. 和周围的人总是相处不好。( )
51. 喜欢复习学过的知识,重复做能熟练做的工作。( )
52. 希望做变化大、花样多的工作。( )
53. 小时候会背的诗歌,似乎比别人记得更清楚。( )
54. 别人说我"出语伤人",可我并不觉得这样。( )
55. 在体育活动中,常因反应慢而落后。( )
56. 反应敏捷,头脑机智。( )
57. 喜欢有条理而不甚麻烦的工作。( )
58. 兴奋的事常使我失眠。( )
59. 老师讲新概念,常常听不懂,但是弄懂了以后很难忘记。( )
60. 假如工作枯燥无味,马上就会情绪低落。( )

计分方法:

胆汁质		多血质		黏液质		抑郁质	
题号	分数	题号	分数	题号	分数	题号	
2		4		1		3	
6		8		7		5	
9		11		10		12	
14		16		13		15	
17		19		18		20	
21		23		22		24	
27		25		26		28	
31		29		30		32	
36		34		33		35	

续表

胆汁质	多血质	黏液质	抑郁质
38	40	39	37
42	44	43	41
48	46	45	47
50	52	49	51
54	56	55	53
58	60	57	59
总分	总分	总分	总分

(得分取正值的最高值,也就是说比较得分的时候有正负之分,不取绝对值。)

第一,如果某种气质得分高出其他三种4分以上,则你属于该种气质。如果该种气质得分超过20分,则为典型;如果该种气质得分为10～20分,则为一般型。

第二,如果两种气质类型得分接近,其差异低于3分,而且高出其他两种气质类型4分以上,则属于这两种气质的混合型。

第三,如果有三种气质得分接近,且均高于第四种,则为这三种气质的混合型。

建议:

1. 此问卷仅作为了解自己使用,如果有疑问,请咨询专业人士。

2. 气质无好坏之分,测试主要是为了了解自己的气质特点,扬长避短。

 推荐阅读:《动机与人格》

[美]马斯洛著,许金声等译,中国人民大学出版社于2007年4月出版。

推荐理由:本书是心理学史上第三思潮的奠基之作。马斯洛是一位智商高达195的天才,他把自己的智慧用于研究人的心理,告诉我们:人性是什么,人需要什么。需要层次论是马斯洛影响最大的理论之一,至今仍发挥着巨大的影响力。要想真正理解马斯洛的人类需要层次论,就一定要认真阅读这本书。

 本章思考与练习

1. 你了解自己的人格吗?试举例说明。
2. 如何塑造健全的人格?请列举案例进行判断分析。

第五章 大学生人际交往及心理调适

引子：是什么困扰了她

真真是一个性格开朗的人，平时喜欢主动和人聊天，与人沟通时总是大大咧咧的，不拘小节，有什么说什么。比如，同学找了一个新的男朋友，那个男孩有点胖，个子不太高，真真见过后就说："你眼光怎么这么差，找了一个'矮冬瓜'啊？"再比如，一次一位室友生病了，其他同学来看望她，向真真询问她的病情，真真说："没什么大不了，小命能保住。"真真的回答噎得对方半天没回上一句话。日子久了，真真慢慢地发现同学们有什么事情都不和她说了，有时看到大家在一起做什么事，真真刚想凑过去，大家就散了。在孤独中，真真感到苦闷："我对人一向很真诚啊，从不隐瞒自己的真实想法，为什么现在弄得我好像病毒一样，大家都躲着我，我到底哪里做错了？"

在人际交往方面真真似乎很积极，但为什么她产生了困惑呢？问题就在于虽然真真有一颗愿意交友的心，但是她不懂得如何交往，所以最终碰壁受伤。要学会交往，首先必须了解关于人际交往的一些基本概念和原理。

美国卡耐基梅隆大学心理研究所对 10 000 个人做的调查研究表明：一个人事业上成功，只有15%是由于他的职业技术，另外85%要依赖于良好的人际关系和处事技巧。这说明了良好的人际关系对个人事业成功的重要意义。那么，大学生怎样才能拥有和谐的人际关系呢？本章围绕这一主题，从大学生自身实际出发，就大学生的交往特点与问题、心理调适及交往能力等方面予以详细论述。

第一节 大学生人际交往概述

一、大学生人际交往的内涵

（一）人际交往概念

人际交往是指个体通过一定的语言、文字或肢体动作、表情等表达手段将某种信息传递给其他个体的过程。认知、动机、情感、态度等都会影响人际交往。认知包括个体对自己与他人、他人与自己关系的了解与把握,它使个体能够在交往中更好地、有针对性地调节与他人的关系。动机在人际关系中有着引发、指向和强化的功能。人与人的交往总是源于某种需要、愿望和诱因。情感因素是人际关系的重要调节因素。人们在交往过程中,总是伴随着一定的情感体验,如满意与不满意、喜爱与厌恶等,人们正是根据自身的情感体验不断地调整人际关系,可以说,情感是人际关系中最重要的部分。态度是人际交往的重要变量,直接影响着人际关系的建立、形成与发展。

在交往的基础上形成的相对稳定的情感纽带就是人际关系。一个人拥有良好人际关系的必要条件就是人际交往。交往是一个动态过程,人际关系的建立与维持取决于人们内心之间的情感联系。交往相比人际关系来说更具有动态性,不确定性较大,而人际关系一旦形成就具有相对的稳定性。这并不是说人际关系是固定的,而是说形成的人际关系变数很小。比如一段高中的友谊到了大学,即使双方不在同一所大学,也不会因为长时间的不交往就使这段友谊发生很大的变化。关系也是一个动态的给予和获取的日常互动,它是一个动态的过程而不是一件稳定不变的事情。所以,以真诚、理性的态度去营造积极、健康的人际关系,重视和谐的人际关系培养,尤为重要。

(二)大学生人际交往

大学生人际交往也称为大学生人际沟通,是指大学生个体之间在共同活动中彼此交流思想、传递信息、表达情感和协调行为的互动过程。大学生正处于学习知识、了解社会、探索人生的重要发展阶段,对社会交往有着强烈的渴望和要求。和谐的人际关系对于大学生而言,犹如阳光之于草木、水之于鱼一样重要。

首先,人际交往能够增强大学生的归属感和认同感,促进其心理平衡。人是具有社会性的动物,每个人都需要与人交流,大学生更是如此。大部分大学生刚刚进入大学时,在一个新环境中,常常会产生难以言表的孤独感和寂寞感,容易想家、思念家人。这时开展积极的人际交往活动,不仅有利于交流思想、相互了解,更有利于大学生在心理上产生一种对同学、对集体乃至对学校的亲密感、归属感和认同感,从中汲取心理情感能量,从而促进自身的心理平衡,达到心情舒畅、身心健康的目的。

其次,人际交往能够深化大学生的自我认识。人对自己的认识总是以他人为镜,需要通过与他人的交流、比较,把自己的形象反射出来并加以认识。大学生在交往的过程中,往往以同龄人作为参照,从他人对自己的反应、态度及评价中发现自己的价值和不足,找到自己恰当的社会位置,从而做出更为恰当的行为,为自我的设计、发展和完善创造条件。因此,大学生有必要全方位、多层次地与更多的人交往,获得更多可靠的信息,达到更清楚地认识自己的目的。

再次,人际交往是大学生人格健全和发展的重要条件。一个人的人格除了受先天遗传因素的影响外,更重要的是受后天环境的影响。如果长期生活在友好、和睦的人际关系中,个体的人格就会变得乐观、开朗和主动;相反,一个人如果长期生活在充满冲突的人际关系中,则可能会出现压抑、暴躁或冲动等人格障碍问题。大学是我们人格塑造的关键时期,积极、和谐的人际关系有助于大学生人格的健全和发展。

最后,人际交往是大学生取得事业成功的重要基础。现代社会是一个合作与竞争并存的社会,随着职业流动性的增大和大学生自主择业制度的形成,社会对大学生的人际交往能力提出了更高的要求。一方面,大学生需要凭借自己的人际交往能力,为自己的求职面试开启大门;另一方面,大学生只有通过与人交往、团队合作,才能让别人了解到、认识到自己的能力、才华和品格,才能逐渐被社会认可,达到自我实现的目的。

二、大学生人际交往的特点

(一)迫切性与开放性

迫切性是指大学生在人际交往的需求方面具有急切性的特征。处于青春期的大学生,思想活跃,精力充沛,兴趣广泛,好奇心强,对人际交往的需要极为强烈。每个大学生都希望了解社会、了解他人,都希望获得友谊,成为别人的朋友。随着招生分配制度的改革,上学要自费,就业要自谋,这是当前大学生必须面对的现实。因此,寻求勤工俭学和就业的门路,几乎从一入校就开始了,这些加剧了大学生的交往迫切性。开放性主要表现在与异性的交往上。由于社会的不断发展以及来自多方面的相关因素的影响,正处于青春期的大学生随着生理的成熟以及性意识的发展,对于爱情特别关注和敏感。另外,大多数大学生对校园里广泛的异性交往持认同态度,呈现出明显的开放性特点。

(二)广泛性与时代性

广泛性是就大学生交往的内容和范围而言的。除了寻求友谊、交流学习以及分享工作体会外,大学生还常常在一起探讨人生、传递各种信息、开发智力和技能等,并通过参加各种社会活动使交往活动越来越广泛。当代大学生人际交往的时代性特点主要通过交往方式的改变体现出来。大部分的大学生不再抱有狭隘的交友观念,转而追求并建立更加广泛、多样的人际关系。现代计算机、通信、网络技术为当代大学生的交往提供了先进的信息传递手段,开辟了超时空的广阔天地。因此,以非直面性、身份隐蔽性,思想情感表达的随意性、自由性、超时空性为主要特征的网络交往已成为大学生新型人际交往的重要方式和主要选择。

(三)平等性与不平衡性

当代大学生自我意识强,对独立、自尊的要求高。他们期待交往时彼此尊重、相互接纳。他们不能接受一方委曲求全、另一方居高临下的交往方式。即使是师生,他们也期待对师长的尊重得到师长平等对待的回报。实践证明,平等交往的需求使得那些谦和、真诚、善解人意、通情达理、乐观向上的人成为大学生乐意交往的对象。不平衡性主要体现在当代大学生的贫富差距上。由于学校招生制度的改革,大学生的学费大幅度提高,特别是来自下岗职工和贫困家庭的大学生,与那些家庭经济条件比较优越的大学生在人际交往中形成两种不同的群体。有调查显示,经济上的拮据使得前者在人际交往中较多表现为被动压抑、性格内向,个别学生甚至还会因此产生自卑、孤僻等心理。

(四)理想性和实惠性

大学生经济压力相对较小,人际交往动机相对单纯,情感因素在人际交往中占绝大比重。他们在交往中真诚、坦率,且更注重精神方面的沟通。因此,大学生对人际交往抱有较高的期望值,并将人际交往理想化,但由于社会上各种因素,尤其是实用主义思潮流行的影响,人际交往的理想化有淡化的趋势。少数大学生缺乏对社会真正的了解,缺乏为他人、社会、国家做贡献的使命感和责任感,更多地倾向于强调个性张扬、自我价值和自我利益的实现,表现出注重个人实惠、个人利益至上的意识。通俗一点讲就是,少数大学生在人际交往中甚至是在学习和做事情时,常常带着"我这么做对我有什么好处?"这样的疑问。

(五)纯洁性和波动性

当代大学生是同龄人中知识较丰富的群体,思维、认知能力比较强,自我意识不断增强,在关注自我的同时,对社会和人生问题也比较关心,善于思考人生的意义,在交往中往往注重思想上的交流,感情色彩浓厚,讲求情投意合。但是,大学生的心理发育还没有成熟,大学生自我意识的增强与认知能力的发展不太协调,情绪经常处于不稳定状态,获得成功或自己意愿得到满足时可以欢呼雀跃;一旦失败,又可能垂头丧气,情绪一落千丈,陷入焦虑、悲观的情绪状态之中。这种情绪波动导致大学生的人际交往经常处于不稳定状态。

第二节 大学生人际交往的常见问题

案例分析

她的人际交往有什么问题?

某大学某女生,学习成绩在班上为第一名,却自卑,看不起自己。她在大众场合不敢发言,跟别人交流时总不能恰当地表达自己,尤其是跟老师或陌生人谈话,总觉得十分局促,举手投足不知如何是好,并且脸红得很厉害。她很羡慕别的同学在公共场合能够从容不迫,侃侃而谈。她强烈希望改变自己,虽然做过很大的努力,但一直得不到明显的改观,内心非常苦恼。她从高中到大学很少与异性同学交往,别人评价她是个冷漠、孤傲的人。她从小养成了以自我为中心的习惯,因此,在成长和交往的过程中,朋友越来越少,她慢慢地脱离了群体,把自己封闭了起来。后来她开始反省自己,自责不已,觉得都是自己的错。时间一长,她发现自己好像已经没有脾气了。不管跟谁发生矛盾,她都以为是自己的错,然后深深自责,或者把怨气都闷在心里。她总觉得难以与周围的同学建立一种和谐的关系。她非常担心毕业后不能适应社会生活。近来,她更是觉得自己一无是处,极度自卑,没有勇气参加任何活动。

分析:大学生人际交往素质的培养,除客观因素外,关键在于大学生主观能动性的发挥。青年大学生只要能正确把握社会交往的原则和目的,正确对待自己与他人,掌握科学的社交技巧,并在丰富多彩的校园生活中努力践行,就一定能够建立起良好的人际关系,从而为日后的工作或创业奠定坚实的基础。

一、不敢交往

在人际交往的实践活动中,面对不确定的人和事,人们都会存在不同程度的恐惧心理,只是每个人的反应程度不同。

有一部分大学生在这方面反应特别强烈。他们由于害羞、自卑等心理的作用,在与人交往时显得特别紧张,心跳气喘,面红耳赤,两眼不敢正视对方,在与人交谈时显得语无伦次、词不达意,甚至害怕自己的看法和观点遭到反驳和质疑。尤其是在人多的场合或者在集体活动中,他们更感到恐惧,不敢和人打交道,不敢表现自己。更有甚者,有的大学生最终患了社交恐惧症。

二、不愿交往

一方面,有的大学生在经历了"千军万马过独木桥"的高考之后,发现自己不像在中学时那么出类拔萃了,进而形成了由嫉妒与自卑心理造成的人际障碍,认为自己不如别人,怕别人瞧不起自己。缺少人际间必要的信任与理解,人际交往势必会平淡。有的大学生缺乏同学之间基本的合作精神,甚至视同学为敌手。有的大学生自高自大,瞧不起别人;有的大学生群体意识淡薄,以自我为中心,对周围的人与事漠不关心;有的大学生则是"我"高兴开心时就愿意理"你",否则就拒人于千里之外。同学之间缺乏必要的宽容,甚至会为一些鸡毛蒜皮的小事大打出手。有的大学生遇事总是回避退让,整日郁郁寡欢,缺乏交往的愿望和兴趣。他们自我封闭、孤芳自赏,但又特别敏感,心理承受能力差,独来独往,不愿抛头露面,不愿与人交往。另一方面,进入高校之后,新生大都有强烈的人际交往的欲望,但又常常感到人际交往很困难,究其原因是许多大学生对人际交往的追求往往带有较浓的理想色彩,以友谊的理想模式为标准来衡量生活中的人际关系,导致高期待与高挫折感并存,进而表现为部分大学生经常津津乐道于过去的事情,而对于现实生活中的人际交往表现出强烈的不满。有的大学生不懂得交往时要依靠平时交往的经验积累,总希望别人主动关心自己,主动与自己交往,而自己总是处于被动地位,不愿意迈出那一步,或仅仅是自己有事求人时才去"临时抱佛脚",无事相求就不费心去经营人际关系,只要感到在物质上和在精神上都不能使自己受益,而且感到累赘时,这种交往就会终止。长此以往,恶性循环,不仅会影响人际交往,还会对学习和生活带来困扰和烦恼。

三、不善交往

有的大学生不善于了解和掌握交往的一些知识、技巧,在交谈的过程中显得过于生硬、书生气太足、木讷,心存感激但又不会表达,缺乏表达的技巧与方式,以至于不能使对方理解。有的大学生有认知偏见产生的理解障碍,不注意在交往中的"第一印象",不注意沟通方式,在劝说他人、批评他人、拒绝他人时不讲究艺术。有些大学生在与人交往的过程中,不注意交往的原则,开玩笑不注意场合,不懂得给人留面子,或出言粗鲁伤了对方的自尊心,或不懂得尊重对方的风俗习惯,或不懂装懂、夸夸其谈等。这些表现都有损自身形象,从而影响了同学之间进一步的交往。

四、缺乏技巧

缺乏技巧是上面几种因素的综合反映。大学生一般都渴望交往,但由于交往方法欠妥、交往能力有限、个性缺陷或交往心理障碍等原因,在交往过程中既不了解自己,也不了解别人,导致交往失败。长期的交往失败,使得一些大学生把交往看成一种负担,渐渐地变得自我封闭。影响大学生人际交往的因素很多,如性格因素、原生家庭因素、成长环境因素、人生经历因素等。各种因素形成了大学生的性格,以及看待人、事、物的态度,但是性格及人际交往的能力和技巧是可以调试的。只要勇于面对自己,了解自己,坚持学习,积极交往,把握交往的原则和技巧,大学生一定会在大学这个小社会中收获颇丰,也将会在人生这条路上受益良多。

第三节　大学生人际交往的调适

人际交往的成功与否,往往与一个人的心态调试有关。盖一所房子,它的高度、样式都与其地基、用料有关。因此,人际交往的不同类型是人际关系取向的基础。有良好的调试沟通态度才能有良好的人际关系。

一、不良人际交往的三种模式

美国著名的心理学家埃里克·伯恩根据个体对自己和他人所采取的态度,将不良人际交往归为以下三种基本的模式。

(一) 我不好-你好

"我不好-你好"是一种常见的心理自卑者与他人的交往关系。它的特点是交往的一方深深感到自己是无能和愚笨的,无论做什么都不行,似乎所有的人都比自己强得多。持这种态度者往往情绪消极,常给自己消极的评价,觉得自己处处不如别人,也对不起他人,往往选择牺牲自己来成全他人的快乐。这种人与他人交往的时候往往会过度赞美他人而过度贬低自己。一个人刚开始与这种人交往的时候会感觉很舒服,因为这种人总是给别人赞赏的言辞,而对待自己比较谦虚。但时间长了,这种交往就会让另一方感觉很不舒服,由于这种人总是给他人过度的赞美,所以很难让人相信这些赞美的真实性。

(二) 我好-你不好

持这种态度者总认为自己对别人好,而别人对自己不好,为此愤愤不平,把人际交往中的失败与挫折归结为他人不好,或者把自己看成充满了优越感的人,把交往的对方当作缺乏头脑的笨蛋。这种人看似充满自信,其实是虚弱的,他们的心理防御倾向往往比较突出。这种对他人持否定态度的人在与人交往的时候不可避免地会流露出傲慢的态度,所以多数人都会因为难以忍受这种傲慢的态度而终止与他们交往。

(三) 我不好-你也不好

持"我不好-你也不好"态度的人自认低能,同时也认为别人并不比自己优越多少。他们既不相信自己,也不崇拜他人;他们既不会去爱人,也不能体验和接受他人的爱。这种人常陷入可悲的场面:他们捧着灰白的面孔,无论走到哪里,都带来生活的低潮,而且常常得不到他人的怜悯。

二、大学生人际交往的调试原则

大学时期是个体在人际交往过程中增长知识、了解社会、探索人生的重要发展时期。处于大学时期的个体强烈渴求被人理解、被人接受。因此,一个大学生想要在高速发展的现代社会中有所作为,就应努力培养自己的交往能力,掌握正确的人际交往原则,这样有助于在择业求职中、恋爱交友中,以及社会生活和家庭生活中营造一种和谐融洽的人际交往环境。人际交往既是一种能力,也是一门技术。它是可以通过学习和训练来培养和提高的。

（一）平等原则

萧伯纳有一次在写作休息时，和邻居的小女孩一起玩耍。当送小女孩回家时，他对小女孩说："知道我是谁吗？回家告诉你妈妈，就说和你一起玩的是萧伯纳。"小女孩天真地回应说："知道我是谁吗？回家告诉你妈妈，就说和你一起玩的是克里·佩丝莱娅。"

在人际交往的过程中，平等待人是建立良好人际交往的前提。没有平等待人的观念，就不能建立融洽的人际关系。一所大学中的大学生来自不同的民族、不同的地区，家庭状况、年龄、生活经历和文化层次都存在着差异，但并无高低贵贱尊卑之分。大学生在交往的过程中不应该因为这些差异的存在而对他人"另眼相看"、区别对待，而是应该遵循平等对待、相互尊重、相互爱护的交往原则，也只有平等待人才能换取平等待己。一个人如果始终处于自恃过人、居高临下的状态，就会渐渐地脱离群体，被身边的人忽视、排挤，最终会失去朋友以及他人的关心和帮助，从而造成心理上的孤独感。

（二）互利原则

人际交往是一种双向行为，古人讲："往而不来，非礼也；来而不往，亦非礼也。"人际交往是以能否满足交往双方的需要为基础的，其变化与发展取决于双方社会需要的满足程度。如果交往双方在满足对方需求的同时，还能得到对方的回应，那么这种交往关系将能继续发展下去。双方需求得不到满足的人际关系是不能长久的。

人际交往的互利原则不仅包括精神上的满足，包括物质上的互利，而且在这两方面都讲求奉献与索取。通过精神上的互利，如思想上的沟通交流，从而形成相同的价值观、社会观、人生观；通过沟通交流，加深与交往对象的相互了解，进而消除隔阂、解除误会，在关心和帮助交往对象的同时提升和锻炼自己，进一步促进与交往对象间的团结友爱。然而，在社会主义市场经济高速发展的今天，由于受到各种社会因素的影响和利益的驱动，人们经权衡利弊选择对自己有利的交往对象，获取对自己更有利的信息，但是过分地强调利益的人际交往注定是要失败的。因此，大学生在人际交往过程中，一定要处理好奉献与索取的关系，一方面要有奉献的精神，要与人为善，不怕吃亏，乐于助人，与同学相处的过程中要学会宽宏大度、容忍谦让；另一方面，在奉献的同时要学会索取，要善于求助于人，在遇到困难和难题的时候，应该主动地向同学或朋友提出请求，别人帮助你克服了困难、解决了难题，他同样也会感到快乐和开心，这更进一步地促进了双方的情感交流。

（三）适度原则

大学生在人际交往过程中对"度"的把握尤为重要。这个"度"主要体现在对时间、程度以及对异性交往的把握上。

首先是交往的时间适度。在人的社会性需求中，除了交往以外，还有工作、学习、社会生活和家庭生活等内容。当然，必要的、良好的交往有利于各方面工作的开展，但更应该注意到，两者在时间和精力上可能存在着冲突，因此，在时间分配上，对于精力的投入需要把握合适的一个"度"。对于大学生而言，目前主要的任务是学习科学文化知识，这个学习的过程需要投入大量的时间和精力，如果因过于强调交往的重要性而投入过多的时间和精力，则将会影响大学生的首要任务。没有坚实的科学文化知识作为基础，再强的人际交往能力也将会成为空谈。

其次是交往的程度要适当。每一位大学生都希望自己能有好的人际交往能力，然而良好的人际关系、和谐的人际交往环境是在学习、工作和生活中自然而然地形成和发展起来的。常言道"距离产生美",对于交往双方而言,在交往之初,需要有更多的时间和空间进行了解,在确认对方和自己是否志趣相投以前,最好保持一定的距离,把握一定的交往频率,不刻意地追求,也不必稍微有一点冲突就势不两立。把握好交往的程度,使得在今后的人际关系的发展上能够进退自如,既不伤害他人,也不委屈自己。

最后是与异性交往要适度。大学生处于青年中期,生理发育基本完成,他们总是以直接或者间接的方式去接近异性,引起异性的注意。男女大学生通过正常的交往活动,能够增进相互之间的认识和了解,有助于大学生的自我认识和自我完善,也有助于大学生健康性心理的形成和人格发展。然而有些大学生在不良心理因素的作用下,与异性交往存在很大的障碍,这将带来极大的心理困惑。对于大学生来说,沉迷于不成熟的异性恋情,将会给自己的学习和生活带来不良的影响。

(四)坦诚原则

坦诚是处理人与社会、人与人之间相互关系的基本准则,是大学生人际交往的前提。在人际交往的过程中,只有真心诚意地对待他人,才会获得更多真正的朋友,建立起良好的人际关系。当然,坦诚必须建立在讲信用的基础上。讲信用是一种高尚的情操和品质,它既是对他人的尊敬,也是对自己的肯定。虚伪是人际交往中的一大弊病,妨碍了人与人之间的正常交流与沟通,虚伪的人必定会失去他人的信任与理解,最终会失去朋友。因此,大学生在与人交往中,应该坦诚相待,讲信用,用实际行动从心底感动他人,这样最终必定能获得他人的尊重与信任。坦诚不仅能提升个人的光辉形象,还能给他人一种安全感,有助于与他人建立深厚的友谊,形成融洽的人际关系。同时,坦诚也增强了个人在人际交往中的自信心。

(五)宽容原则

人际交往中往往会产生误解和矛盾。一个人若总是以敌视的眼光看人,对周围的一切充满戒备和防范,处处提防,时时猜疑,则必然会因为强烈的孤独感和失落感而陷于痛苦和郁闷之中。生活在大集体中的大学生来自天南地北、五湖四海,在性格、习惯、生活方式等方面各有不同。因此,大学生在与人相处、与人交往的过程中,要学会理解和尊重他人的个性特征、生活习惯和处事方式,不将自己的想法强加于他人,做一个肯理解和容忍他人优缺点的人,这样才会更加受欢迎。个体要站在他人的立场想问题,在看到别人的优点和长处的同时,也要多关注自己的缺点和不足;在结交朋友的时候,不仅要寻找与自己性格相近的人,还要结交那些与自己性格相异的人。只有这样,才能做到相互学习、取长补短,不断地完善和提高自己。

第四节 大学生人际交往的艺术

随着社会的不断发展、时代的飞速进步,现代工作、生活的节奏也相应地越来越快,谁能在变幻莫测的世界中抢先抓住机遇,谁就将成为最终的胜利者,因此如何与人交往已经引起越来越多的大学生的重视。

在短时间内拉近人与人之间的关系,构建稳定、和谐的人际关系,是大学生在踏入社会之前应该去学习和有意识培养的能力。大学生应多掌握一些常用的技巧,把握人际交往的艺术,为生活锦上添花。以下技巧被誉为人际关系中高级的真理,当一个人开始领悟这些技巧时,说明他已经开始取得成功了。一个人如果真正掌握了这些技巧,那么在人际交往中便可以取得事半功倍的效果。

一、塑造良好的自我形象

人的形象绝不仅仅指容貌,而是由人的修养以及为人处事、谈吐等诸多方面综合体现的。美好的外在形象固然会在社交中对一个人有所帮助,但最终决定一个人形象的关键因素还是其内在品质。我们每一个人都愿意与具有以优秀品质为支撑的良好自我形象的人密切交往。

良好的自我形象通常表现在以下三个方面。

第一,修养方面。对待别人克制忍让,拥有良好的自我控制力;不为区区琐事而烦恼,甚至悲观失望,心胸豁达;说话有条理、讲究分寸、言简意赅、语调清晰;有良好的卫生习惯,保持自身、服装、学习、生活环境整洁有序。

第二,为人方面。待人谦虚,不在他人面前炫耀自己,尊重他人;做到对别人承诺过的事,用诚实守信来赢得别人的信任;端正自己的行为,对待事情持公正的态度;不打听他人的隐私,不在背后评论他人,做事光明磊落。

第三,处事方面。讲求实干精神,少说空话,多做实事,处变不惊,深思熟虑;所有事情都按时、按计划去做,做到有条不紊;珍惜财富,开源节流;做事全神贯注,勤奋努力,专心致志。

塑造良好的自我形象是建立成功的人际关系的第一步,若一个人能够塑造良好的自我形象,那么在进行人际交往的过程中,很多问题就会迎刃而解。

二、有意识制造神秘感

泰国有一家饮食店,门前摆了一个大酒桶,引人注目地写着:"不许偷看!"但是无遮无挡,路过的行人都禁不住好奇心的驱使,停下脚步往桶里看个究竟。一看之下,不觉捧腹,原来桶里写着:"我店有与众不同、清醇芳香的生啤酒,一杯五元,请享用。"

这"不许偷看"的生意经,就是利用了神秘感,来引发行人的好奇心,吸引行人"非看不可",当然看过之后,行人就会产生品尝一下的欲望。

通常情况下,制造神秘感有以下两方面的作用。

第一,调动积极性。最美妙的事莫过于神秘。人类文明的发展、科学的进步,在很大程度上都源于人对神秘事物的好奇心。人是有好奇心的,越是陌生的事物,就越想体验;越是不让做的事,就越会产生尝试的欲望;越是不能知道的事,就越要千方百计地打听。因此,巧妙地利用神秘感可以引发人的探究心理,从而调动人的积极性。

第二,增添魅力。人都有奇怪的心理,对于很熟络、很亲近的人,往往不懂得尊重;而对于不太熟络的人,很尊重,不敢随随便便对待。因此,做人要保持魅力、维系权威,就要善于制造神秘感。

三、建立良好的人缘关系

是否具有好人缘是检验一个人交际水平的具体体现。想要赢得好人缘,需要做到以下五点。

第一,处事诚实守信。人与人交往要以诚相待,虚伪、表里不一的人必然会遭人疏远。守信用在生意场上尤其重要,信用就是发展,信用就是更多的新机会。

第二,为人正派,有公心。凡事都要真正站在别人的角度思考,不能为了达到自己的目的而不择手段地损害他人的利益,更不能在背后议论他人、说三道四。

第三,待人热情,富有人情味。要乐于帮助他人,在别人有困难时要全力相助。帮助别人之后,切记不要摆出一副施恩于人的姿态,否则会使对方感到非常难堪。

第四,谦虚。不可有机会就炫耀自己的长处,在与人交谈时,不要长篇大论地说个没完。

第五,与人交谈时,言辞婉转、贴切。要融合各方面的意见,不要只凭自己主观意愿大呼小叫。

四、讲究礼貌与教养

讲究礼貌是谦虚恭敬的表现,对待别人彬彬有礼,也正是对他人的尊重。具体来说,讲究礼貌主要体现在以下四个方面。

第一,讲礼貌是具有良好教养的表现。一个颇具魅力的人并非靠学历做支撑,而是靠涵养。一个人的涵养如何往往取决于他所懂得的礼仪。人的教养水准是无法伪装的:有涵养的人,行为、举止自然就会彬彬有礼;内在修为不够的人,行为、举止也就自然无法表现得有教养。

第二,讲礼貌能增添魅力。英国人强调绅士风度,何谓绅士风度?绅士风度即待人接物彬彬有礼,与女士一起进门时,先替女士将门推开;与女士一起吃饭时,先替女士把椅子放好。这展现的是翩翩君子的风采。在生活中我们也会遇到这样的场景:遇到弹簧门时,你认为前面的人会替你拉住门,可他一松手,门"啪"的一下,就将你打了出来。外在显露的气质,正是你内在思想、品质、修养的一种反映,而讲礼貌能使人显得气质优雅。

第三,握手是对他人的尊重。握手所传递给别人的信息,有时远远超出你的想象。软弱无力的握手,反映的是缺乏自信心;一触即松的握手,表现的是对人的冷淡;而傲慢自大和强压似的握手,显示你在装腔作势。略带一点力量坚定的握手,表明"我充满了活力,我已经把握了那些事物",这种方式的握手代表着自信,代表着待人热情有分寸。

第四,过分礼貌会拒人于千里之外。讲礼貌的好处虽然很多,但也要辩证地看待,与真正的朋友交往,通常是随意自然的,过分拘于礼节,则是彼此有隔膜的表现。

既然礼貌是辩证的问题,那么如何把握分寸呢?对领导、长辈就要多注意礼貌,面对同龄人则要善于打消礼节。当然,最重要的还是根据当时的环境、气氛而定:如果当时的气氛需要表现出良好的教养,那么你就应该表现得彬彬有礼;如果当时对方正兴致盎然,你就不妨打消呆板的礼节。总之,高明的方法应该是既让对方感觉你有教养、讲礼貌,而又不会因此而影响你们融洽的关系。

五、运用幽默的力量

幽默是一种修养,也是一种艺术,能改善他人对你的评价,并增进你与他人的关系。在日常工作和生活中,幽默的作用主要体现在以下两个方面。

第一,幽默使人生态度更乐观。用幽默去嘲笑痛苦,痛苦会减轻;用幽默去嘲笑失败,失败会变得微不足道;用幽默去嘲笑自己的缺陷,你会更勇敢地接受自己。

第二,幽默可以增加吸引力。幽默会使人显得乐观、豁达,增强你的感染力,幽默能让他人分享你的欢乐,也能帮助他人减轻痛苦。人们喜欢幽默的人,希望与幽默的人一起工作,乐于为幽默的人做事,并且希望选择一位有幽默感的人作为终身伴侣。因此,人人都应该有一定的幽默感。幽默是人际关系的润滑剂,是奋发向上者所必不可少的力量。

六、适当打扮赢得尊重

人类普遍有以貌取人的心理,而这个"貌"包括服装打扮。在不了解一个人的时候,人们常常会依据服饰来判断他的身份、地位,所以恰当的衣着打扮是赢得尊重的一种方法。例如:穿得西装革履时,即使问路,别人也会对你礼貌有加;衣着邋遢时,别人可能会对你爱答不理。

不仅如此,衣着打扮还能影响人的心理。在人际交往中,衣着打扮占优势的人,心理上也往往会有优越感。

服饰之败

美国南北战争期间,格兰特率领联军打败了南方联盟的李将军。但在受降仪式上,李将军全副戎装,穿戴整齐;格兰特却衣着随便,服饰不整,结果格兰特感觉是李将军在受降,而自己是投降的一方,这件事,成了他的终身遗憾。

由此可见,衣着打扮直接向人展示精神风貌、性格习惯。注意服饰,适度打扮,不仅是美学问题,还会影响人的心理,甚至改变他人的看法。

心理自测:大学生人际关系测试量表

指导语:这是一份人际关系行为困扰的诊断量表,共28个问题,对每个问题选"是"的打"√",选"非"的打"×"。请认真完成,然后请看后面的评分标准及对测验结果做出的解释。

1. 对于自己的烦恼有口难言。(　　)
2. 和陌生人见面感觉不自然。(　　)
3. 过分地羡慕和嫉妒别人。(　　)
4. 与异性交往太少。(　　)
5. 对连续不断的会谈感到困难。(　　)
6. 在社交场合感到紧张。(　　)
7. 时常伤害别人。(　　)
8. 与异性来往感觉不自然。(　　)
9. 与一大群朋友在一起,常感到孤寂或失落。(　　)
10. 极易受窘。(　　)
11. 与别人不能和睦相处。(　　)
12. 与异性相处不知道如何适可而止。(　　)
13. 当不熟悉的人对自己倾诉他的生平遭遇以求同情时,自己常感到不自在。(　　)
14. 担心别人对自己有什么坏印象。(　　)
15. 总是尽力使别人赏识自己。(　　)

16. 暗自思慕异性。（　　）
17. 时常避免表达自己的感受。（　　）
18. 对自己的仪表（容貌）缺乏信心。（　　）
19. 讨厌某人或被某人讨厌。（　　）
20. 瞧不起异性。（　　）
21. 不能专注地倾听。（　　）
22. 自己的烦恼无人可倾诉。（　　）
23. 受别人排斥与冷漠。（　　）
24. 被异性瞧不起。（　　）
25. 不能广泛地听取各种意见、看法。（　　）
26. 自己常因受伤害而暗自伤心。（　　）
27. 常被别人谈论、愚弄。（　　）
28. 与异性交往不知如何更好地相处。（　　）

评分标准：打"√"的给1分，打"×"的给0分。

结果解释：

如果你得到的总分是在0~8分范围内，那么说明你在与朋友的相处上困扰较少。你善于交谈，性格比较开朗，主动关心别人，你对周围的朋友都比较好，愿意和他们在一起，他们也都喜欢你，你们相处得不错。而且，你能够从与朋友的相处中得到许多乐趣。你的生活是比较充实而且丰富多彩的，你与异性朋友也相处得很好。一句话，你不存在或较少存在交友方面的困扰，你善于与朋友相处，人缘很好，获得许多人的好感与赞同。

如果你得到的总分是在9~14分范围内，那么说明你在与朋友的相处上存在一定程度的困扰。你和朋友的关系并不牢固，时好时坏，经常处在一种起伏波动的状态之中。

如果你得到的总分是在15~20分范围内，那么说明你在与朋友的相处上的行为困扰较严重；总分超过20分，表明你的人际关系困扰程度很严重，而且在心理上出现较为明显的障碍。你可能不善于交谈，也可能是一个性格孤僻的人，不开朗，或者有明显的自高自大、不讨人喜欢的行为。

一	题目	1	5	9	13	17	21	25	小计：
二	题目	2	6	10	14	18	22	26	小计：
三	题目	3	7	11	15	19	23	27	小计：
四	题目	4	8	12	16	20	24	28	小计：

打"√"的给1分，打"×"的给0分。

下面根据各个小栏上的得分，具体说明受测者与朋友相处时的困扰行为及其纠正方法。

计分表一栏上的小计分数显示出受测者在交谈方面的行为困扰程度。

如果得分在6分以上，说明受测者不善于交谈，只有在极需要的情况下才同别人交谈，总是难以表达自己的感受，无论是愉快还是烦恼；受测者不是个很好的倾听者，往往无法专心听别人说话或者只对单独的话题感兴趣。

如果得分为3~5分，说明受测者的交谈能力一般，能够诉说自己的感受，但不能讲得条理清晰。受测者如果与对方不太熟悉，开始时往往表现得比较拘谨与沉默，不太愿意与对方交谈。但这种状况一般不会持续太久。经过一段时间的接触,受测者可能会主动与人搭话,这方面的困扰也就会随之减轻或消除。

如果得分为0~2分,说明受测者有较高的交谈能力和技巧,善于利用恰当的说话方式来交流思想感情,因而在与别人建立友情方面,往往更容易获得成功。

计分表二栏上的小计分数显示出受测者在交际与交友方面的行为困扰程度。

如果得分在6分以上,说明受测者在社交活动与交友方面存在严重的行为困扰。例如:在正常集体活动与社交场合中,受测者比大多数同伴更为拘谨;在有陌生人或老师在场时,受测者往往感到更加紧张;受测者往往过多考虑自己的形象而使自己处于越来越被动和孤立的境地。

如果得分为3~5分,说明受测者在社交与交友方面存在一定的困扰。受测者不喜欢一个人待着,需要和朋友在一起,但不善于创造条件并积极主动地寻找知心朋友。

如果得分为0~2分,说明受测者对人较为真诚和热情,不存在人际交往困扰。

计分表三栏上的小计分数显示出受测者在待人接物方面的困扰程度。

如果得分在6分以上,说明受测者缺乏待人接物的机智与技巧。在实际的人际交往中,受测者也许会有意无意地伤害别人,或者过分羡慕别人以致在内心嫉妒别人,因此可能被人冷漠、排斥,甚至愚弄。

如果得分为3~5分,说明受测者是个多侧面的人,也许是一个比较圆滑的人。对待不同的人,受测者有不同的态度,而不同的人对受测者也有不同的评价。受测者讨厌某人或被某人讨厌,但非常喜欢一个人或者被一个人喜欢。受测者的朋友关系在某些方面是和谐、良好的,在某些方面却是紧张、恶劣的。因此,受测者的情绪很不稳定,内心极不平衡,常常处于矛盾状态中。

如果得分为0~2分,说明受测者较尊重别人,敢于承担责任,对环境的适应性强。受测者常常以自己的真诚、宽容、责任心强等个性特点,获得众人的好感与赞同。

记分表四栏上的小计分数显示出受测者同异性朋友交往的困扰程度。

如果得分在5分以上,说明受测者与异性交往存在较为严重的困扰。受测者有时可能觉得与异性交往是一件愉快的事,有时又可能觉得这种交往似乎是一种负担,不知道如何与异性交往最适宜。

如果得分为0~2分,说明受测者知道如何正确处理与异性朋友之间的关系。受测者对异性同学持公正的态度,能大方自然地与他们交往,并且在与异性朋友交往的过程中,得到了许多从同性朋友那里得不到的东西。受测者可能是一个比较受欢迎的人。无论是同性朋友还是异性朋友,多数人都比较喜欢和赞赏受测者。

建议:此问卷仅作为了解自己使用,如果有疑问,请咨询专业人员。

本章思考与练习

阅读下面的短文,谈谈你的感受。

青年人拜访年长的智者。青年人问:"我怎样才能成为一个自己愉快也能使别人快乐的人呢?"

年长的智者说:"我送你四句话。第一句话是:把自己当成别人。当你感到痛苦忧伤的时候,你就把自己当作别人,这样痛苦自然就减轻了;当你欣喜若狂时,把自己当作别人,那些狂喜也会变得平和些。第二句话是:把别人当作自己。这样你就可以真正同情别人的不幸,理解别人的需要,在别人需要帮助的时候给予恰当的帮助。第三句话是:把别人当成别人。你要充分尊重每个人的独立性,在任何情形下都不能侵犯他人的核心领地。第四句话是:把自己当作自己。"

第六章 大学生的恋爱和性心理

引子：大学生的恋爱困惑

很多大学生都觉得不谈一次恋爱的大学生活是不完整的，所以大学生一般都渴望在大学期间拥有一段爱情。有的大学生渴望爱情而不得，有的大学生在爱情中迷失自我痛苦挣扎，有的大学生却能拥抱爱情。

大一新生玲玲就是一个渴望爱情的女孩。她在农村出生并且长大，从小就是家里的乖乖女，当然初高中时期也有过暗恋的对象，但是从来不敢表露出来。来到大城市上大学，玲玲觉得一切都很新奇，但是也更加不敢与男生交流，所以她很苦恼。她本来以为上了大学一切都会改变，但是好像并没有改变。她因为自己的家庭出身而自卑，不敢和男生交流，却渴望爱情。

大二的奇奇对学校的生活和学习早已经轻车熟路了，大学生活过得风生水起。可是大学生活过得很顺畅的他也有烦恼，他和女朋友是初恋，两人还是高中同学，但因为两个人是异地恋爱，只有寒暑假才能见上面，两人的关系开始变得越来越远。奇奇觉得女朋友太作了，而女朋友觉得奇奇不爱自己。两人的关系每况愈下，奇奇一点儿办法都没有，他觉得自己很爱她，可是为什么女朋友觉得自己不爱她呢？

正在上大三的栗子是艺术学院某班的团支书，她的男朋友是计算机学院某班的班长，他们从大一开始谈恋爱，现在两人正打算复习考研，一起考到北京去。虽然栗子有些担心两人中有一个人没考上，但她和男朋友商量过这件事情，两人后来一致决定无论如何都要一起去北京，没考上就再考一年。就这样，两人像吃了定心丸一样，一门心思在一起自习考研上。

有人认为爱情是一种特殊的人际关系，是一个相互作用的过程，是男女双方相互依恋和相互爱慕、两颗心交流与沟通的结果。爱情，这个充满魅力的字眼，如诗如画，如梦如幻，从古至今，有多少人为之讴歌，多少人为之感叹，又有多少人为之困惑。认知爱情的本质，是大学生的必修课。本章我们主要帮助大学生了解爱情的含义、特点、相关理论，以及大学生恋爱的主要类型，帮助大学生学会解决恋爱中出现的各种心理困扰。

第一节 大学生恋爱心理概述

一、爱情的含义与特点

(一)爱情的含义

爱情一直是人们关注而向往的美好事物。古往今来,有许许多多唯美的爱情故事,如梁山伯与祝英台化蝶高飞,牛郎与织女鹊桥相会,罗密欧和朱丽叶生死相依,等等。爱情让很多人为之痴迷、疯狂。

到底什么是爱情呢?黑格尔曾说:"爱情确实有一种高尚的品质,因为它不只停留在性欲上,而且显出一种本身丰富的高尚优秀的心灵,要求以生动、活泼、勇敢和牺牲的精神和另一个人达到统一。"

那么,爱情是怎么一回事呢?每个人心中都有自己想象中的爱情。有人把爱情看作人们在恋爱阶段,渴求为所爱的人付出全部所有,并希望其永远幸福的感情思想。也有人从人际交往的角度,把爱情看作人与人之间最强烈的吸引形式,认为爱情是指心理成熟到一定程度的个体对异性个体产生的有浪漫色彩的高级情感。还有人说爱情是男女间基于一定的社会基础和共同的生活理想,在各自内心形成倾慕,并渴望对方成为自己终身伴侣的一种强烈、纯真、专一的感情。

著名的心理学家弗洛姆从心理学的角度给了爱情一个美好的注解:爱,是一种产生爱的能力。如果我们认为幸福就在于找对一个人,那么可能我们终生都找不到这样一个完全符合自己想象的人。在寻找爱情伴侣的过程中最重要的是让自己成为一个合适的伴侣,自己先成为一个身心健康的个体,自己拥有让自己快乐的能力,然后在遇到另一半时才能付出爱,而不单单只是在爱情里索取。

莫里哀说过:"爱情是一所学校,教我们重新做人。"一段好的爱情可以修补一个人的灵魂。一段好的爱情可以弥补我们小时候在原生家庭所受的伤(如被父母冷落或者嘲讽),让灵魂变得更加完整。当我们有幸获得一段美好爱情的时候,我们将会以前所未有的速度成长。好的爱情会让我们更喜爱我们自己,喜爱对方,并且努力地去完善自己、丰富自己、发掘自己、升华自己,让自己变得更好。

(二)爱情的特点

1. 平等性

爱情是人的心理和生理需求的高度统一,要求恋爱中的两个人互相爱慕、互相尊重、互相信任、互相关心,为对方付出,这种关系是平等的关系,而不是附属的、顺从的、占有的关系。所以在爱情中需要两人都有所付出,且不能从经济学角度不停地计较得失。

2. 排他性

爱情不同于友情、亲情:友情和亲情可以广泛播种,朋友和亲人可以有多个,但爱情只能献给一个人。爱情是两颗心相撞发出的火花,双方一旦相爱,就会要求对方忠贞,并且排斥任何第三方的介入,这也是爱情区别于其他情感的独有特征。

3. 互爱性

相互爱慕是爱情的基础和前提。在恋爱发展过程中,如果一方得不到另一方的回应,就只能说是单恋,而不是爱情。恋爱双方在心理上相互爱慕,在生理上相互吸引,在行动上相互支撑,在生活上相互关心。

4. 纯洁性

纯洁性是爱情愿力的重要表现,它要求恋爱双方的情感不能掺杂任何世俗功利因素。真正意义上纯洁的爱情热烈而浪漫,清新而纯净,温暖而幸福,是心与心的交集,是情与情的碰撞。

5. 社会性

虽然爱情是恋爱双方相互倾慕的事,是两个人的事情,但爱情并不是纯生物之间的爱慕,而是具有社会性。在现实中,爱情的定义、追求爱的途径、表达爱的方式,必然要受到各种社会历史因素的影响。

6. 道德性

爱情的道德性是指爱情中蕴涵着恋爱男女对对方的义务、责任和忠贞。

二、爱情的理论类型

(一)爱情的三因素理论

心理学家斯滕伯格提出爱情三因素理论,认为爱情由三个基本成分组成:激情、亲密和承诺。

1. 激情

激情是基于浪漫爱情吸引之上的性冲动和性兴奋,是爱情的性欲成分,是爱情的主要驱动力,是情绪上的着迷。它包括一种激烈地渴望与另外一个人成为一个统一体的状态,个人外表和内在的魅力是影响激情的重要因素。另外,在爱情关系中,性的需要是引起这种激情体验的主导形式。

2. 亲密

亲密指的是两个人心理上互相喜欢的感觉,包括对爱人的赞赏、照顾爱人的愿望、自我的展露和彼此内心的沟通。斯滕伯格也认为这一成分广泛地存在于较深的友谊关系中。它包括爱情关系中能促进亲近、连结等体验的情感,能引起亲密和温暖的情感体验。亲密具体包括以下内容。

(1)改善所爱的人的福利和愿望。

(2)与所爱的人在一起体验到快乐。

(3)对所爱的人高度关注。

(4)在需要帮助时能指望所爱的人。

(5)相互理解。

(6)分享一个人的自我和一个人的所有。

(7)接受来自所爱的人在情感方面的支持。

(8)对所爱的人提供情感方面的支持。

(9)能与所爱的人进行亲密的沟通交流。
(10)重视对方在自己生活中的价值。

3. 承诺

承诺主要指个人内心或口头对爱的预期,是爱情中最理性的成分。具体来说,承诺包括以下两个方面。第一,在短期方面,承诺是一个人做出爱另外一个人的决定;在长期方面,承诺是指那些能够维持爱情关系的承诺或担保、投入、忠心、义务感或者责任心。第二,完美的爱情包括激情、亲密和承诺。若在某一方面有所缺乏,则可以通过一定的努力来提升爱情的圆满感。

在此基础上,爱情可以分为八种类型,如图6-1所示,根据它们能够准确地预测关系的满意程度。

① 无爱:三个因素都不具备,很多包办婚姻属于这种类型。
② 喜欢:只有亲密,在一起感觉很舒服,但是缺少激情,也不一定愿意厮守终生,如青梅竹马、两小无猜。
③ 迷恋:只有激情,认为对方有强烈的吸引力,除此之外,双方了解不多,也没有想过将来。
④ 空洞的爱:只有承诺,婚姻生活主要是一种责任和义务。
⑤ 浪漫的爱:有亲密和激情,没有承诺,缺乏持久,好聚好散。部分大学生的恋爱属于这种,在毕业后就分手了。
⑥ 伴侣的爱:有亲密和承诺,缺乏激情。很多人婚姻的"七年之痒"之后,激情就不再有了。但是其实爱是一个动词,当没有激情的时候可以去创造激情,学会去爱,就能够重新找回爱。
⑦ 愚蠢的爱:有激情和承诺,没有亲密关系,通常"一见钟情+海誓山盟",缺乏对伴侣了解。
⑧ 完美的爱:男女双方同时具备上面三要素。

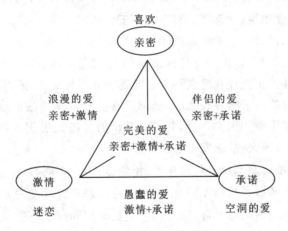

图6-1 爱情的八种类型

(二)爱情关系的依恋理论

我们的爱情风格受什么影响呢?心理学家研究表明:我们在亲密关系中表现出来的风格与我们小时候对母亲的依恋类型非常相似。

依恋理论最初由英国精神分析师约翰·鲍尔比提出。他试图理解婴儿与父母分离后所体验到的强烈苦恼。鲍尔比分享了心理分析流派的一个经典观点:幼时经历对以后生活行为的发展有着重大的影响。我们每个人早期的依恋模式正是建立在婴儿时期与养育者关系的基础上。不仅如此,鲍尔比还认为出现依恋是人类进化中非常重要的一步,与特定的人建立强烈的情感联结,是人类最自然的反应。

鲍尔比认为依恋有以下四个显著的特点。

第一,接近依恋。孩子会接近自己身边可以依靠的人,寻找某个依恋对象。

第二,安全港湾。孩子在害怕和遇到危险时,想回到依恋对象的身边,获得安全感和舒适感。

第三,安全奠基。靠着依恋对象给予的足够安全感,孩子渐渐敢于探索、接触更外在的世界。

第四,分离焦虑。当依恋对象离开时,孩子会感到焦虑不安。

通过对依恋特点的分析,鲍尔比把依恋分为三种类型,而 Bartholomew 和 Horowitz 在这个基础上增加了一个恐惧回避类型,也称为混乱型,故依恋一共分为四个类型。

1. 安全型依恋

安全型依恋的孩子,在与父母分离时没有经历过重大创伤事件。当害怕的时候,这些孩子会立即向父母寻求保护,获得舒适感。

一个安全型依恋的孩子更能接纳与父母的关系,他们总是乐观积极地等待父母"回来"。虽然这些孩子在父母失踪时不会变得异常痛苦,但他们显然更喜欢父母而不是陌生人。

安全型依恋的孩子在成长过程中会更有同理和共情的能力。这些孩子与矛盾型不安全依恋和回避型不安全依恋的孩子相比,破坏性更小,攻击性更小,也更加成熟。

安全型依恋的孩子长大后,也往往会拥有信任而持久的关系,还表现出其他一些关键的安全依恋特征。他们具有高自尊,享受亲密关系,寻求社会支持,具有与他人分享感受的能力。

2. 矛盾型(也称为焦虑型、迷恋型、专注型)不安全依恋

矛盾型不安全依恋的孩子通常很防范陌生人,不容易产生信任感。当与父母分离的时候,这类孩子会表现出巨大的悲痛,但当父母回来时,又很难被安抚,难以平静。

这些孩子有时会通过拒绝让自己获得舒适感的方式反抗父母,或者直接攻击父母,表达自己的愤怒与不满。当这些孩子慢慢长大时,老师常常会觉得这类孩子过度依赖他人。这些孩子在成人后常会犹豫要不要和别人亲近,并担心自己的付出无法获得对方对等的回报。在恋爱关系中,他们常常患得患失,缺乏安全感。

3. 回避型(也称为冷漠型、忽视型、排斥型、拒绝型)不安全依恋

回避型不安全依恋的孩子倾向于回避父母,这种回避程度在父母离开一段时间后会更突出。这类孩子也许并不拒绝父母对自己的关注,但是他们同样也不会从中寻求舒适感或彼此接触。回避型不安全依恋的孩子对父母和完全陌生的人是一视同仁的,没有太大偏爱。

这类孩子成年后在与亲密爱人相处和建立亲密关系上困难重重。他们往往不会对这段关系投入太多的感情,在关系结束的时候也不会难过或悲伤。他们常找各种借口(如工作忙)来逃避亲密相处或者容易三心二意等。

4. 恐惧回避型不安全依恋

恐惧回避型不安全依恋的孩子倾向于回避父母,并且恐惧关系,对关系显得无所适从。当父母离开一段时间之后回来拥抱他们,他们的表情会显得比较茫然,情绪会显得忧伤,会躲开

父母的目光,在父母的安抚之后会大哭,表现出奇怪、冷漠的姿态。

这类孩子成年后对婚姻和恋爱关系最为不满,会对恋爱进行灾难性的评估,从而导致永久的消极情感反应和冲突的升级,不愿倾听和处理恋人的烦恼,较少主动与恋人发生亲密的接触。

具有安全型依恋的成人更容易和他人建立亲密的关系,并且恋情一般也会比较持久;而焦虑型和回避型依恋都是不安全依恋,具有这些依恋类型的成人通常很难和他人建立长久、稳定的亲密关系。也有研究表明依恋关系在童年已经形成,如果在爱情中发现自己属于不安全依恋类型也不用太担忧,觉察自己的依恋类型以及了解这种依恋类型可能在关系中所带来的负面影响,调整信念,做出行为改变,即可逐渐在亲密关系中减轻或清除这种负面影响。

三、大学生恋爱的类型

恋爱动机不同就会产生不同的恋爱类型,根据对大学生恋爱问题的调查和了解,大学生的恋爱可以分为以下五种类型。

(一)事业型

有正确的恋爱动机,能够以理智引导爱情,正确处理恋爱与学业的关系。恋爱双方都有较强的事业心和进取精神,有共同的理想和抱负,把事业上的成功作为爱情持久的目标。属于这种恋爱类型的大学生基于对未来事业的严肃考虑,按照志同道合的择偶标准来选择自己的终身伴侣,这是一种用崇高理想编织成的爱情。他们不仅把恋爱看作人生的乐趣,而且把幸福的爱情转化为学习和工作的动力。他们认为恋爱既可以使大学生活充实愉快,又可以使双方进步,所学专业的不同又为将来事业成功创造了良好的条件。比如,有些谈恋爱的大学生彼此在学习上相互鼓励,在生活上相互关心,双双获得奖学金,考取研究生等。许多事实证明只要把恋爱与事业统一起来,用事业的目标引导爱情的航向,爱情就可以转化为积极的力量,成为净化人格、推动事业前进的巨大动力。

(二)生活型

有一部分谈恋爱的大学生认为人生的大事是工作和家庭问题,在大学期间找个理想对象是主要任务。有的大学生担心毕业后谈恋爱没经验,不如在学校先"见习见习"。有的大学生担心毕业后谈恋爱难,到社会上难遇知音,在大学不谈恋爱,将来弄不好会造成"老大难"问题,于是加入恋爱的行列。还有一部分大学生谈恋爱是基于对未来家庭的考虑,在相互了解的基础上,按照自己的标准,选择恋爱对象。这类生活型恋爱是理智的、正常的、现实的,恋爱双方在学习上相互促进,在生活上相互关心,恋爱动机也是纯正的。

(三)感情型

这种恋爱类型表现为感情胜过理智,常常处理不好恋爱与学习的关系,陶醉在爱情之中。他们忘掉一切,把主要精力用于谈恋爱,分散了学习的注意力,消磨了大量宝贵的时间,影响了学业和身心健康,浪费了青春年华。这种恋爱经不起现实生活的考验。

(四)从众型

有人说,谈恋爱在大学里有"青山遮不住,毕竟东流去"的趋势。因此,有的大学生谈恋爱是受大势所趋,看到周边同学都谈起了恋爱,如果自己不谈恋爱会显得太无能、没有魅力,就学别人的样子,匆匆谈起了恋爱。这种恋爱是虚假的、盲目的,一旦遇到波折,恋爱关系也会随之结束。

(五)轻率型

有些大学生谈恋爱采取对自己、对别人都不负责的态度,把恋爱当儿戏,既不为了结婚,也不为了互相帮助,只求一时的快乐。有的大学生认为学习太单调,不如谈个恋爱,并且还不停地更换恋爱对象,甚至还有脚踏几只船的现象。这种恋爱既是对自己缺乏责任感,也是对他人和社会缺乏责任感。

第二节 大学生恋爱心理困扰及调适

一、树立正确的恋爱观

(一)端正恋爱态度

大学生应深刻地认识到爱不仅是一种权利,更是一种责任和义务,必须以高度负责的态度对待恋爱。爱,首先意味着奉献,把自己的精神力量献给对方,为她(他)缔造幸福。这种爱的权利和责任是统一的,是恋爱生活的基础。除了感情因素,爱也应当讲究理性,无理性的爱是盲目的,是很危险的,导致的结果很可能是一个悲剧。

(二)合适的爱情期望值

想象的爱情常常是王子对灰姑娘、霸道总裁爱上"我"等。但现实的爱情会讲三观相符,并且看双方的学识、职业、家境是否相当。

(三)摆正爱情的位置

一方面,大学生要摆正爱情在人生中的位置。爱情在人生中占有重要地位,没有爱情的人生是不完美的,但爱情不是人生的根本宗旨,更不是人生的全部,只为爱情而活是苍白的。另一方面,大学生要摆正爱情在大学生活中的位置,明确坚持学业第一的观点,那种抛开学业谈恋爱的做法,不仅难以成就事业,也难以获得爱情的幸福。

(四)交往中的相互尊重

谈恋爱也要有自己的原则和底线,不要因为恋爱对象而完全改变自己,失去自己的主心骨,应该本着"独立自主,互相尊重,和睦共处"的原则,站在不同的角度去考虑问题,多顾及对方的感受,尽量避免伤害对方的自尊心。

区分喜欢、真爱、迷恋

男女之间除了爱情还有友谊,所以交往的男女之间到底是友谊还是爱情需要仔细区分,以免造成不必要的伤害。

(一)友谊和爱情的区别与联系

爱情是以友谊为先导的,是在友谊的基础上建立起来的,并贯穿于整个爱情关系之中,友谊并不会都发展为爱情。友谊和爱情是有区别的。

(1)友谊是朋友之间一种平等的、真挚的、相互信赖的关系,它不具有异性间的吸引;爱情是男女相互之爱,具有异性间的吸引,在感情上具有表现热烈、激情、奔放的特点。

(2)友谊较为广泛,可以不分男女;爱情只限二人,不允许第三者涉足。

(3)朋友之间要讲原则,要忠诚、热情、互助;爱情在缔结婚姻关系之后要承担法律义务,受法律保护。

(二)区分迷恋和真爱

迷恋和真爱看起来都是爱情,但是最终的结果截然不同:真爱会促进两人的成长,使两人获得幸福;而迷恋注重当下感觉,最终会影响到生活和学业。

(1)迷恋常常在瞬间发生,容易产生一见钟情,并且基于片面的心理投射;而真爱基于长期对对方的了解,基于对对方全面的认识。

(2)迷恋常常以自我为中心;而真爱具有利他性,会考虑对方的感受。

(3)迷恋以激情和化学作用为主,经不起时间的考验;而真爱以友情与亲密感为主,以意志承诺来厮守终身。

二、处理恋爱中的冲突

(一)充分理解与接纳对方

恋爱中的男女产生矛盾,原因是多种多样的,常见的情况就是一方不能理解另一方,致使双方的沟通出现障碍,感情出现裂痕。这就要求我们要尽可能地多理解对方,理解对方的性格特点,多欣赏,少挑剔。恋人之间产生矛盾的原因之一就是试图改变对方,把对方努力改变成自己理想中的完美爱人。为了达到这个目的,在交往的过程中,我们往往不切实际地要求甚至迫使对方改变以往的习惯和言行,以吻合自己心中的理想形象。一个人的好多习性都是天生的,不可能因为一场爱情整个人就脱胎换骨、焕然一新。

(二)不强迫对方为自己付出

爱应该是发自内心的,为爱付出也应是自发的、心甘情愿的。如果对方根本就不愿意,那么,一方即使在另一方的强迫下做出了行动,也没有什么实际意义,因为这不过是阳奉阴违的行为结果,只不过是为了讨好另一方的暂时行为,丝毫不能真正加深彼此之间的爱情。而如果一方确实愿意,由心而发地付出,即使另一方不强迫,一方也会为另一方心甘情愿地付出。需要指出的是,在爱情里,我们可以向对方合理、正确地表达自己的需要。

(三)尊重自己的另一半

尊重是人际交往的基础,也是恋爱的基本原则。不懂得尊重对方的人也不懂得爱。一个人想让对方尊重自己,就要尊重对方,对对方的尊重也是对自己的尊重。

(四)宽容自己的另一半

是人就有犯错的时候,没有不犯错的人,最重要的是能知错就改。当对方偶尔由于没有考虑周全犯了错误时,我们要给对方一次改错的机会。当然,这并不是说要毫无原则地去宽容,不然就成了纵容。爱情是需要有底线的,宽容也是有前提的。例如,当在爱情中出现暴力、脚踏两只船等现象时,我们需要去认真考量彼此的爱情。

(五)双方各自要独立

恋爱中的两个人必须有独立的思想、独立的行为,这样才能让恋爱双方鲜活地生存下去。没有新鲜感的恋情犹如一潭死水,如果一方成为另一方的附庸品,那就丧失了其独立性,恋爱必定难以长久。恋爱就像两个圆相交,既要有共同点,又要有与另一半不一样的地方,不能够相离或完全相融,否则会埋藏幸福的火花。

(六)信任是爱的前提

有些恋人常翻对方的QQ、微信等聊天记录,似乎在寻找对方不忠于自己的证据。这样做看似是爱对方的表现,实则是对对方的不信任,也是对自己没有信心的表现。恋爱本应该是一种享受,享受生命的乐趣,享受爱的魅力,享受两种思想交融的火花,也是让人心情愉悦的一种感情。但长期怀疑、不信任对方,不仅自己累,而且对对方也是一种压力,从而使得恋爱变成一种负担,最终不得不以分手告终。

案例分析

奇奇的困扰

案例:大二的奇奇与女朋友是异地恋,虽然两人是高中同学,但因为只有寒暑假才能见上面,两人的关系开始变得越来越远,奇奇觉得女朋友太作了,而女朋友觉得奇奇不爱自己。

分析:奇奇与女朋友由于是异地恋,缺乏沟通,缺乏情感的支持,再加上奇奇学习忙的时候也会忽略女朋友的感受,而女朋友也不太会表达自己的感受,明明渴望得到奇奇的关心,却总是用指责的方式去要求与控制奇奇,让奇奇也觉得非常挫败,因而奇奇和女朋友最主要的问题出现在沟通上。

解决:首先,两个人要意识到彼此的问题,可以到学校的心理咨询室了解彼此的困惑;其次,两个人都要学会表达自己的感受和内心真实的想法,并且在表达自己的感受时要学会去管理自己的情绪,不要在气头上和对方说话,给自己几分钟安静的时间,然后理性地表达自己的需要;最后,情侣之间可以约定共同的目标携手共进,这样做会增加彼此的感情。

心理活动

探索彼此的心灵世界

花5分钟时间猜一猜你的恋爱对象,最后一起分享讨论,借此加深对彼此的了解。

1. 最喜欢的食物。
2. 最讨厌的食物。
3. 最喜欢的电影。
4. 最喜欢的音乐。
5. 最喜欢的书籍。
6. 最好的朋友。
7. 最难应付的人。
8. 一件喜欢做的事情。
9. 一件讨厌做的事情。
10. 关于童年一个快乐的回忆。

11. 关于童年一个痛苦的回忆。
12. 最近发生的一件快乐的事情。
13. 最近发生的一件忧愁的事情。
14. 一个深切的期盼或梦想。
15. 一件你若做了恋人很开心的事情。

三、大学生常见的恋爱困扰及调试

(一)恋爱与学业的问题

许多大学生常常是在主观上学业第一,在客观上爱情至上。教育实践表明,真正在客观上、行为上能够正确处理好学业与爱情关系的大学生并不多,更多的大学生是一旦坠入情网便不能自拔。强烈的感情冲击一切,厌学、早退、旷课现象增多,甚至造成多门功课不及格,不能顺利毕业,耽误了自己的大好前途。大学是人生重要的阶段,大学生要学会规划自己的人生,为自己的未来发展做好打算。

1. 把学习放在第一位

大学生应该把学习放在第一位,特别是在当前社会竞争日趋激烈、就业形势日益严峻的情况下,更要把学习作为大学的主要任务,这样才能为以后的职业与家庭生活打下坚实的基础。

2. 树立正确的恋爱观

大学生不要因为精神空虚或贪图虚荣而一时冲动,平时可多参加一些健康有益的校园文化活动,丰富自己的精神文化生活,在锻炼能力、展示自我的同时也在一定程度上满足自己对情感的需要。

3. 建立互尊互重的恋爱关系

恋爱双方应该在学习上互相帮助,在工作上互相支持、共同进步。

恋爱选择的困惑

选择困惑是大学生恋爱中最常见的问题之一,较常见的有下列几种情形。

(1)不知道应不应该谈恋爱。大部分大学生应首先树立对爱情的正确态度。如果自己还不知道该不该谈恋爱,那说明在你的心里还没有自己喜欢的异性,只是因为看到许多同学都在谈恋爱,才产生了自己是否谈恋爱的想法。什么是真正的爱情,在此刻应有明确的态度。在真正的爱情还没有来到的情况下,不要盲目去寻找爱情,因为盲目寻找来的爱情并不一定是真正的爱情。

(2)爱上了别人,不知道对方是否也爱自己,想表白心迹,又怕遭到拒绝,左右为难。对于这样的困境,首先要学会正确认识对方对自己的情感。如果经过观察甚至巧妙地考验,发现对方对自己根本没有那个"意思",就没有必要向对方表白自己的心意。因为你的表白不但得不到回报,而且会使对方为难;如果两人是同班同学,还会影响两个人之间的关系。如果经过观察,发现对方对自己也有一定的感情,就可以大胆地向对方表白自己的心迹了。

(3)不知道如何拒绝对方的求爱。面对他人的求爱,当你不准备接受时,一般应当在不伤害对方自尊心的情况下,委婉地拒绝,如果对方进一步追求,而你无论如何也不可能接受对方的爱情,那么你就应该明确地拒绝。另外,大学生也应当注意,不要为了害怕伤害对方的自尊心,或者为了自己的虚荣心,在自己没有产生爱情的情况下,盲目接受对方的爱,因为这样不但会伤害对方,而且对自己也会带来伤害。

(4)在恋爱的过程中发现对方不适合自己,而对方还依然爱自己,不知道如何提出分手才不会伤害对方的自尊心。在这种情况下,要明白爱情是不能强求的,如果一方发现对方不适合自己而准备结束恋爱关系,也无可厚非,那么如何分手呢?

如果你是那个主动提出分手的人,请不要急着去告诉对方你们要分手,这样看似你解决了你自己的问题,但会给对方造成不可估计的伤害。所以,请你找个地方静静地想清楚自己为什么要分手,分手的好处是什么,坏处是什么,并准备好自己说话的内容、方式、态度和理由,调整好自己的情绪。另外,要慎选谈分手的时间和地点,时间最好不要是晚上,因为晚上人的情绪较难控制,地点最好是公开、安静、有旁人但不会干扰你们谈话的地方,最好不是你经常约会的地方。谈话要以"我"的角度切入,态度温和而坚定,明确地告诉对方分手的理由,就算对方以前有种种不对,也不要在这个时候数落对方。

对于被动分手的人,当对方提出分手时,要保持冷静,听完对方怎么说,对方的理由是什么,别从"我被甩"的角度看问题,而从了解"对方为什么不快乐?我在恋爱中到底是否快乐?如果对方不爱我了,留一个心不在我身上的人还有意义吗?"的角度去看待问题。

(二)单相思的苦恼及其调适

1. 单相思的概念

单相思是指异性关系中的一方倾心于另一方,却得不到对方回报的单方面的"爱情"。爱情错觉是单相思的另一种形式,是指在异性间的接触往来关系中,一方错误地认为对方对自己"有意",或者把双方正常的交往和友谊误认为是爱情的来临。它常会使当事人想入非非、自作多情。单相思是恋爱心理的一种认知和情感的失误。单相思使某些大学生陷入痛苦的境地,处于空虚、烦恼,甚至绝望之中。单相思如果处理不好,对以后的恋爱、婚姻、生活都产生消极的影响。

2. 单相思的调试

单相思的调适方法主要是认知领悟和心理分析。在具体的心理调适过程中,应根据不同的情况采用不同的方法。

如果是自己有意而对方并不知情,而且觉得对方有很大的可能也爱自己,就可以大胆地向对方表白自己的感情。当然,也应做好对方不接受自己的情感的心理准备。

如果觉得对方没有可能爱自己,就没有必要表白自己的情感。有些情况下,适当压抑一下自己的感情还是必要的,可以将它转换成学习的动力。持久的单相思会给个人的生活带来很大的负面影响,应当学会尽快地从单相思中解脱出来。

(三)三角恋的苦恼及其调适

1. 三角恋的种类

三角恋发生大多表现为两种情况,一是双方确立恋爱关系以后出现第三者,二是几乎同期与两个或两个以上的人建立恋爱关系。从处在三角恋中人的心态来看,三角恋有主动和被动之分。主动者主观上并不在乎三角恋的发生,甚至有意制造三角恋,这是一种不道德的行为;被动者是在自己并不情愿或者不知不觉中陷入三角恋中,他(她)们自己很痛苦,很想摆脱这种尴尬的局面。

2. 针对三角恋采取的措施

(1)分清爱情的选择性与排他性。

爱情应当有所选择,但真诚的爱情又是专一排他的,不再含有选择的意味。在同时与几个对象有了恋爱关系后再行选择,混淆了选择与排他之间的界限。在这种情况下,个体应对自己的感情加以权衡,决定有所放弃,然后逐渐地、有礼有节地淡化与他(她)的感情联系和行为接触。

(2)重新评价与恋爱对象的关系。

在三角关系中,总有人处于失利的位置。作为失利的一方,感情是极其痛苦的,更需要靠理性来帮助自己。自己的恋人对他人产生了恋情,是因为自己的言行不得体,对他(她)的关照不够?还是因为他(她)经不起爱情的考验?或者的确是他(她)认为第三者比自己强?进行一番冷静的思考后,可以与所爱者坦诚相谈,这样做或许能改变失利的局面。即使对方的感情已不可挽回,内心也能较为平静地接受。切不可冲动,不顾双方感情的实际,一味要挽回"面子",那样做不仅于事无补,还会给自己带来更大的情绪困扰。

(3)勇于做出退避决策。

这是解决三角恋关系看似消极实则积极的策略。从道理上讲,感情既然已经陷入三角关系这种说不清、道不明的境地,究竟还有没有价值已是毫无疑问的了。如果再在上面耗费时间和精力,不仅不会给自己带来幸福和进步,还会对自己的感情造成更大的伤害。此时,做出退避决策的最大心理障碍是"退让即是失败"的错觉。这种想法显然受到了人们的一般看法的影响,不敢正视实际的情况和自己真正的立场,从本质上讲才是相当消极和失败的。所以,当综合各方面的情况,发现与所爱者的感情不可能有建设性的发展时,个体就应当拿出勇气来,积极地退出三角恋爱关系,使各方最终从无谓的感情纠缠中解放出来。

(四)失恋的痛苦及其调适

1. 失恋的概念

失恋是指恋爱过程的中断。失恋带来的悲伤、痛苦、绝望、忧郁、焦虑、虚无等情绪使当事人受到伤害。失恋所引发的消极情绪若不及时化解,会导致当事人身心疾病。

2. 失恋的自我调节

(1)运用酸葡萄心理效应。

一个人在失恋之后,如果总是回想过去恋人的种种优点,就会越发怀念过去的恋人,同时也就越发否定自己,觉得自己一无是处,结果形成恶性循环,使情绪越来越消沉、心理越来越压抑。一个人在失恋之后,如果难以从失恋的阴影中摆脱出来,不妨运用酸葡萄心理机制。也就是说,一个人在失恋之后,可以尽量多回想过去恋人的缺点,少想或者不想过去恋人的优点,这样心理就容易平衡。但是酸葡萄心理机制的应用必须适当。具有足够的心理强度,即使在失恋的时候,也能够客观地分析对方的优点和缺点,并且能够在不贬低对方的优点的情况下调控自己的消极情绪,才是心理上的强者。

(2)学会积极地自我暗示。

一个人在失恋之后,总是责备自己,觉得是自己不好才导致分手,只会使自己越来越压抑。

这时应学会积极地自我暗示，如"幸亏他（她）现在提出分手，如果他（她）结婚后才提出分手，岂不更糟"，"他（她）不爱我，并不说明我不可爱，只是说明我们两个人的性格和观念不合"，"天涯何处无芳草"等。

（3）有意识地转移注意力。

失恋后如果总是想着失恋这个沉重的打击，那么就很难尽快地从失恋的阴影中走出来。这时，应当设法把自己的注意力从失恋这件事情转移到自己比较感兴趣、能够分散注意力的事情上去。例如，听听音乐、看看电影、跳跳舞、打打球等。

（4）将失恋挫折升华。

古今中外，有不少著名的历史人物恰恰是受到失恋的打击后而发奋追求事业，从而流芳百世、名垂青史的。大文豪歌德如果不是因为失恋，也许就写不出《少年维特之烦恼》。因此，把因失恋而产生的挫折感、压抑感升华为奋斗的动力是十分有益的。

（5）失恋不失人格。

失恋不失德，是一个大学生应当有的态度和人格，也是恋爱的重要原则。失恋后要做到：不报复，不打击，不伤害，不破坏对方的名誉和人格，不破坏对方重新建立生活的努力。失恋不失命，爱情是人生的重要内容而非全部，因为失恋而毁掉自己的生命是愚蠢的行为。人生除了爱情之外，还有其他很多美好的东西，爱情虽离我们而去，事业却永远伴随着我们，只要我们有追求精神，爱情之花迟早还会为我们开放。失恋不失志，不能因为失恋而丢掉自己的理想和志向。理想是个人进步的动力目标，在为理想而奋斗的过程中，会逐渐平复由失恋而造成的心理创伤，从而获得幸福的爱情。

第三节 大学生性心理困扰及调试

一、大学生性心理发展的一般特征

（一）性心理的本能性和朦胧性

大学生的性心理通常缺乏深刻的社会内容，主要还是由生理发育带来的本能作用，情不自禁对异性产生兴趣、好感和爱慕。加上不少大学生不了解性的基本知识，对性有较浓厚的神秘感，使得这种萌动又罩上一层朦胧的色彩。

（二）性意识的强烈性和文饰性

大学生十分重视自己在异性心目中的形象，十分看重异性对自己的评价，但表现上可能显得拘谨和羞涩。例如，心里对某异性很感兴趣，表面上却有意无意地表现得无动于衷，甚至不屑一顾，或者做出回避的样子。

（三）性心理的动荡性和压抑性

青年期是一生中性欲最旺盛的时期。大学生心理还不够成熟，尚未形成稳固的道德观和恋爱观，自控和自制力有限，他们的性心理易受外界各种影响而显得动荡不安。与此同时，大学生并不具有通常意义上满足性冲动的配偶条件，易导致过分的焦虑和压抑。

(四)性心理的性别差异性

大学生的性心理因性别不同仍然存在明显的差异。例如:在对异性感情的流露上,男生显得较为外显和热烈,女生表现得含蓄而温存;在表达方式上,男生比较主动和直接,女生往往采取暗示的方式等。不过,这种差异近年来有缩小的趋势,如在表达方式上,女生较为主动的情况越来越常见。

当然,由于个人的生理、心理条件的不同,家庭环境、地区及文化背景的差异,大学生性心理发展的各种特征呈现出参差不齐的复杂局面。需要指出的是,由于性问题本身的复杂性、敏感性和隐蔽性加重了这种混乱的状况,大学生性心理的发展状况较之其他任何心理的发展状况更复杂。

二、大学生常见的性心理困扰及调试

(一)性冲动及过度性冲动的调适

性冲动是男女大学生生理、心理的正常反应,是在性诱因的刺激下,性兴奋强度逐渐增加并企图付诸行为的一种心理体验。研究表明,引起性冲动的原因有内部和外部两种。性学家发现,激素(荷尔蒙)是造成性冲动的内部因素。就外部因素而言,心理因素和社会因素起着较大的作用。

过度性冲动的调适方法首先是适度的压抑,这是经常用的方法。适度的压抑是社会的需要,也是一个人性心理健康的反映。适度的压抑表现为:压抑并不费力气,个人应清楚知道压抑的是什么;压抑不妨碍心理活动效率,不妨碍人的社会功能。其次是升华,即用一种积极的、富有建设性的、能为社会所接受的方式来取代性欲,转移性欲。一些学者认为,强烈的性冲动可以转化为高水准的情绪活动和理智活动。

(二)性梦及对性梦错误认识的调适

性梦是指人在睡梦中梦见与性对象发生性接触而出现性冲动或性高潮的现象。有研究表明,95%的男生和56.7%的女生做过性梦。弗洛伊德认为,梦是愿望的满足。在清醒状态下不敢想、不敢做的性行为都可以在梦中出现,使大脑皮层出现非常活跃的兴奋。这种性梦的自然宣泄,类似一种安全阀的作用,可以缓和累积的张力,有利于性器功能的完善和成熟,是性生理、性心理发育正常的标志。

对性梦错误认识的调适方法如下。首先,重视科学知识的学习,包括性生理和性心理的有关知识,掌握性生理和性心理的发展规律。个体只有正确地看待自己的性生理变化和性意识活动,才能有效地消除性无知所产生的不良情绪。其次,睡前进行适当的体育锻炼,以利于上床后尽快入睡。最后,尽量避免夜间过多地涉及与性有关的话题和活动,有意识地培养自己保持性健康的克制力。

(三)性幻想及其调试

性幻想也称性想象,是一种介于意识和潜意识之间的、带有性色彩的精神自慰行为,是在没有异性参与的情况下,在大脑中进行的自我满足的性欲活动,故又称意淫。

性幻想的调适方法如下。第一,树立文明的性观念。把性看作"万恶之首"的思想,是落后愚昧的。当代大学生应抛弃这些陈旧的性观念,树立文明的性观念,敢于正视性问题,科学对待性问题,把性看成是正常的生理、心理现象,避免自我道德谴责所产生的强烈的罪恶感和自卑心理。第二,开展正常的异性交往活动,建立异性间的友谊,以满足青春期的心理需要,减少人为的压抑,防止形成强迫性观念。与异性交往还有利于了解异性,消除对异性的神秘感和敏感,建立适当的异性心理反应,促进大学生心理健康发展。

(四)性自慰及过度自慰调适

性自慰俗称手淫。近年来我国已经将手淫更名为性自慰,它界定了性行为的对象为个体自身,旨在缓释心理。将手淫更名为性自慰有助于人们正确看待这种行为,克服偏见,缓解心理压力。

克服过度手淫可以从以下几个方面努力:①注意生活规律与生活调节,避免衣裤太紧,按时睡眠,睡眠时被褥不要过暖、过重,不宜仰卧和俯卧;②养成良好的卫生习惯,注意保持外阴清洁,经常清洗外阴,除去积垢的不良刺激;③尽量避免独处,多待在朋友中间;④远离色情读物,避免接触激发性冲动的环境、图片或阅读材料;⑤当意淫的念头强烈时,尽最大能力在脑子里制止这个念头,这时也可转而做其他事情。

(五)性体像焦虑及其调适

进入青春期后,男女体像发生了很大的变化,部分人产生了对自己形体的不安。男性希望自己高大魁梧,女性希望自己苗条漂亮。男性如果觉得自己矮小瘦弱,就可能因此感到自卑;女性如果认为自己太胖、长相平平,就可能产生苦恼。男性对自己生殖器的发育,女性对乳房的大小都非常敏感,常为此而心事重重。还有人为自己皮肤的好坏、眼睛的大小、汗毛的长短、是否长青春痘而烦恼不安。

对于性体像的困扰,能改善的要积极改善,如男性的体形、吸引力、性格等,女性的粉刺、雀斑、肥胖等;不能改善的要乐观悦纳,如阴茎的大小、乳房的大小等受遗传的影响很大,很难改变。事实证明,它们的大小对婚恋生活没有什么影响,不必太在意。个体如果对自己的性体像有困惑,要及时寻求咨询和帮助,不可独自敏感多疑,从而无事生非。

 阅读材料

婚前性行为可能带来的后果

(1)婚前性行为会带来剧烈的心理冲突。大学生婚前性行为一般是在一时冲动失去自控的前提下发生的,没有避孕,事后容易处于惶恐、不安、自责悔恨的心理状态中。尤其是女生,既害怕怀孕,又担心学习,一般又不敢告诉他人。这种巨大的心理冲突严重的会形成某些性障碍或性变态,给未来美满的婚姻生活带来隐患。

(2)婚前性行为会导致感情变味。相爱的人之间保持一种朦胧、神秘、含蓄、神圣的美感,会对彼此产生极强的吸引力,而婚前性行为很容易破坏这种感觉,频繁的冲突会使得彼此不珍惜感情。猜疑和不信任会横亘在二人中间,长此以往,双方都会想:你会这样轻率地和我发生关系,也会和其他人调情。尤其是男生,受传统思想的影响,会认为不在婚姻关系里的主动女生不值得珍惜。

(3)婚前性行为会使婚后生活质量下降。婚前性行为多数是在爱情没有成熟的条件下进行的,时间一长会发现对方并不适合自己,但交往了几年,物质、精神都耗费了许多,往往只能勉强维持关系。但这样的爱情已没有了昔日的光彩和美好,婚后或是在后悔中生活,或是容易出现第三者,或者最终选择了离婚。

(4)婚前性行为给女生造成巨大的身心伤害。很多女大学生对性好奇,不知道保护自己,不慎怀孕后,不敢去医院做人工流产;有的甚至不知道自己怀孕,两三个月后明白时,已不能做早孕人工流产,只能做引产,给自身带来的身心伤害都很大,个别严重的会导致终生不孕。

(5)婚前性行为也会带来性疾病的传播。一些大学生在卫生条件很差的地方发生性行为,往往引发生殖系统疾病甚至感染艾滋病。

大学生一定要慎重对待婚前性行为。

大学生婚前性行为辩论赛

支持理由	反对理由
性是爱的一种表达	爱的表达方式有很多种
性是爱情的结晶	堕胎,流产
性生理和性心理都成熟了	性传播疾病,生殖系统疾病,影响身体健康
生理和心理的需要	不能完全承担后果
没有性的爱不符合时代潮流	影响心理健康
……	……

三、性心理障碍

(一)性心理障碍的概念

性心理障碍又称性变态或性欲倒错,是指以异常行为作为性满足主要方式的一组性行为障碍的总称。这种人用异常行为部分或全部取代了正常性生活,他们或有识别自己性身份的异常,或性欲唤起、性对象及满足性欲的方式有别于常人,构成形形色色的性变态。

(二)性心理障碍的判断标准

对性心理和性行为正确与否的判断,只能使用相对标准,以生物学属性和社会学特征为基础,结合变态心理的一般规律和性变态的特殊性进行,具体内容包括:以现实的社会性道德规范为准则;以生物学特点为准则;以对他人或社会的影响为准则;以对本人的影响为准则。

(三)性心理障碍的种类

性身份障碍:从心理上否认自己的生理性别和服饰,强烈希望转换成异性。

性指向障碍:性欲与常人不同,对不能引起正常人性兴奋的人或物感兴趣,如双性恋、影恋、自恋。

性偏好障碍:采用与正常人不同的异常性行为满足性欲,如异装癖、恋物癖、恋尸癖、恋兽癖、发恋、足恋、肛门恋、尿道恋、便溺恋、虐恋(施虐狂和受虐狂)、裸露癖(露阴癖)、摩擦癖、恋童癖、窥视癖(窥阴和窥体)、色情狂、性爱狂、慕男狂。

遇到性心理障碍者怎么办？

遇到性心理障碍者时，要冷静应对，你越害怕，对方越兴奋。如果遇到有裸露癖的人，你尖叫反而会让他产生性兴奋；而你若无其事地走过去，他反而觉得很无趣。

大多数性心理障碍者都不会对他人造成伤害，少数除外，如施虐狂。如果在公交车上遇到有摩擦癖的人，可以用眼神或者语言直接提示对方停止。别害羞和不好意思，你越是含羞和不好意思，越让对方兴奋。但遇到暴力或者是严重威胁人身安全的性心理障碍者时，需要求助于专业人士或者警察。如果自己身边的同学或者朋友有性心理障碍，应建议他寻求专业的心理咨询师或者精神科医生的帮助。

心理自测：亲密关系经历量表 ECR

下面给出的句子均描述在恋爱关系中每个人可能会有的感觉。在你的恋爱关系中你自己的一般的体验与每个句子描述的情况有多大相似的地方？如果你还没有恋爱经历，请根据你与你最亲近的异性朋友的一般交往感受来填。请在每个句子后面的评价值一栏中用"○"圈出最适合你的数值。记住：这里并不仅仅是指你现在的恋爱感受，而是指在你所有的恋爱经历中常常体验到的感觉。

十分 不符合	比较 不符合	有点 不符合	无法 确定	有点 符合	比较 符合	十分 符合
1	2	3	4	5	6	7

序号	项 目	评 价 值						
1	总的来说,我不喜欢让恋人知道自己内心深处的感觉	1	2	3	4	5	6	7
2	我担心我会被抛弃	1	2	3	4	5	6	7
3	我觉得跟恋人亲近是一件惬意的事情	1	2	3	4	5	6	7
4	我很担心我的恋爱关系	1	2	3	4	5	6	7
5	当恋人开始要跟我亲近时,我发现我自己在退缩	1	2	3	4	5	6	7
6	我担心恋人不会像我关心他(她)那样关心我	1	2	3	4	5	6	7
7	当恋人希望跟我非常亲近时,我会觉得不自在	1	2	3	4	5	6	7
8	我有点担心我会失去恋人	1	2	3	4	5	6	7
9	我觉得对恋人开诚布公不是一件很舒服的事情	1	2	3	4	5	6	7
10	我常常希望恋人对我的感情和我对恋人的感情一样强烈	1	2	3	4	5	6	7

续表

序号	项　　目	评　价　值						
11	我想与恋人亲近,但我又总是会退缩不前	1	2	3	4	5	6	7
12	我常常想与恋人形影不离,但有时这样会把恋人吓跑	1	2	3	4	5	6	7
13	当恋人跟我过分亲密的时候,我会感到内心紧张	1	2	3	4	5	6	7
14	我担心一个人独处	1	2	3	4	5	6	7
15	我愿意把我内心的想法和感觉告诉恋人,我觉得这是一件自在的事情	1	2	3	4	5	6	7
16	我想跟恋人非常亲密的愿望有时会把恋人吓跑	1	2	3	4	5	6	7
17	我试图避免与恋人变得太亲近	1	2	3	4	5	6	7
18	我需要我的恋人一再地保证他(她)是爱我的	1	2	3	4	5	6	7
19	我觉得我比较容易与恋人亲近	1	2	3	4	5	6	7
20	我觉得自己在要求恋人把更多的感觉以及对恋爱关系的投入程度表现出来	1	2	3	4	5	6	7
21	我发现让我依赖恋人是一件困难的事情	1	2	3	4	5	6	7
22	我并不常常担心被恋人抛弃	1	2	3	4	5	6	7
23	我倾向于不跟恋人过分亲密	1	2	3	4	5	6	7
24	如果我无法得到恋人的注意和关心,我会心烦意乱或者生气	1	2	3	4	5	6	7
25	我跟恋人什么事情都讲	1	2	3	4	5	6	7
26	我发现恋人并不愿意像我所想的那样跟我亲近	1	2	3	4	5	6	7
27	我经常与恋人讨论我所遇到的问题以及我关心的事情	1	2	3	4	5	6	7
28	如果我还没有恋人的话,我会感到有点焦虑和不安	1	2	3	4	5	6	7
29	我觉得依赖恋人是很自在的事情	1	2	3	4	5	6	7
30	恋人不能像我所希望的那样在我身边时,我会感到灰心丧气	1	2	3	4	5	6	7
31	我并不在意从恋人那里寻找安慰、听取劝告、得到帮助	1	2	3	4	5	6	7
32	如果在我需要的时候,恋人却不在我身边我会感到沮丧	1	2	3	4	5	6	7
33	在需要的时候,我向恋人求助是很有用的	1	2	3	4	5	6	7
34	当恋人不赞同我时,我觉得确实是我不好	1	2	3	4	5	6	7
35	我会在很多事情上向恋人求助,包括寻求安慰和得到承诺	1	2	3	4	5	6	7
36	当恋人不花时间和我在一起时,我会感到怨恨	1	2	3	4	5	6	7

计分方式如下。

分两个部分计分,奇数项为回避-亲近维度,偶数项为焦虑-安全维度,分别加和;第3、15、19、22、25、27、29、31、33和35题为反向记分题。采用七级记分方式,反向记分后,按照回避-亲近和焦虑-安全两个维度求出平均分。

首先将反向计分题进行反向计分,如a3＝temp3。

然后计算维度分,依恋回避均分A＝mean18(a1,temp3,a5,a7,…,temp35)即基数项的平均数;依恋焦虑维度 $B=\text{mean}18(a2,a4,a6,\cdots,a36)$ 即偶数项的平均数。

最后依照费舍尔线性判别公式计算得分。

安全型　　　$M1=A\times3.289\,329\,6+B\times5.472\,531\,8-11.530\,783\,3$

恐惧型　　　$M2=A\times7.237\,107\,5+B\times8.177\,644\,8-32.355\,326\,6$

专注型　　　$M3=A\times3.924\,675\,4+B\times9.710\,244\,6-28.457\,322\,0$

冷漠型　　　$M4=A\times7.365\,462\,1+B\times4.939\,203\,9-22.228\,108\,8$

哪个得分高即为哪个型,如 M1 大于其他三个则为安全型,M2 大于另外三个则为恐惧型。

结果解释如下。

安全型:能获得更高的关系满意感;对于亲昵行为感到舒服,能更多地看到与恋人在一起的好处,坚信恋人良好的愿望,尊重、信任恋人,同时也能够容忍恋人含糊和消极的行为;投入更多的努力去保持亲密关系;不回避婚姻和恋爱关系中出现的矛盾和冲突,并以乐观的态度和积极的方式来解决问题;对恋人的态度更加开放,更善于自我表露,坚信恋爱的长久。

恐惧型:对婚姻和恋爱关系最为不满;对恋爱进行灾难性的评估,从而导致永久的消极情感反应和冲突的升级;不愿倾听和处理恋人的烦恼;较少主动与恋人发生亲密的接触。

专注型:对婚姻恋爱关系中度满意;在交往中,扮演依赖者的角色,需要他人的照顾;常常表现出对恋人的过分控制,从而导致恋人的疏远,恋人的疏远行为又会强化他们的不安全感和担心,他们为了寻求安全感,在交往中又会更加控制;难以坚信恋爱的稳定,容易为此焦虑。

冷漠型:对婚姻恋爱关系中度满意;较少主动与恋人发生亲密的接触;回避情感的卷入、自我表露和相互依赖,压抑与依恋有关的想法和情感;逃避面对关系中的紧张和冲突;认为恋爱关系不必刻意维持也能很稳定。

研究表明,成人依恋风格不仅影响着恋爱关系,而且能够间接预测婚姻质量。

本章思考与练习

1. 大学生应该树立怎样的恋爱观?如何将恋爱观运用在校园生活中?
2. 大学生如何面对恋爱与学业的冲突?
3. 当出现性心理困扰的时候,如何进行有效的心理调适?

第七章 大学生情绪调控与管理

引子：都是情绪惹的祸

很多年前,美国有一位青年心脏病突然发作,等待医生救援。邻居紧急通知该青年的父亲,也打电话请附近诊所的医生前来急救。当时,该青年的父亲焦急不已,刚好车子被送厂检修。情急之下,他就拿了一把手枪,走到十字路口,对着红灯前面一辆汽车大声吆喝:"你马上给我下车!你闭嘴!再啰唆我就打死你!"这位父亲顺利地抢过了那辆车,并加速开回家里。见到抱着前胸、在地上翻滚的儿子,心急如焚的父亲不断地安慰道:"你再忍一下,医生马上就来!"可是,时间一分钟一分钟地过去,没看见医生赶来急救。最后,这父亲眼睁睁地看着儿子在痛苦、挣扎、无助中死去。当父亲抱着儿子的身体失声痛哭时,医生才带着急救箱匆匆赶到。父亲对医生破口大骂:"你什么烂医生?!竟然拖到现在才赶来,因为你的延误,我的儿子已经死了!"可是医生也大声吼叫回骂:"你刚才在十字路口为什么拿枪抢我的车?还威胁我、不准我开口讲话,就强行把我的车开走!"

也许我们并不会遇到像上述那位父亲那样极端的情况,一次失控的情绪造成了无法挽回的后果。但在日常生活中,我们也常常会由于各种事情而产生不同的情绪,甚至有些情绪会困扰我们。人非草木,孰能无情。人们在生活中总会产生喜、怒、哀、乐等各种情绪。这些情绪就像催化剂一样,使我们的生活五彩斑斓。一般而言,积极的情绪能促使人获得成功,体验到幸福;消极的情绪会阻碍人的发展,让人沮丧消沉。心理学研究表明,情绪对个体认知的发展、人格的形成与发展,以及社会交往都有着重要的影响。然而真正了解情绪,并能很好地控制自己情绪的大学生并不多。在本章我们将带大家一起去了解一下什么是情绪,以及它有哪些作用。

案例分享

情绪的火山与冰山

一位大学生曾在自己的日记中这样描述情绪:"当我情绪高涨时,我就像一座喷发的火山,心花怒放,充满着豪情壮志,好像有使不完的力量和精力,我愿意将我所有的热情和智慧,与我认识的所有人分享;而当我情绪低落时,我又好像是一座冰山,对什么都失去了兴趣,我会感到命运乃至周围所有的人都在和我作对,我很沮丧与无奈,甚至想到过去死……"

第一节 情绪的概述

一、情绪的含义

情绪是指人们对客观事物是否符合或满足自己的需要和愿望而产生的一种内心的体验。简单而言,就是说当人的需要得到了满足时,人会产生愉快、欢乐、喜悦等积极的情绪;而当人的需要得不到满足时,人会产生烦恼、忧伤、愤怒等消极的情绪。例如:长期遭受旱灾的地区久逢甘霖,这场雨符合人们的主观需要,人们会对它持肯定的态度,产生欣喜、愉快等内心体验;相反,已经持续遭受洪涝灾害一周的地区,一场大雨带给他们的是更大的伤害和损失,这显然违背了人们的主观需要,人们对它持否定的态度,产生压抑、担忧甚至愤怒等内心体验。

情绪是一种混合的心理现象,是由人的主观体验、外部表现和生理唤醒三种成分构成的。其中主观体验是个体对不同情绪状态的自我感受。人有许多主观感受,如喜、怒、哀、乐、爱、恨、惧等。人们对不同的情境会产生不同的主观感受,如成功后的喜悦、失败后的失落、热恋时的欣喜、离别时的悲伤等。

情绪作为一种内心体验,一旦产生还会伴随着一些非言语行为,如面部表情和身体姿势,我们称之为情绪的外部表现。人的主观体验与外部表现存在必然的联系,情绪总是伴随着相应的外部表现,如高兴时会嘴角上翘,悲伤时会痛哭流涕,激动时会手舞足蹈,痛苦时会捶胸顿足。情绪所伴随出现的这些相应的面部表情和身体姿势就是情绪的外部行为,它经常成为人们判断和推测情绪的外部指标。

语调表情也是情绪表达的一种有效方式,如人们悲伤时语调低沉、节奏缓慢,兴奋时语调高昂、语速加快。人在情绪反应时还会伴随一定的生理唤醒,主要表现在呼吸系统、循环系统、消化系统和腺体活动的变化上。

小贴士

测谎仪的工作原理

现代科学证实,人在说谎时生理上的确发生着一些变化。有一些生理变化肉眼可以观察到,如出现抓耳挠腮、腿脚抖动等一系列不自然的人体动作。

还有一些生理变化不易察觉,如:呼吸速率和血容量异常,出现呼吸抑制和屏息;脉搏加快,血压升高,血输出量增加及成分变化,导致面部、颈部皮肤明显苍白或发红;皮下汗腺分泌增加,导致皮肤出汗,双眼之间或上嘴唇上方首先出汗,手指和手掌出汗尤其明显;眼睛瞳孔放大;胃收缩,消化液分泌异常,导致嘴、舌、唇干燥;肌肉紧张、颤抖,以致说话结巴。

这些生理参量由于受植物神经系统支配,所以一般不受人的意识控制,而是自主地运动,在外界刺激下会出现一系列条件反射现象。这一切都逃不过测谎仪的"眼睛"。

据测谎专家介绍,测谎一般从三个方面测定一个人的生理变化,即脉搏、呼吸和皮肤电阻(简称"皮电")。其中,皮电最敏感,是测谎的主要根据,通常情况下就是它"出卖"了人们心里的秘密。目前全国已有不少城市把测谎仪引入公安机关和司法界。

二、情绪对大学生的影响

(一)情绪对大学生身体健康的影响

在中医学里,有这样一种说法:"怒伤肝,思伤脾,恐伤肾。"其实,长久的坏情绪不仅伤肝,还会导致人的心理状况失衡,使人情绪高度紧张、神志恍惚。在这样恶劣的心理状态和强烈的不良情绪下,大脑中的脑岛皮质受到刺激,时间久了就会影响大脑的正常运作。对于部分女士来说,长期维持一个不好的情绪,还容易导致免疫力下降,加速衰老。

更为严重的是长期的负面情绪会对免疫系统产生抑制作用,影响免疫系统对癌细胞的识别和消灭癌细胞的"免疫监视"作用。动物实验证明,心里紧张可使皮质激素增多,使免疫细胞减少,促使肿瘤的发展。当然,并不是所有遭受巨大情绪困扰和巨大精神压力的人都会患癌症,但患癌症的往往是那些性格孤僻、沉默、情绪内敛的人。可见,长期的负面情绪会对我们的身体产生不良的影响,引发各类身体疾病。

小贴士

关于猴子的心理学实验

预备实验:把一只猴子放在铜条笼子里,将它的双脚绑在铜条上,然后给铜条通电,猴子挣扎乱抓,旁边有一弹簧拉手,是电源开关,一拉就不痛苦了,这样猴子一被电就拉开关,这就建立了一级反射;然后每次在通电前,猴子前方的一个红灯就亮起来,多次以后,猴子知道了,红灯一亮,它就要受苦了,所以每次还不等来电,只要红灯一亮,它就先拉开关了,这就建立了一个二级条件反射。预备实验完成。

正式实验:在这只猴子的旁边再放一只猴子,将它与第一只猴子串联在铜条上,隔一段时间就亮红灯、通电,每天持续6个小时;第一只猴子注意力高度集中,一看到红灯就赶紧拉开关,第二只猴子不明白红灯什么意思,无所事事,无所用心;过了二十几天,第一只猴子就死了。

科学家发现,它死于严重的消化道溃疡。实验之前体检它没有任何胃病,没有溃疡,可见这是在二十几天内新得的病。第一只猴子要工作,它的责任重,压力大,精神紧张,焦虑不安,老担惊受怕,它的消化系统和各种内分泌系统紊乱了,所以得了溃疡。

(二)情绪对大学生心理健康的影响

处在青春期的大学生,心理上正经历着急剧的变化,情绪起伏波动大,情感体验丰富复杂,容易陷入情绪困扰。长期持续的负面情绪还会危害大学生的心理健康。当大学生处于负面情绪状态时,在过度的情绪反应或持久性的消极情绪作用下,神经系统功能会受到影响。突然而强烈的紧张情绪冲击会抑制大脑皮层的高级心智活动,使人的意识范围变得狭窄、正常判断能力减弱,甚至有可能使人精神错乱、神志不清、行为失常。持久的负面情绪会使人的大脑机能严重失调,严重影响大学生的心理健康,促使一些病症产生。反之,保持积极正向的情绪有助于提高自信心,可促使健康人格的形成。同时乐观与稳定的情绪也是心理健康的标志。

小贴士

两只羊的情绪实验

阿拉伯学者伊本·西拿曾把一胎所生的两只羊羔置于不同的外界环境中生活:一只小羊羔随羊群在水草地快乐地生活;而在另一只羊羔旁拴了一只狼,它总是看到自己面前那只野兽的威胁,在极度惊恐的状态下,根本吃不下东西,不久就因恐慌而死去。

医学心理学家还用狗做嫉妒情绪实验:把一只饥饿的狗关在一个铁笼子里,让笼子外面另一只狗当着它的面吃肉骨头,笼内的狗在急躁、气愤和嫉妒的负性情绪状态下,产生了神经症性的病态反应。

实验告诉我们:恐惧、焦虑、抑郁、嫉妒、敌意、冲动等负面情绪,是一种破坏性的情感,长期被这些心理问题困扰会导致身心疾病。

(三)情绪对大学生学习过程的影响

在积极、稳定的情绪状态下,思维活动的效率高,思路开阔,解决问题准确迅速。精神愉悦,心情舒畅,适度紧张,是思考和创造的最佳状态,经常处于这种状态才能有效地进行智力活动。

焦虑程度与学习成绩的相关曲线为倒U形曲线,即适度的焦虑能使得大学生取得最好的学习效率,焦虑过高和过低均无益。焦虑过高会导致人过度紧张,使人的思维变得固化、认知范围缩小。就像"瓦伦达效应"一样,越担心,就越容易失败。焦虑过低,会让人粗心大意,不够重视学习内容,从而使学习效率不高。

在不适度的情绪状态下,认识过程的效率和意志活动水平都会受影响。当人们情绪低落时,心理活动水平低,对外界刺激反应迟钝,思维行动迟缓,稍遇困难就停止行动;而激动、兴奋过度会导致意识范围狭窄,使人考虑问题不全面,易盲目做出冲动的行为。

小贴士

情绪影响学习的心理学实验

实验:心理学家柏丘克让几位大学生分别单独走进实验室,这是一个有四扇门的房间,其中三扇门在大学生进去后锁好,只留一扇门未锁。

任务:在规定时间内尽快找到出口,离开房间。

实验中独自留在房间的大学生将受到强光、噪声、电击的剧烈刺激,情绪处于紧张状态。

结果:表现出思维、行为上的紊乱。不少被试由于情绪紧张、行为慌乱,对已经试过打不开的门会反复再去试多次,完全忘记了按顺序依次试探。

(四)情绪对大学生人际交往的影响

情绪具有感染性。具有积极、稳定、适度的情绪反应,正性情绪大于负性情绪的人,在人群中更受欢迎,容易获得别人的赞赏,容易形成良好的人际关系。情绪不好,整天愁眉苦脸、唉声叹气,或者经常跟人发火、发脾气,人际关系不可能太好。

心理学家做了这样一个实验:将一个乐观开朗的人和一个整天愁眉苦脸、抑郁难解的人放在一起,不到半个小时,这个乐观的人也变得郁郁寡欢起来。心理学家随后又做了一系列实验,证明:一个人只要20分钟就可以受到他人低落情绪的传染。一个人的敏感性和同情心越强,越容易感染上坏情绪,这种传染过程是在不知不觉中完成的。因此,在与人交往的过程中,我们无形地传递着我们的情绪,而情绪又影响着我们的人际关系。乐观、热情、自信是人际吸引的重要条件,自卑、压抑、易怒是人际疏远的重要因素。

第二节　大学生情绪的特点

大学时期是青年人心理成熟的重要时期,也是情绪多变、相对不稳定的时期。大学生容易受到外界的干扰,对人、事、物都比较感兴趣,对新鲜的事物很容易产生好奇。他们思维活跃、朝气蓬勃、积极进取,但也容易焦虑、抑郁,出现自卑、嫉妒等不良情绪。随着知识素养和社会地位的提高,独立性的增强,以及受所处特定年龄阶段的影响,大学生的情绪带有鲜明的特征,主要表现在以下几个方面。

一、丰富性与复杂性

从生理发展方面来看,大学生正处于情绪复杂的年龄阶段,几乎人类所有的情绪都有可能在大学生身上体现出来,且表现的情绪强度不一。从自我意识方面来看,大学生表现出较多的自我体验,有强烈的自我尊重需求,易产生自卑、自负等情绪体验。从社会交往方面来看,大学生的交际范围日益扩大,与同学、朋友、师长之间的交往更细腻、丰富。同时有的大学生还开始体验一种更突出的情感——恋爱,而恋爱活动往往伴随着深刻的情绪体验,这对大学生情绪的发展有着重要的影响。从情绪体验的内容上看,大学生的情绪呈现出相当丰富多彩的特征,如大学生可能会因为考试、陌生环境、寂寞、惩罚、自然灾害等因素而产生恐惧、焦虑、害怕等情绪。大学生情绪的表现形式也多种多样,他们的情绪敏感而丰富,具有较强的自尊心、自信心、好胜心,有强烈的求知欲、好奇心,喜好分明,正义感强。

 自我训练:情绪龙虎榜[①]

(1)请选出你生活中10个重要的情绪,并在相应的情绪词后画"√"。
(2)在这10个情绪中,有较多表达的情绪用"↑"表示,有较少表达的情绪用"↓"表示,没有表达的情绪用"×"表示。

序号	情绪	√	↑↓×	序号	情绪	√	↑↓×
1	愤怒			3	被安慰		
2	愉快			4	失望		

---

① 樊富珉,费俊峰.青年心理健康十五讲[M].北京:北京大学出版社,2006.

续表

序号	情绪	√	↑↓×	序号	情绪	√	↑↓×
5	冷漠			13	尴尬		
6	兴奋			14	轻松		
7	烦恼			15	紧张		
8	满足			16	放松		
9	内疚			17	羞怯		
10	自信			18	热情		
11	害怕			19	急躁		
12	安全			20	镇定		

(3)请问问自己以下几个问题：你是否是敢于表达情绪的人？你愿意表达的情绪多是正面的还是负面的？什么原因使你有困难去表达情绪？你如何克服这些困难？你是否有需要向人表达情绪，包括负面情绪？

二、冲动性和爆发性

大学生的情绪特点还表现为在情绪体验上特别强烈和富有激情。有些大学生对任何事都比较敏感，有时一旦情绪爆发则难以控制，甚至表现为一定的盲目狂热和冲动。在处理同学关系、师生关系的矛盾时，在对待学业生活中的挫折时，有些大学生常常易走极端，给自己及他人带来伤害。

心理学家霍尔认为青年期处于"蒙昧时代"向"文明时代"演化的过滤期，其特点是动摇的、起伏的，他把这一时期称为"狂风暴雨"时期。由于知识水平和认知能力的提高，大学生对自己的情绪能够有所控制。但他们兴趣广泛，对外界事物较为敏感，加之年轻气盛，因而在许多情况下，他们的情绪也极其容易被激发，犹如疾风暴雨，带有很强的冲动性和爆发性。大学生有时一旦情绪爆发，自己控制不了，因而出现极端的言行，给自己和他人带来严重的伤害，甚至走上违法犯罪的道路。

三、阶段性和层次性

由于大学阶段不同年级培养目标和培养重点不同，教育方式和课程设置有所区别，各个年级面临的问题也不同。所以，大学生的情绪呈现出阶段性和层次性的特点。大学生结束了紧张的高中生活，进入了自由轻松的大学校园，此时他们面临一系列的新问题，如新环境的适应、学习方法的改变、新目标的确立等。因此，大一新生会处于自豪感和自卑感混杂、放松感和压力感并存、独立性和依赖性转变、新鲜感和恋旧感交替的状态下。在这一阶段，大学生的情绪往往波动较大。经过了一年级的适应过程，处于二、三年级时，大学生能够融于校园生活中，情绪较为稳定。

大多数大学生确立了自己的学习方法，学习兴趣较为浓厚，思维活跃，独立性、自尊感和自信心得到发展。毕业班大学生面临毕业论文及择业等多方面的重大问题，压力大，情绪波动大，消极情绪多。即使是同年级的学生，由于社会、家庭及自身要求、期望不同，能力、心理素质有差别,也会处于不同的情绪状态下,表现层次有所区别。

四、波动性和两极性

大学生的情绪年龄正处于未成年人与成年人的转变阶段,在情绪状态上反映着两种情绪并存的特点。一方面,相对于中学阶段,大学生的情绪趋于稳定和成熟;而另一方面,与成年人相比,大学生的情绪带有明显的起伏波动性,容易从一个极端走向另一个极端。他们的情绪有时会表现出大起大落、大喜大怒的两极性,会从一个极端迅速发展到另一个极端。另外,大学生的情绪跌宕起伏,时而平静时而激动,时而积极时而消极,时而肯定时而否定,并随着情境的变化而变化,表现出动荡不安的情况,他们的言行也往往随情境起伏而涨落。他们的情绪往往带有明显的两极化特征:胜利时得意忘形,挫折时垂头丧气;喜欢时花草皆笑,悲伤时草木流泪。尽管大学生的认识水平有了一定的提高,对自己的情绪已有了一定的控制能力,情绪亦趋于稳定,但同成年人相比,大学生相对敏感,情绪带有明显的波动性。一句善意的话语,一个感人的故事,一支动听的歌曲,一首情理交融的诗歌,都可以使大学生情绪发生骤然变化。

第三节　大学生常见的情绪困扰

情绪对人的影响具有两面性,既能对人的生活起积极促进作用,又能对人的生活起消极阻碍作用。适度的情绪是人类在进化过程中逐步获得的,有利于人类的生存与发展,即使是那些被人们视为消极的情绪,诸如焦虑、恐惧等,若能保持在适度的范围内,是不会对人造成伤害的,相反还能起到警示作用。诸如高兴、兴奋等积极的情绪,如果不能控制在适当的范围内,也会对人造成伤害,如乐极生悲。在生活中,不同个体由于生活背景、家庭教育方式、个人素质的差异,会产生不同的情绪困扰。大学生的情绪困扰多种多样,如焦虑、抑郁、恐惧、易激动、情感脆弱、情绪情感低落等。下面我们主要介绍大学生几种比较常见的情绪困扰。

一、焦虑

焦虑是十分常见的心理现象,是一种类似担忧的反应或是自尊心受到潜在威胁时产生担忧的反应倾向,是个体主观上预料将会有某种不良后果产生的不安感,是紧张、害怕、担忧、焦急等交织在一起的情绪体验。人们在面临威胁或预料到某种不良后果时,便会产生这种负面的情绪体验。

焦虑是大学生常见的情绪状态。当他们在学习、工作、生活等各方面遭遇挫折或担心需要付出巨大努力的事情来临时,他们便会产生这种体验。焦虑对大学生的影响是复杂的,既可以成为大学生成才的内驱力,起促进作用,也可以起阻碍作用。焦虑是人处于应激状态时的一种正常反应,适度的焦虑可以唤起人的警觉,使人集中注意力,激发人的斗志,提高人的行为效率。实验证明,中等强度的焦虑能使大学生维持适度的紧张状态,使他们的注意力高度集中,提高学习效率。但过度的焦虑会对大学生带来不良的影响。有的大学生在临考前夜失眠或考试时"怯场",在竞赛中不能发挥正常水平等,多是由高度焦虑所致。被过高的焦虑困扰的大学生,常常会感到内心极度紧张不安,惶恐害怕,心神不定,思维混乱,注意力不能集中,甚至记忆力下降,同时还容易产生头痛、失眠、食欲不振、胃肠不适等不良生理反应。

心理自测:测测你的焦虑程度

焦虑是一种比较普遍的精神体验,长期存在焦虑反应的人易发展为焦虑症。本量表包含20个项目,分为4级评分,请你仔细阅读以下内容,根据最近一星期的情况如实回答。

答案:A——没有或很少时间;B——小部分时间;C——相当多的时间;D——绝大部分或全部时间。

1. 我觉得比平时容易紧张或着急。　　A　B　C　D
2. 我无缘无故地感到害怕。　　　　　A　B　C　D
3. 我容易心里烦乱或感到惊恐。　　　A　B　C　D
4. 我觉得我可能将要发疯。　　　　　A　B　C　D
*5. 我觉得一切都很好。　　　　　　　A　B　C　D
6. 我手脚发抖打战。　　　　　　　　A　B　C　D
7. 我因为头疼、颈痛和背痛而苦恼。　A　B　C　D
8. 我觉得容易衰弱和疲乏。　　　　　A　B　C　D
*9. 我觉得心平气和,并且容易安静坐着。A　B　C　D
10. 我觉得心跳得很快。　　　　　　　A　B　C　D
11. 我因为一阵阵头晕而苦恼。　　　　A　B　C　D
12. 我有晕倒发作,或觉得要晕倒似的。A　B　C　D
*13. 我吸气、呼气都感到很容易。　　　A　B　C　D
14. 我的手脚麻木和刺痛。　　　　　　A　B　C　D
15. 我因为胃痛和消化不良而苦恼。　　A　B　C　D
16. 我常常要小便。　　　　　　　　　A　B　C　D
*17. 我的手脚常常是干燥温暖的。　　　A　B　C　D
18. 我脸红发热。　　　　　　　　　　A　B　C　D
*19. 我容易入睡并且一夜睡得很好。　　A　B　C　D
20. 我做噩梦。　　　　　　　　　　　A　B　C　D

评分标准与结果解释:

正向计分题 A、B、C、D 分别按 1、2、3、4 分计;反向计分题(标注 * 的题目题号:5、9、13、17、19)A、B、C、D 分别按 4、3、2、1 计分。总分乘以 1.25 取整数,即得标准分。低于50分者为正常;50~60分者为轻度焦虑;61~70分者为中度焦虑,70分以上者为重度焦虑。

建议:

此问卷仅作为了解自己使用,如果有疑问,请咨询专业人员。

如果焦虑分数太高,建议到心理咨询室接受专业辅导。

二、抑郁

抑郁症状不单指各种感觉,还指情绪、认知与行为特征。抑郁是一种持续时间较长的低落消沉的情绪体验。处于抑郁状态中的大学生,看到的一切仿佛都笼罩着一层暗淡的灰色,对什么事都提不起兴趣。他们的主要表现有:情绪低落,思维迟缓,郁郁寡欢,闷闷不乐,兴趣丧失,缺乏活力,反应迟钝,干什么都打不起精神,不愿参加社交,故意回避熟人,对生活缺乏信心,体验不到生活的快乐,并伴有食欲减退、失眠等现象。长期的抑郁会使人的心身受到严重损害,使人无法有效地学习、工作和生活。抑郁人皆有之,但对于大多数人来说能迅速地化解和排除,少数人尤其是那些性格内向、孤僻多疑、不爱交际、生活中遭遇意外挫折的人较容易长期陷入抑郁状态,甚至导致抑郁症。

引起大学生产生抑郁情绪的原因有很多,如学习的失败、友谊的丧失、失恋、性格孤僻等,对这些事件的不正确认识以及不当的自我评价都会引起抑郁情绪。值得注意的是,抑郁不等于抑郁症,但抑郁可能会发展成抑郁症。因此,大学生一旦发现自己有抑郁情绪,就要进行自我调适,从抑郁情绪中摆脱出来。要想从抑郁情绪中摆脱出来,就要:学会正确地评价自己,树立自尊,提高自信心;调整好自己的认知方式,不片面地看问题,多注意事物好的一面;扩大自己的人际交往范围,多参加社交活动,多与人沟通;合理地宣泄情绪,多做运动,放松自己的心情。抑郁情绪比较严重,已经不能运用自己的力量或亲朋好友的力量从抑郁情绪中走出来,或有了抑郁症,就有必要及时地寻求心理咨询师的帮助,进行规范的疏导和治疗。

心理自测:看看你的抑郁程度

本量表包含20个项目,分为4级评分,为保证调查结果的准确性,请你仔细阅读以下内容,根据最近一星期的情况如实回答。

填表说明:所有题目均共用答案,请在A、B、C、D上划"√",每题限选一个答案。

答案:A——没有或很少时间;B——小部分时间;C——相当多的时间;D——绝大部分或全部时间。

1. 我觉得闷闷不乐,情绪低沉。 A B C D
*2. 我觉得一天之中早晨最好。 A B C D
3. 我一阵阵哭出来或想哭。 A B C D
4. 我晚上睡眠不好。 A B C D
*5. 我吃得跟平常一样多。 A B C D
*6. 我与异性密切接触时和以往一样感到愉快。 A B C D
7. 我发觉我的体重在下降。 A B C D
8. 我有便秘的苦恼。 A B C D
9. 我心跳比平时快。 A B C D
10. 我无缘无故地感到疲乏。 A B C D
*11. 我的头脑跟平常一样清楚。 A B C D
*12. 我觉得经常做的事情并没困难。 A B C D
13. 我觉得不安而平静不下来。 A B C D
*14. 我对将来抱有希望。 A B C D
15. 我比平常容易生气激动。 A B C D

*16. 我觉得做出决定是容易的。	A	B	C	D
*17. 我觉得自己是个有用的人,有人需要我。	A	B	C	D
*18. 我的生活过得很有意思。	A	B	C	D
19. 我认为如果我死了别人会生活得更好些。	A	B	C	D
*20. 平常感兴趣的事我照样感兴趣。	A	B	C	D

评分标准与结果解释:

指标为总分。正向计分题 A、B、C、D 分别按 1、2、3、4 分计,反向计分题(注 * 的题目为反向计分题)A、B、C、D 分别按 4、3、2、1 分计。将 20 个项目的各个得分相加,即得粗分。标准分等于粗分乘以 1.25 后的整数部分。粗分的正常上限为 41 分,标准总分为 53 分。

$$抑郁严重度 = 各条目累计分/80$$

结果:

0.5 以下者无抑郁;0.5~0.59 者轻微至轻度抑郁;0.6~0.69 者中至重度抑郁;0.7 以上者重度抑郁。

建议:

此问卷仅作为了解自己使用,如果有疑问,请咨询专业人员。

如果抑郁分数太高,建议到心理咨询室接受专业辅导。

三、愤怒

愤怒是由于客观事物与人的主观愿望相违背,或因愿望无法实现时,人们内心产生的一种激烈的情绪反应。愤怒的程度可以从不满、生气、愠怒、激愤到暴怒,特别是当大学生认为他所遭受的挫折是不公正、不合理的,或是被恶意造成时,最易产生愤怒情绪。心理学研究表明,当愤怒发生时,可能导致人体心跳加快、心律失常、高血压等躯体性疾病,同时还会使人的自制力减弱甚至丧失,使人的思维受阻、行为冲动,甚至干出一些事后后悔不迭的蠢事或造成不可挽回的损失。

大学生正处在热情高涨、激情澎湃的青年时期,有时候激情似乎难以控制。容易发怒便是大学生中常见的一种消极的激情。有的大学生因一句刺耳的话、一件不顺心的事,就激动得暴跳如雷,或因人际矛盾而出口伤人、拔拳相向,铸成大错。盛怒过后,却莫不后悔不迭。如此种种遇事缺乏冷静的分析与思考,图一时之快,逞一时之勇的好激动、易动怒的不良情绪特点,在一些大学生身上时有体现。这种情绪对大学生的影响是极其有害的,因而有人说:"愤怒以愚蠢开始,以后悔结束。"在日常生活中,我们应该加强自身的修养,以开阔的胸襟去对待他人,尊重和理解他人,与同学建立良好的友谊,遇事冷静克制,学会忍耐,实在无法克制时转移自己的注意力,利用自我暗示的方法尽量去控制自己的情绪,避免因一时冲动造成无法挽回的局面。

小贴士

钉子的故事

从前,有一个脾气不好的男孩,他的爸爸给了他一袋钉子,告诉他,每次发脾气或者跟人吵架的时候,就在院子的篱笆上钉一根。第一天,男孩钉了 37 根钉子。后面的几天他学会了控制自己的脾气,每天钉的钉子逐渐减少。他发现,控制自己的脾气,实际上比钉钉子要容易得多。终于有一天,他一根钉子都没有钉,他高兴地把这件事告诉了他的爸爸。

他的爸爸说:"从今以后,如果你一天都没有发脾气,就可以在这天拔掉一根钉子。"日子一天一天过去,最后,钉子全被拔光了。他的爸爸带他来到篱笆边上,对他说:"儿子,你做得很好,可是看看篱笆上的钉子洞,这些洞永远也不可能恢复了。在你向别人发过脾气后,你的言语就像这些钉孔一样,会在他心里留下伤痕,无论你怎么道歉,伤口总是在那儿。要知道,身体上的伤口和心灵上的伤口一样都难以恢复。"

四、嫉妒

嫉妒是大学生中普遍存在的不良情绪。嫉妒是因为自己的社会尊重需要未得到满足而产生的不良情绪,是一种企图缩小和消除与他人的差距,恢复原有平衡关系的消极手段。西班牙作家塞万提斯说:"嫉妒是万恶的根源,美德的蟊贼。"

嫉妒是自尊心的一种异常表现,表现为看到他人的才华、能力、品行、荣誉甚至相貌、衣着等超过自己时,感到压抑、痛苦、愤愤不平,当别人遭到不幸和灾难时则幸灾乐祸,言语上讥讽嘲笑、行动上冷淡疏远,甚至在人后恶语诋毁、中伤,蓄意打击报复。严重的嫉妒感是一种极不健康的心态,它使人的心灵扭曲变形,使美好的情感被抹杀,是一种情绪障碍。那些自尊心过强、虚荣心过盛、自信心不足、以自我为中心、认知有偏差、自控能力弱的大学生更易产生嫉妒,而且程度也较一般人更重。嫉妒心会影响大学生的人际关系,造成同学间的隔阂甚至对立,同时也会导致自己无法正确认识自己,使自己处于烦躁、痛苦的情绪中。我们应正确认识自己,客观、公正评价别人,充实自己,努力学习,通过虚心学习、积极进取、脚踏实地的奋斗来赢得别人的尊重。培根曾说:"嫉妒是一种四处游荡的情欲,能享有它的只能是闲人。每一个埋头沉入自己事业的人,是没有工夫去嫉妒别人的。"

第四节 大学生不良情绪的调适

《三国演义》中诸葛亮三气周瑜,最终导致周瑜怒气攻心,毒发身亡。诸葛亮一气周瑜"几郡城池无我分,一场辛苦为谁忙",气得周瑜金疮迸裂,摔下马来;二气周瑜"赔了夫人又折兵",气得周瑜再次金疮迸裂;三气周瑜,使周瑜旧伤复发,不治身亡。《红楼梦》中,林黛玉"态生两靥之愁,娇袭一身之病""心较比干多一窍,病如西子胜三分"。她多愁善感,见花飞花落的场景便有了"花谢花飞飞满天,红消香断有谁怜"的感叹。当她听说贾宝玉与薛宝钗成亲之时,一气而绝,悲愤而逝。从情绪心理学的角度来分析,正是因为生气、悲愤、抑郁情绪导致了文学作品中周瑜和林黛玉的悲剧。生活中我们难免会遇到一些不如意的事情,会产生消极、不良的情绪。如果我们一味地压抑自己,不良的情绪得不到释放和宣泄,久而久之,它就会转化成强大的力量来伤害我们自己,甚至伤害到他人。因此,我们要学会管理自己的情绪,调节不良的情绪,增强心理素质,保持积极、愉快的情绪。

一、适度宣泄法

当遇到各种矛盾冲突,引起不良情绪时,应尽早进行调整或适度宣泄,使压抑的心境得到缓解和改善。情绪宣泄可分躯体和心理两个方面。躯体宣泄,包括痛哭一场、高声歌唱、击打非破坏性物件（如枕头、沙袋等）、参加体育运动、参加文艺活动等。这种方法可使心里的愤怒得以释放，减轻心理压力。心理宣泄是指通过借助他人来调整个体的情绪。向可依赖的人倾诉苦闷、给亲友写信、记日记等都是很好的方法。长期压抑消极的情绪，不仅使人的生理功能出现紊乱和下降，也易引起消极情绪的泛化，所以为了身心健康起见，不良的情绪需要适当地宣泄。但情绪宣泄应注意场合、身份、气氛，注意适度，宣泄应是无破坏性的。

二、注意转移法

注意转移法即把注意力从消极的情绪转移到积极的情绪上。心理学的研究表明，在发生情绪反应时，大脑皮层上出现一个强烈的兴奋中心。这时，如果另找一些新颖的刺激，引起新的兴奋中心，便可以抵消或冲淡原来的兴奋中心。因此，当某种情绪激动起来时，为了使它不至于立即爆发，可以有意识地通过转移问题或做点别的事情，来分散和转移自己的不良情绪。采取行动，也是转移注意力、驱散烦恼的一种有效的精神疗法，如散散步，听听音乐，进行自我娱乐，接受大自然的熏陶，参加有兴趣的活动等，使自己没有时间沉浸在因各种原因引起的不良情绪反应中，以求得心理平稳。

三、自我放松法

自我放松法是一种通过让全身肌肉放松，来缓解紧张情绪、消除疾病、增进健康的方法。它对于应付过度焦虑、恐惧，稳定情绪具有特殊效果。放松训练的基本原则是通过训练放松所产生的躯体反应，如减轻肌肉紧张、减慢呼吸节律、减慢心律等，使焦虑情绪得到缓解。常用的自我放松法有深呼吸放松法、想象放松法、渐进式肌肉放松法。或许我们在紧张时都会使用深呼吸放松法，但方式有时不到位导致效果并不明显，大家可以根据"自我训练"中的操作方法来进行练习。

想象放松法主要通过唤起宁静、轻松、舒适情景的想象和体验，来减少紧张、焦虑，控制唤醒水平，引发注意集中的状态，增强内心的愉悦感和自信心。例如：想象自己躺在温暖阳光照射下的沙滩上，迎面吹来阵阵微风，海浪有节奏地拍打着岸边；或者想象自己正在树林里散步，小溪流水，鸟语花香，空气清新。练习者身临其境之感越深，放松效果越好。

渐进式肌肉放松法是一种逐渐的、有序的、使肌肉先紧张后放松的训练方法。这种方法是循序渐进地进行的，它要求被试在放松之前先使肌肉收缩，继而进行放松。另外，它还要求被试在放松训练时，自上而下有顺序地进行，放松一部分肌肉之后再放松另外一部分，"渐进"而行。

 自我训练：深呼吸放松法

操作要领（按次序）：
① 安静，让心静下来；
② 用鼻孔慢慢地吸气，想象"气从口腔顺着气管进入腹部"，腹部随着吸入的气的不断增加，慢慢地鼓起来；
③ 吸足气后，稍微屏息一下，想象"吸入的氧气与血管里的浊气进行交换"；

④用口和鼻同时将气从腹中慢慢地自然吐出,腹部慢慢地瘪下去;

⑤睁眼,恢复原状。

如果要连续做,可以保持入静姿态,重复呼吸。

这种呼吸方式称为腹式呼吸。呼吸放松的特点是见效快。在紧张时,只要进行深呼吸2~3次,就可以起到放松的作用。

四、理智调适法

理智调适法就是用理性的意识管理非理性。情绪ABC理论的创始人埃利斯认为,人的情绪不是由某一诱发性事件的本身所引起的,而是由经历了这一事件的人对这一事件的解释和评价所引起的。在情绪ABC理论模式中,A是指诱发性事件;B是指个体在遇到诱发性事件之后相应而生的信念,即他对这一事件的看法、解释和评价;C是指特定情景下,个体的情绪及行为的结果。通常人们会认为,人的情绪的行为反应是直接由诱发性事件A引起的,即A引起了C。情绪ABC理论指出,诱发性事件A只是引起情绪及行为反应的间接原因,而人们对诱发性事件所持的信念、看法、解释即B才是引起人情绪及行为反应更直接的原因。

遇到同一件事,有人感到痛苦,有人感到快乐,这完全是由我们不同的认知态度决定的。卡耐基说:"如果我们有着快乐的思想,我们就会快乐。如果我们有着凄惨的思想,我们就会凄惨。如果我们有害怕的思想,我们就会害怕。如果我们有不健康的思想,我们还可能会生病。""境由心造"就是这个道理。

曾有一名记者问萧伯纳:"请问乐观主义和悲观主义的区别何在?"萧伯纳说:"这个问题很简单,假定桌上有一瓶只剩下一半的酒,看见这瓶酒的人如果高喊'太好了,还有一半',就是乐观主义者;如果有人对着这瓶酒叹息'糟糕!只剩下一半',那就是悲观主义者。"人一生难免会遇到困难、挫折或苦难,哀叹、焦急、忧虑并不能解决问题,何不换个视角看待问题,这样反而能使人从困境中奋起,从逆境中解脱,拥有乐观豁达的人生。

秀才赶考

有位秀才两次进京应考未第,又第三次进京赶考,住在一个经常住的店里。考试前两天他做了三个梦:第一个梦是梦到自己在墙上种白菜;第二个梦是梦见下雨天,他戴了斗笠还打着伞;第三个梦是梦到跟心爱的表妹脱光了衣服躺在一起,但是背靠着背。

这三个梦似乎有些深意,秀才第二天就赶紧去找算命先生解梦。算命先生一听,连拍大腿说:"你还是回家吧。你想想,高墙上种菜不是白费劲吗?戴斗笠打雨伞不是多此一举吗?跟表妹都脱光躺在一张床上了,却背靠背,不是没戏吗?"秀才一听,心灰意冷,回店收拾包袱准备回家。店老板非常奇怪,问:"不是明天才考试吗,你怎么今天就回乡了?"秀才把做梦解梦的事如此这般说了一番,店老板乐了:"哟,我也会解梦的。我倒觉得,你这次是大有希望,一定要留下来。你想想,墙上种菜不是高种(中)吗?戴斗笠打伞不是说明你这次是万无一失吗?跟你表妹脱光了背靠背躺在床上,不是说明你翻身的时候就要到了吗?"秀才一听,觉得更有道理,于是精神振奋地参加了考试,最后中了探花。

心理自测：大学生情绪稳定性测验量表

指导语：

情绪是身心健康的重要标志，一个人的情绪是否稳定反映了他的身心健康状况。那么，怎样测量你的情绪是否稳定呢？请做一做下面这个测验。该测验共有30道题，每道题都有3种答案可供选择，请你从中选择出与自己的实际情况最相接近的一种答案，对测验题中与自己生活、身份不相符合的情况可不选。

1. 看到自己最近一次拍摄的照片，你的想法：
   A. 不称心　　　　　　　B. 觉得很好　　　　　　　C. 觉得可以
2. 你是否想到若干年后会有什么使自己极为不安的事？
   A. 经常想到　　　　　　B. 从来没有想过　　　　　C. 偶尔想到过
3. 你是否被朋友、同事、同学起过绰号、挖苦过？
   A. 这是常有的事　　　　B. 从来没有　　　　　　　C. 偶尔有过
4. 你上床以后是否经常再起来一次，看看门窗是否关好？
   A. 经常如此　　　　　　B. 从不如此　　　　　　　C. 偶尔如此
5. 你对与你关系最密切的人是否满意？
   A. 不满意　　　　　　　B. 非常满意　　　　　　　C. 基本满意
6. 在半夜的时候，你是否经常觉得有什么值得害怕的事？
   A. 经常有　　　　　　　B. 从来没有　　　　　　　C. 偶尔有
7. 你是否经常因梦见可怕的事而惊醒？
   A. 经常　　　　　　　　B. 从来没有　　　　　　　C. 极少有
8. 你是否曾经有过多次做同一个梦的情况？
   A. 是　　　　　　　　　B. 否　　　　　　　　　　C. 记不清
9. 是否有一种食物使你吃后呕吐？
   A. 是　　　　　　　　　B. 否　　　　　　　　　　C. 记不清
10. 除去看见的世界外，你心里是否有另外一种世界？
    A. 是　　　　　　　　　B. 否　　　　　　　　　　C. 偶尔是
11. 你心里是否时常觉得你不是现在的父母所生？
    A. 是　　　　　　　　　B. 否　　　　　　　　　　C. 偶尔是
12. 你是否曾经觉得有一个人爱你或尊重你？
    A. 说不清　　　　　　　B. 否　　　　　　　　　　C. 是
13. 你是否常常觉得你的家庭对你不好，但你又确知他们的确对你好？
    A. 是　　　　　　　　　B. 否　　　　　　　　　　C. 偶尔是
14. 你是否觉得没有人十分了解你？
    A. 是　　　　　　　　　B. 否　　　　　　　　　　C. 说不清
15. 在早晨起来的时候，你最经常的感觉是什么？
    A. 忧郁　　　　　　　　B. 快乐　　　　　　　　　C. 讲不清楚

16. 每到秋天,你经常的感觉什么?
 A. 秋雨霏霏或枯叶遍地　　B. 秋高气爽或艳阳秋天　　C. 不清楚
17. 在高处的时候,你是否觉得站不稳?
 A. 是　　B. 否　　C. 偶尔是
18. 你平时是否觉得自己很强健?
 A. 是　　B. 否　　C. 不清楚
19. 你是否一回家就立刻把房门关上?
 A. 是　　B. 否　　C. 不清楚
20. 当你坐在房间里把门关上时,是否觉得心里不安?
 A. 是　　B. 否　　C. 偶尔
21. 当需要你对一件事做出决定时,你是否觉得很难?
 A. 是　　B. 否　　C. 偶尔是
22. 你是否常用抛硬币、玩纸牌、抽签之类的游戏来测凶吉?
 A. 是　　B. 否　　C. 偶尔是
23. 你是否常常因为碰到东西而跌到?
 A. 是　　B. 否　　C. 偶尔是
24. 你是否需用一个多小时才能入睡,或醒得比你希望的早一个小时?
 A. 经常这样　　B. 从不这样　　C. 偶尔这样
25. 你是否曾看到、听到或感觉到别人觉察不到的东西?
 A. 经常这样　　B. 从不这样　　C. 偶尔这样
26. 你是否觉得自己有超越常人的能力?
 A. 是　　B. 否　　C. 不清楚
27. 你是否曾经觉得因有人跟你走而心里不安?
 A. 是　　B. 否　　C. 不清楚
28. 你是否觉得有人在注意你的言行?
 A. 是　　B. 否　　C. 不清楚
29. 当你一个人走夜路时,是否觉得前面潜藏着危险?
 A. 是　　B. 否　　C. 偶尔
30. 你对别人自杀有什么想法?
 A. 可以理解　　B. 不可思议　　C. 不清楚

评分标准:

以上各题的答案,凡选 A 得 2 分,选 B 得 0 分,选 C 得 1 分。请将你的得分统计一下,算出总分。根据你的总分查下面的评价标准,便可知你的情绪稳定水平。

1. 0~20 分——情绪稳定,自信心强。

2. 21~40 分——情绪基本稳定,但较为深沉、冷静。

3. 41 分以上——情绪常常不稳定,日常烦恼太多。

建议:

此问卷仅作为了解自己使用,如果有疑问,请咨询专业人员。

如果得分太高,可以寻求心理咨询师的帮助。

心理活动

情绪的镜子效应

活动目的：
让学生明白模仿某种情绪会真的产生某种情绪，掌握镜子技术。

活动准备：
将学生分成两人一组，每组学生相对而坐。

活动步骤：

1. 学生两人一组，甲学生做出各种愉快的表情，乙学生作为镜子模仿甲的各种表情。时间为2分钟左右。

2. 双方互换角色。

3. 学生围绕刚才的活动讨论分享。

(1) 看到"镜子"的表情，你有什么感受？

(2) 情绪可传染吗？

(3) 在努力做各种愉快的表情时，你的情绪有变化吗？

4. 学生发言，教师小结。心理学研究表明，我们装着有某种心情，模仿着某种心情，往往能帮助我们真的获得这种心情。因此，每天早上起床后我们对着镜子笑一笑，告诉自己"今天会有个好心情"，往往会为我们带来一天的好心情。即使没有镜子的时候，也可利用镜子技巧，使自己脸上露出很开心的笑容来，挺起胸膛，深吸一口气，然后唱一段歌曲，或吹一小段口哨，记住自己快乐的表情。

本章思考与练习

1. 找找生活中容易让你产生消极情绪的事件，分析它们为什么让你产生这样的情绪。

2. 情绪管理和情绪调节的方法有哪些？你准备如何运用？

第八章 大学生压力管理与挫折应对

引子：找不回原来的自己

我来自南方，现在在大连上大学。我高中时成绩很优秀，老师欣赏我，同学们仰慕我，喜欢跟我玩。我一直很自信，很高傲，可是这一切都随着进入大学发生了改变……

我有很多想表达的东西，但由于口音问题无法准确表达出来，我感觉自己的发言非常廉价，身份和人格一再降低，我一次次告诉自己不是这样的。但这就是现实，以前我可以随意地表达自己的想法，大家都听得懂，我是公认比较睿智的人，但现在，南方的幽默在北方似乎难以理解，很多好的想法、主意、点子被人忽视，竞选社团也失败了，这让我沉沦于这些悲剧中不能自拔，导致我大一连续挂科，缺乏自信，参加多项比赛都未能入选。我一次次想，我的能力真的很差吗？我感到非常恐慌和迷茫，而且这种噩梦似乎还在继续，我的人际关系也越来越差，面临的绝望和压力是前所未有的，我无法摆脱这些阴影，寝食难安，压力重大，缺乏安全感，特别抑郁，我已经找不回原来的自己了……

压力是生活中不可避免的，它来自生活的不同方面，给我们的生活带来很多的困扰。尤其是对于大学生来说，压力更是无法逃避的话题，面对压力，很多人都选择逃避，不敢去面对。这是一种消极的态度。我们应了解压力的来源，综合分析内在与外在原因，掌握好压力管理的方法，将压力水平控制在一个最佳状态，尽可能发挥压力的积极作用，将负性压力和中性压力变成正性压力，从而形成健康的心理，以积极乐观的阳光心态迎接挑战，面对生活。

第一节 大学生心理压力及管理

一、压力的含义

压力是生活环境不能满足个人需要、个人学习和经验无法与现实生活的要求相互配合，所导致的生理或心理失去平衡的一种紧张状态。压力是身体对需求的一般反应，愉快或不愉快都依赖于压力。我们对压力的适应取决于需求的强度。

一般适应症候群对我们理解压力、应对压力具有很好的指导作用。心理学家认为，个体如果在衰竭阶段采取有效的调节策略,就能够缓解压力,度过危险期;反之,则容易引发心身疾病。心身疾病实际上是由心理、情绪和生理障碍的交互作用产生的医学问题,广义的心身疾病不仅包括如高血压、胃溃疡、精神紊乱等严重问题,也包括头疼、消化不良、便秘、失眠等轻微问题。大学生常见的神经衰弱、不明原因的头痛等都与长期的压力影响有关。本书在下文中列举了美国《预防》杂志所刊载的有关心理压力的10种信号,可帮助大家了解自身的压力情况,但此材料仅作为参考,具体的压力程度还需咨询专业的心理咨询师。

小贴士

心理压力的无声信号

美国《预防》杂志刊出美国拉什大学医学中心行为科学部主任斯泰万·E.霍博佛尔博士总结出的压力"10种无声信号"。

1. 周末头痛。华盛顿大学头痛研究中心主任托德·施韦特博士表示,从高压力状态下突然放松会诱发偏头痛。周末保持平时的睡眠和饮食模式,有助于最小化其他头痛诱因。

2. 痛经。哈佛大学研究发现,压力太大的女性发生痛经的危险是一般女性的两倍。健身有助于缓解痛经和压力。

3. 口腔疼痛。美国牙医协会消费顾问马修·米斯纳博士表示,口腔上颚部疼痛可能是夜间磨牙所致,而压力会加重磨牙症状,可试戴保护牙套。

4. 怪梦。压力过大会导致睡眠中多次惊醒,干扰"好梦"后还可能出现不愉快的怪梦。睡前应避免摄入咖啡因及酒精,以保证充足的优质睡眠。

5. 牙龈出血。巴西研究发现,压力大的人患牙周病的危险更大。经常锻炼和充足的睡眠有助于解压,也有助于保护牙齿。

6. 突然出现痤疮。维克森林大学皮肤病学教授吉尔·尤斯帕维齐表示,压力会增加患痤疮炎症的概率。可用水杨酸清洗创面,并抹上不致粉刺的保湿霜。如果几周治疗仍无效,则应看医生。

7. 偏爱甜食。宾夕法尼亚大学研究发现,与雌激素相比,压力更可能是女性偏爱巧克力等甜食的诱因。

8. 皮肤瘙痒。日本一项涉及2 000多人的研究发现,身体长期瘙痒者比正常人发生压力过大的概率高两倍。焦虑紧张也会加剧皮炎、湿疹和牛皮癣症状。

9. 过敏加重。美国俄亥俄州大学医学院试验发现,过敏患者焦虑后,症状更多、更严重。

10. 肚子痛。除了头痛、背痛和失眠之外,焦虑和压力也会导致肚子痛。一项涉及1 953名男女参试者的研究发现,压力水平最高的人比放松的人发生肚子痛的概率高3倍。

压力往往被人们看作一种对身心健康有害的心理状态。经常处于压力状态下容易产生抑郁、痛苦、不满、悲观的感觉,使人变得倦怠、冷漠、易激怒、易疲劳,导致工作和学习效率下降。有研究发现,包括心脏病、糖尿病、癌症在内的十大疾病都与心理压力有关。压力似乎总是在消耗我们的精力,带给我们无尽的烦恼和不断升级的紧张情绪。那么,如果没有了压力的存在,生活是不是就变得很美好呢?其实不然。因为压力具有两重性:一方面,压力过大且持续会严重威胁健康;另一方面,适度的压力可帮助一个人更好地应对难度较大的事件。适度的压力可以帮助我们对身体的紧急状态做出有力的反应,应对紧急事件;可以给我们提供激情和喜悦,有助于我们在压力下表现得更出色;可以帮助我们在一定期限内发挥潜能;可以让日常生活变得多姿多彩;可以帮助我们在面对挫折挑战时更加专注和投入;有助于我们个人成长。高压锅炖汤快,因为水在一个大气压下,沸点是100 ℃,但在高压锅里,气压升高,水会升温到108～110 ℃,所以,正是不断加大气压,把压力转化为动能,煮饭才会变得很快。我们要学会把压力转化为动力,让压力成为人生的垫脚石,而不是绊脚石。

二、大学生的压力源

压力源是导致个体产生压力反应的情景、刺激、活动和事件。我们在一定的社会环境中生活,总会受到各种各样的刺激,因此需要对刺激、压力和变化不断地做出反应。这些情景、活动、事件作为刺激被人感知到,或作为信息被人接收到,一定会引起主观的评价,同时使人产生一系列相应的心理和生理变化。如果刺激需要付出较大的努力才能进行适应性反应或这种反应超过了人所能够承受的适应能力,就会引起人心理、生理平衡的失调即紧张状态反应的出现。这个使人感到紧张的内外刺激就是压力源。大学生的压力来源主要有三类,即重大生活事件、日常生活压力源和个体慢性压力源。

(一)重大生活事件

重大生活事件指的是大学生在与自己关系密切或影响个人前途发展的问题上遭受的挫折,如亲人亡故、家庭悲剧、个人严重身体疾病、遭受性侵、失恋、重大考试失败、就业失败等。个体在面对重大生活事件时需要有一个逐步接受的过程。个体一般在当时会产生强烈的反应,然后逐渐消退。但个体如果在遭遇重大灾难或产生严重的个人压力之后,心理承受能力较差,再加之缺乏有效的心理干预,可能会产生创伤后应激障碍(简称 PTSD)。创伤后应激障碍是指突发性、威胁性或灾难性生活事件导致个体延迟出现和长期存在的精神障碍。这些事件的共同特征就是对当事人造成了威胁,给当事人带来巨大的痛苦感受,当事人精神上受到很大的刺激,引起强烈的恐惧感,产生无助、厌恶等心理反应。创伤后应激障碍的症状一般在创伤性事件发生后的几周内出现,有些也可能在创伤性事件发生几个月甚至几年后出现。个体如果认为自己可能患有创伤后应激障碍,则需要寻求专业医疗人员的帮助,以进一步评估诊断,因为只有专业医疗人员才能做出有关创伤后应激障碍的诊断。

 阅读材料

了解创伤后应激障碍

创伤后应激障碍是由应激性事件或处境而引起的,包括自然灾害和人为灾害,如战争、严重事故、目睹他人惨死、身受酷刑、在恐怖活动中受害、被强奸等。如果有诱发因素存在,有人格异常或神经症病史,则可降低对应激源的防御力或加重疾病过程。

创伤后应激障碍主要有以下三种症状表现。

1.反复重现创伤后体验。

患者以各种形式重新体验创伤性事件,有驱之不去的闯入性回忆,梦中反复再现创伤情景、痛苦梦境,即产生对应激性事件重演的生动体验,反复出现创伤性梦境或噩梦,反复重现创伤性体验。

2.持续性回避。

在创伤性事件后患者对与创伤相关的刺激存在持续的回避。回避的对象包括具体的场景与情境,有关的想法、感受及话题。患者不愿提及有关事件,避免有关的交谈。

3.持续性焦虑和警觉水平增高。

患者处于自发性高度警觉状态,如难以入睡也不安枕,易受惊吓,做事无从专心等,常有自主神经症状,如心慌、气短等,并且对未来失去信心。

(二)日常生活压力源

日常生活压力源指个人日常生活中经常遇到且无从逃避的琐事,个体在对自己而言不太重要的事情,也就是日常生活中的"小事"或"不愉快事件",如对所学专业不满意、作业没按时完成、考试没认真复习、因小事与同学关系紧张、害怕不被朋友接受等上遭受压力。这些小事的共同特点是:它们发生时会对个体产生一些消极的影响,如心情焦虑、紧张、情绪冲动等,持续时间一般比较短暂。如果采取有效的应对策略,它们的影响会明显降低,并增强个体对类似事件或其他事件的应对能力。一般而言,大学生重大生活事件发生的概率较小,更多情况下是遭受一些日常烦恼的困扰。我们不能因为它小就忽略它的存在,因为如果一个人对生活中小事的应变能力差,就会导致其他麻烦接踵而来,导致压力不断累积,最终导致个体的适应性下降,长期处于压力状态下,不利于个体身心健康的发展。对青少年和成人的研究发现,重大生活事件并没有直接和人们的不适应行为及心理调整相关,反而是日常问题与人们的不适应行为密切相关。可见,个体对日常生活压力的积极应对对自身心理发展具有重要的作用。

(三)个体慢性压力源

个体慢性压力源是长期存在的、与自身相关的、短期内难以实现或解决的某一类问题。这些压力源(如经济问题、自信心问题、个人发展问题等)可能在很长一段时间内一直存在于个体的身上。例如,很多大学生在进入大学以后没有了明确的奋斗目标,对个人未来的发展感到迷茫和焦虑,如果他们不能正确地认识自己,对未来职业生涯没有明确的规划,那么他们的学习生活就会处于一种无目标状态,遇到富有挑战性的学习任务就会主动放弃。这部分大学生表面上看起来很悠闲、放松,但实际上他们的内心承受着由不确定感和无目标状态带来的巨大压力。经济问题也是大学生中比较常见的压力源。家庭经济困难的一部分大学生由于无法承受经济差距带来的精神压力,产生自卑心理,与同学相处敏感而逃避,同学间不经意的一个玩笑或行为都会深深地伤害他们,甚至影响正常的人际交往。而有些大学生爱慕虚荣、盲目攀比,通过各种形式借外债,由于自己无经济能力还清外债又不敢让父母知晓,因而走上了借高利贷、违背道德或犯罪的道路,使自己深陷泥潭不能自拔,终日在这种沉重的压力下生活,甚至有些大学生因无法承受这样的压力最终选择了轻生。

三、大学生压力管理的策略

压力无处不有,无可逃避,因此,这就有一个压力适应的问题。所谓压力适应,是指个体在压力反应之后能很快恢复正常的身心特征,或者面对持续压力自身的反应不处于极端状态而能保持身心健康的能力。为了能很好地适应大学乃至今后的学习、生活和工作,大学生应进行有效的压力管理,提高自己的压力适应能力。所谓压力管理,是指针对可预见的压力源进行必要的干预,维护身心健康,提高问题处理的效率,保证学习、生活目标顺利实现的管理活动。压力应对具有事后性和被动性,而压力管理带有一定程度的主动性和积极性特征,它包含压力应对。我们建议大学生从以下几个方面着手进行压力管理。

(一)构建自己的社会支持系统

当一个人独自面对压力的时候,他的应激反应的消极作用远远大于社会支持的效果。因此,个体要想不在压力面前孤立无助,最好构建自己的社会支持系统。所谓的社会支持系统,是指个体在自己的社会关系网络中所能获得的、来自他人物质和精神上的帮助和支援。一个完备的社会支持系统包括亲人、朋友、同学、邻里、老师、合作伙伴等。他们承担着不同的功能:亲人给我们物质和精神上的帮助,朋友较多地承担着情感支持。社会支持系统可以在个体有需要的时候给予个体情感安慰、行动建议,帮助个体渡过难关。强大的社会支持让个体不再感到孤立无援,可以迅速恢复个体的信心和勇气,使个体勇敢面对挑战,积极解决问题。

自我训练:我的心理支持网

1.请取一张白纸,用彩笔在白纸的中间位置画一个代表自己的图形或其他符号。什么样的符号都可以,只要你认为它能代表你自己即可。

2.请你认真回忆自己的日常生活情景,以及在这些情景中可能会出现的人。把他们写在白纸空白处你认为合适的位置,并让他们与你自己产生联系。

3.当你遇到挫折时,可以让你倾诉的人有:_____。

4.当你遇到困难需要帮助时,可以让你依靠求助的人有:_____。

5.当你感到喜悦时,可以与你共同分享的人有:_____。

(二)觉知和调整自己的生理状态

生理状态是压力最直接的指标。要想有效管理压力,要有压力意识,要能觉察压力的信号。人在应激状态下,本能会驱动机体的防御机制,这是自发的。现在,我们要进入自觉反应状态。有效的压力管理,需要我们建立一个对付压力——尤其是那些慢性压力的预警机制。为此,我们可以这样做:第一,有意识地觉知自身的紧张、焦虑等情绪状态。当你处于应激状态时,自己在生理和情绪上会有什么样的不适反应?记录自己的这些压力反应,然后锁定这些反应指标,以后每当你产生这些不适反应时,便对自己发出警告。你的压力预警,就像战争中的雷达一样,让你保持必要的警惕。第二,学会控制自己的不良生理指标。当你的压力知觉性提高时,你也需要提高生理指标控制力,如心跳、呼吸、血压等。这实际上就是生物反馈过程,当然,提供反馈的不是机器而是你自己的觉知能力。

(三)积极地处理压力

虽然压力不可避免,但我们可以采取正确、恰当的方式去处理它,缓解压力带给我们的消极影响。当然,压力管理是一种能力,压力管理的方法多种多样,我们只有结合自身的特点选择合适的方法才能有效地处理压力。下面就给大家提供一些常见的压力处理方法。

小贴士

积极的减压方式

1. 理性辨析和积极归因。找来纸笔,将你面临的核心问题写下来,接下来你需要围绕着这个问题逐步回答:这个问题是如何产生的?这个问题真的与我有关吗?这个问题真的就是一种威胁吗?这个问题真的就不能解决吗?通过如此反复逐层深入地自我辨析,理清问题症结所在,从而减轻对压力情景认识的模糊或者夸大威胁而产生的焦虑。

2. 直面问题,解决问题。直接面对问题,而不是逃避、压抑、转嫁或迁怒于无关的人或事;理性地评价、选择解决问题的方案;解决问题的策略要与现实相符,其出发点是对问题的真实估计,而不是自我欺骗或自暴自弃。

3. 学会经常进行放松训练。放松训练是通过一定的练习程序,学习有意识地控制和调节自己的身心活动,以达到降低机体唤醒水平,调整因紧张而紊乱的身心功能,从而使机体内环境保持平衡与稳定的过程。

4. 管理自己的情绪和行为。学会认识和抑制毁灭性的或有潜在危害性的各种负面情绪,即学会情绪管理;学会控制自己具有危害性的习惯性行为;努力保证自己的身体不遭受酒精、药物的伤害,加强锻炼,保证睡眠。

5. 坚持适当和必要的体育锻炼。尤其是当你感到有压力的时候,你需要做的不是坐在那里发愁或者抱怨,而是走出去,活动活动。你可以慢跑,请注意,一定是慢跑。在慢跑的过程中,呼吸缓慢而有节奏,一边跑一边意念,让神经和身体彻底放松。体育活动是非常有效的减压方式,它基本不产生额外花费,但是可以迅速改善我们的某些生理系统及其功能,让我们充满生命活力,找回控制感,从而有效减轻我们的心理负累。

6. 置身于文艺世界。你可以看电影、听音乐、欣赏书画作品,任何让你真正能够感受到美的东西,你都可以尝试,在欣赏和感受美的过程中,找回人性的光辉、世界的美好和生活的希望。

7. 郊游或者远足。你可以根据你的时间表和经济条件,把自己交给大自然。请记住:大自然永远是人类最宽宏慈爱的母亲。当你面对她的时候,你可以完全抛开你在社会中因为防御需要而带上的层层面具,重新思考过去没有考虑到的东西,真实面对自己。

8. 户外体验或者拓展训练。你可以个人报名参加或者组织同学、朋友进行一次户外体验或者拓展训练。这同样可以让你放松减压。

9. 阅读书籍,吸取榜样力量。当你面对压力感到不知所措的时候,可以从榜样身上寻找力量。杰出人物毫无疑问经历了无数的挫折与压力,他们是怎么做的?去看看人物传记吧。

10. 寻求专业人士的帮助。如果上述方式都无济于事,那么,我们建议你,应该寻求专业人士的帮助了。你需要进行心理咨询,让专业人士引导你排除压力。

第二节　大学生心理挫折及应对

一、挫折的含义

挫折是个体在从事有目的的活动过程中,遇到了难以克服或自认为无法克服的障碍和干扰,致使个人动机不能实现、需要不能满足时所产生的消极的情绪反应。诸如紧张、焦虑、沮丧、困惑、愤懑,甚至迁移、攻击等都是心理受挫时常见的情绪反应。挫折的产生有两个基本要素,即挫折情境和挫折感受,两者密切关联。挫折情境是引发挫折感受的条件,挫折感受是受挫折者心理需求不能满足的一种内心体验。两者之间并不是必然的关系,同样的挫折情境,由于不同的人的需求不同、心理承受能力不同,所产生的心理感受也不同。

二、大学生挫折产生的原因

大学生产生心理挫折的原因是多方面的,可从客观和主观两个方面来加以阐述。

（一）客观因素

客观原因通常是指个人意志和能力所不能左右的因素,如学生不能决定自己的家庭出身,不能选择自己的父母,不能左右考试考什么内容等。客观因素可能引发心理挫折,但不是心理挫折产生的决定性因素,如同样是出生在贫困家庭的大学生,有些因自己的家庭贫困而产生挫折感,有些则能坦然接受,并因此而自强不息,终有所成。所以,心理挫折产生的关键不在于客观因素,而在于主观因素。

大学生挫折产生的常见原因有三种。第一种是自然环境因素。自然界中的一切事物,都按照自己的固有规律发展着。因此,作为每一个在自然环境中生存发展的人,必然会遇到自然因素引起的种种挫折。俗话说:"天有不测风云,人有旦夕祸福。"第二种是社会环境因素。大学生生活在社会之中,社会的政治、经济、道德甚至风俗习惯等,都可能是引起大学生产生挫折的因素。第三种是大学校园的种种因素。这些也可能是导致大学生产生挫折的直接原因。人际关系也常常是引起大学生产生挫折的重要因素。其中同学之间、异性朋友之间的人际交往挫折对大学生的影响最大。重视知识的教授,忽视学生非智力因素特别是心理健康方面的教育,会使大学生的适应能力较差,稍遇挫折便无所适从。

（二）主观因素

挫折产生的主观因素主要是指心理因素,包括个体对客观事物的看法不当以及个体的心理需求不当等。个体对客观事物的看法不当会产生心理挫折问题前面已做描述,这里不再赘述。心理需求不当导致的心理挫折通常有以下几种情况。

1. 自我估计不当,抱负水平过高

抱负水平是指个体对自己所要达到的目标所规定的标准。一个人是否受挫折,与他能否根据自己的实际情况,对自己合理定位、确定恰当的成功标准有关。一个人如果对自己的能力估计过高,抱负自然高,成功的可能性就低,挫折就容易产生。相反,一个人如果对自己的能力估计过低,缩手缩脚,抱负水平过低,就算事情成功了,也可能会产生挫折感。

2. 需求过多,产生动机冲突

大学生的需求很多,而且都渴望得到满足,于是便产生了多种动机。但在现实生活中,有些动机往往是相互冲突的,非此则彼,不可能所有的需求都能得到满足,这时大学生就常常会产生挫折感。例如,大学生既想外出做兼职,又不想影响自己的专业学习,两者之间,若不能平衡,冲突便会产生,长此以往,也会引发挫折感。

3. 不合理、不切实际的需要

大学生正确、合理的需要得不到满足,会产生挫折感,但这种挫折往往是由于客观因素造成的,大学生内心可以接受,在正常情况下对大学生心理健康的危害不大,可使大学生吃一堑长一智。但是有些挫折往往是由于学生不合理、不切合实际的需要造成的,如盲目攀比、超高消费、绝对平均等,这种心理如果得不到调适,将会严重影响学生的心理健康。

三、大学生受挫后的行为反应

人要生存和发展,就一定有需求,但在现实生活过程中,人的需求不可能都得到满足,因此挫折的产生不可避免。人在产生挫折时,总会有一些外在行为反应,通过观察,可了解到人处在挫折状态,及时给予帮助,可使挫折者尽快从困境中解放出来,促进他的健康发展。大学生在遭受挫折时,通常会出现以下的行为反应。

(一)挫折后积极的行为反应

一般而言,挫折使人处于痛苦、焦虑、沮丧、愤怒等情绪状态。大学生应对挫折积极的行为反应,可以使大学生的心理挫折得到一定的缓冲,有助于使不良情绪得到缓解,使大学生恢复心理平衡,维护自身的身心健康。

1. 补偿

补偿是指当个体行为受挫,或因个体某方面的缺陷而使目标无法实现时,以新的目标来代替原来的目标,以其他方面的成功来补偿因失败而丧失的自尊与自信。例如,古希腊的演说家笛莫斯安思,为了克服口吃,而将石子含在口中练习,以使发音更正确,结果他不但克服了口吃的缺陷,还成为一名演说家与辩论家;《中国达人秀》选手刘伟在10岁的一次意外中失去了双臂,但他并没有因此而消沉,而是凭着超凡的毅力每天坚持7个小时的练习,一年内就达到了钢琴7级的水平。

2. 认同

认同是指个体在现实生活中无法获得成功时,自觉地效仿他人的优良品质,运用他人获得成功的经验和方法,使自己的思想、目标和行为更加适应环境、社会的要求,从而在主观上增强获得成功的信念和勇气。人们常说的"苦不苦,想想长征两万五;累不累,想想革命老前辈",就运用了认同的方法。大学生在学习、生活中常常把一些历史名人、科学家,或者某些明星甚至自己身边的同学,作为自己认同的对象。尤其是那些与自己家境条件、经济状况、社会经历相似或者相近的名人,更是他们认同的对象。大学生从认同对象的人生经历、奋斗或成功过程中获得信心、力量和战胜挫折的勇气。

3. 升华

升华是指个体因种种原因无法达到原定目标,或者个体的动机和行为不为社会所认可时,将其转变为符合社会期望的动机和需要,表现出富有建设性、有利于自身发展的较高层次的境界和行为。升华能使原有的动机冲突得到合理宣泄、消除焦虑情绪,弥补因挫折而丧失的自尊和自信,保持心理平衡,减轻挫折造成的痛苦。升华是一种富有建设性的行为反应,它使人在遭受挫折后,将不被社会认可的动机和不良的情绪转移到有用的活动中去,使其转化为有利于社会并为他人所认可的行为。例如,一些貌不惊人的大学生最初在社交活动中受挫,于是他们在学问、个体思想道德修养上下功夫,学习成绩出类拔萃,品德优秀,受人瞩目。

4. 幽默

当处境困难或尴尬时,心理比较成熟的大学生会以幽默来化"险"为"夷",在无伤大雅地情景下巧妙的处理问题,摆脱困境,维护自己的心理平衡。我们在生活和学习中,时常幽默一下,不仅可以缓解紧张情绪,还有利于解除人际关系的僵局,促进人际交往,有利于自己的身心健康。幽默反映出个体看待挫折成败的一种超然心态和智慧。正确使用幽默可以帮助我们缩短与周围人的距离,帮助我们有效地寻求社会支持。

(二)挫折后消极的行为反应

消极的行为反应在一定时期、一定程度上可能暂时缓解受挫者的紧张心理和消极情绪,但这种行为反应缺乏积极的意义,其后果一方面对大学生自身身心发展不利,甚至诱发精神疾病,另一方面还可能危害他人和社会。所以要避免受挫后采取消极的行为反应。遭受挫折后消极的行为反应是对挫折的不理智的对抗行为,具体有以下几种形式。

1. 攻击行为

攻击行为是指大学生在遭受挫折后,为将内心的愤怒发泄出去,对构成挫折的对象进行报复,从而表现出的种种攻击性行为,以此消除来自挫折的痛苦。攻击行为是一种破坏性行为,有直接攻击与转向攻击两类。直接攻击是指攻击行为直接指向构成挫折的人或物,通过动作、表情、言语、文字等形式表现出来。转向攻击是指攻击行为转向其他的替代物或是转向自身,表现形式有迁怒、自我伤害等。著名的踢猫效应就属于转向攻击。通过攻击行为虽然可以暂时发泄心中的愤懑与不快,但并不能消除原有的挫折感,而且会引起新的挫折,危害他人与社会。

2. 压抑

压抑是指个体把自己意识不能接受的观念、欲望、冲动、情感和痛苦经验,压抑到潜意识中,使之不能进入意识而被遗忘,从而避免痛苦。压抑是行为主体的一种"主动遗忘",那些被压抑的东西并没有消失,它们在日常生活中往往不知不觉影响人们的日常心理和行为,并且一旦出现相近的场景,被压抑的东西就会冒出来,对个体造成更大的威胁和伤害。中国文化中的"忍""隐忍"就是压抑,形成忍的习惯可能会成为无意识的自动机制,忍无可忍时,就超出了自我的控制,不能忍而强忍,对心身有害。压抑不仅影响个体的正常活动,而且会引起心理异常和心理疾病。

3. 退行行为

退行行为是指受挫者在受到挫折后,表现出与自己的年龄不相称的幼稚行为。当人们受到挫折以后,如果以成熟的成人的行为方式面对挫折,就会产生心理上的焦虑、不安。受挫者为了避免这种焦虑、不安,放弃已经习得的、成熟的、成人的正常行为方式,而恢复使用早期幼儿幼稚的方式加以应付,从而减轻内心的心理压力。例如,遇到困难时,像孩子般号啕大哭,因不愿承认错误而耍赖或喋喋不休,做事没主见,盲目相信他人等。退行是一种由成熟走向幼稚倒退的反常现象,不但不能有效地应对挫折,反而会使人的判断能力降低,影响人际关系和学习效率。

4. 反向

一般来说,个人的行为方向和他的动机方向是一致的,即动机发动行为促使行为向满足动机的方向进行。但是,有些大学生受挫后,采取一种与原意相反的态度或行为,其目的在于避免或减轻自尊心受损。这种把自己一些不符合社会规范、不被允许的愿望和行为,以一种相反的态度和行为表现出来,以掩盖自己的本意,避免或减轻心理的压力的行为反应,称为反向。长期运用反向行为会从根本上扭曲自我意识,使动机与行为脱节,造成心理失常。

5. 习得性无助

所谓习得性无助,是指个人在面对挫折情境,经多次尝试也无法避免失败的经验,使得个体在挫折面前完全失去任何意志努力现象。在现实生活中,人们如果遭受多次挫折和打击,却不能克服苦难、战胜挫折,久而久之就会沮丧,从而倾向于放弃意志努力,甚至会因此对自身产生怀疑,觉得自己"什么都不行"。例如:有些大学生认为自己考试失败是因为自己的智力不高,从而放弃学习;而还有些大学生认为感情失败是因为自己令人讨厌,不能与他人建立良好的人际关系,从而变得自卑、孤僻。

小贴士

跳蚤变"爬蚤"

科学家做过这样一个有趣的实验。把跳蚤放在桌子上,一拍桌子,跳蚤立即跳起,跳起的高度超过其身高的一百倍以上。接着,在跳蚤头上罩一个玻璃罩,再让它跳,跳蚤碰到玻璃罩弹了回来。如此连续多次以后,跳蚤每次跳跃都保持在罩顶以下的高度。然后逐渐降低玻璃罩的高度,跳蚤总是在碰壁后跳得低一点。最后,当玻璃接近桌面时,跳蚤已无法再跳。科学家移开玻璃罩,再拍桌子,跳蚤还是不跳。这时的跳蚤已从当初的"跳高冠军"变成了一只跳不起来的"爬蚤"。

我们知道,跳是跳蚤的天生能力,而跳蚤变成"爬蚤"是因为它丧失了跳跃的能力吗?当然不是。之所以这样,是因为跳蚤在一次次碰壁后,产生了一种消极的思维定势:再跳高了还会碰壁。它为了适应环境而主动地降低跳跃的高度,一次次受挫慢慢地吞噬了它的信心,使它在失败面前变得习惯、麻木了。更为可悲的是,头上的玻璃罩早已不存在,它却丧失了再跳一次的勇气。科学家把这种行动的欲望和潜能被自己的消极思维定势扼杀的现象称为自我设限,这也就是我们文中讲到的习得性无助。

6. 自杀

自杀是受挫者受挫以后表现出的一种极为消极的行为反应。在现实中,由于受挫者反复受挫,周围缺乏帮助,又找不到摆脱挫折的方法、途径,受挫后失去理智,而采取以自杀方式消除内心紧张。某些大学生无法适应大学学习生活,在无助中选择了自杀这种不该选择的消除内心紧张的方式。另外,大学生生活在社会当中,一些对大学直接产生影响的事件使他们产生了强烈的挫折感,有的大学生因一时缺乏理智而选择了轻生,结果令人惋惜。

四、大学生应对挫折的策略

挫折是人生成长路上的必修课,没有哪个人的一生是一帆风顺的,面对挫折,我们要做的就是找到应对它的策略。心理学家认为,一个人事业成功必须具备高智商(IQ)、高情商(EQ)和高逆商(AQ)这三个因素。所谓的逆商就是一个人面对困境的态度和超越困境的能力,也就是应对挫折的能力。在智商跟别人相差不大的情况下,逆商对一个人的事业成功起着决定性的作用,因此我们要提高自己应对挫折的能力。具体可以从以下几个方面来应对挫折。

(一)正确认识挫折

人生如同一面镜子,你对它笑,它就对你笑;你对它哭,它也以哭脸相迎。面对挫折,一个人是悲观者还是乐观者,全看他能否对挫折有一个正确的认识。巴尔扎克说:"世界上的事情永远不是绝对的,结果完全因人而异,苦难对于天才是一块垫脚石,对于能干者是一笔财富,对于弱者是万丈深渊。"所以,引起挫折感的,与其说是那些挫折、应激、冲突本身,不如说是受挫者对所受挫折的看法。挫折对于人们来说是一种危机,也是一种挑战,因此当我们遇到挫折时不应只看到挫折带来的损失和痛苦,还应看到自己的优点和已取得的成绩,不应始终停留在挫折产生的不良情绪之中,而应尽快从情感的痛苦中解脱出来,以理智面对挫折。

案例分析

林肯的一生

亚伯拉罕·林肯(1809—1865)的简历:

1818年(9岁),母亲去世。

1831年(22岁),经商失败。

1832年(23岁),竞选州议员落选。

同年(23岁),工作丢了;想就读法学院,但未获入学资格。

1833年(24岁),向朋友借钱经商。

同年年底(24岁),再次破产。接下来,他花了16年时间才把债还清。

1834年(25岁),再次竞选州议员,这次赢了。

1835年(26岁),订婚后即将结婚时,未婚妻死了。

1836年(27岁),精神完全崩溃,卧病在床六个月。

1838年(29岁),争取成为州议员的发言人,没有成功。

1840年(31岁),争取成为被选举人,落选了。

1843年(34岁),参加国会大选,又落选了。

1846年(37岁),再次参加国会大选,这回当选了;前往华盛顿特区,表现可圈可点。

1848年(39岁),寻求国会议员连任,失败。

1849年(40岁),想在自己州内担任土地局长,遭到拒绝。

1854年(45岁),竞选美国参议员,落选。

1856年(47岁),在共和党内争取副总统的提名,得票不足100张。

1860年(51岁),当选美国总统。成为美国历史上最伟大的总统之一。

生下来就一无所有的林肯,终其一生都在面对挫败。他曾经绝望至极,但从没有放弃人生这场跳高比赛。林肯一生书写了一个伟大真理:除非你放弃,否则你就不会被打垮。

(二)客观分析挫折原因

正确认识挫折,只是战胜挫折的心理基础,要能战胜挫折,还必须对挫折产生的原因进行客观分析。如前所述,挫折的产生有客观的原因,也有主观的原因。若不能正确分析挫折产生的原因,找不到挫折的根源所在,对挫折就不会有针对性的应对策略,就会使人深深地陷入挫折的泥潭,不能自拔。

大学生在挫折的归因问题上常会出现两种倾向:极度的外部归因和极度的内部归因。极度的外部归因就是指把挫折归因于外部的、不可控制的因素,而不考虑自身的因素。极度的内部归因正好相反。例如,一些大学生考试失败后,认为是老师出题太难,评分过于严格,这就是极度的外部归因。长此以往,大学生就会为自己的失败找借口,不去努力提升自己。有的大学生往往把失败归因于自己,认为是自己能力有限、智商太低、不够聪明等,过多地责备自己。大学生如果长期将失败归因于主观原因,就可能会导致缺乏信心,丧失自我效能感,甚至出现习得性无助,这对他的学习将会产生严重的负面影响。因此,大学生在遇到挫折后,要冷静分析挫折产生的原因:是客观原因,还是主观原因,是可控原因还是不可控原因,或者兼而有之等。只有找到造成挫折的真实原因,才有可能找到"症结",从而战胜挫折。

(三)提高挫折承受能力

首先,大学生应该具有遭受挫折的心理准备。生活不会是一帆风顺的,有遭受挫折的心理准备,将挫折的出现视为正常的大学生,比对挫折毫无准备的大学生更能接受挫折、正确应对挫折。

其次,保持适当的自我期望水平。个人的期望水平应该符合自己的实际情况,如果期望过高,脱离自己的实际情况,在现实生活中肯定会碰壁,使自己总是处于失败折磨中,不仅有损自尊,还可能因为严重的情绪冲突而有碍于身心健康。但是,期望同样也不能过低,过低的期望水平泯灭一个人的斗志,降低他的抱负水平。

最后,可以采取正确的自我疏导和合理宣泄方式。受挫后,心理上会处于焦虑、愤怒、冲动的应激情绪状态之中,如果不能妥善地化解,大学生会出现攻击、轻生等消极行为反应。因此,采取可控的、合理的方式宣泄受挫后的紧张心理、恢复心理平衡,对于大学生来说十分必要。自我疏导是大学生受挫后以语言或文字方式主动与他人倾诉,从而消除受挫引起的不良情绪,恢复心理平衡的方法。这是一种简单而有效的疏导方式,实际上也是情绪宣泄的一种方式。在面对挫折时,大学生应积极采用积极的行为方式去应对挫折与困难,使用补偿、认同、升华、幽默等积极的行为方式去化解挫折。

小 贴 士

挫折阈限

心理学上常用阈限值说明人的感觉能力。人体接受刺激是有一定限度的,那种引起感觉的最小刺激强度即下限叫作感觉的绝对阈限或下阈;那种继续增强也不会使感觉进一步变化的刺激强度即上限叫作感觉的最大刺激阈限或上阈。例如,刚刚引起听觉的声音强度是0分贝,120分贝以上的声音不再引起人更强的听觉经验,而且会引起痛的感觉,是上阈。挫折阈限值是人们对挫折的感受力。心理学中把引起挫折感的最小刺激点叫作绝对挫折阈限或下限。把人们能够承受的挫折感的最高限度叫作挫折适应极限,即挫折感范围的上限或上阈。绝对挫折阈限与挫折承受能力呈反比关系,绝对挫折阈限越低,个体越容易受到挫折;绝对挫折阈限越高,个体对挫折越不敏感。

没有经历挫折的人,就像温室里的花朵,一旦踏入社会,很难面对风风雨雨,社会适应能力较差。有的人遇到挫折时,会认为自己的命不好。贝多芬说得好:"我要扼住命运的喉咙,它休想使我屈服!"苏格拉底也曾说:"逆境是磨炼人的最高学府。"挫折孕育成功,挫折磨炼意志,挫折在某种程度上说可以是生活中的一笔财富。所以,我们要坦然面对挫折、积极应对挫折、勇敢地承受挫折。于丹说:"苦难就是一锅滚水,有的人像鸡蛋,煮进去就变得像石头一样硬邦邦,生活中这样被磨得剑拔弩张的人并不少见;有的人像胡萝卜,开始看上去很有型,在水里一煮,就变得一团糊,这是面对苦难的软弱之人;有的人像茶叶,在滚水里煮,慢慢舒展开来,最后变成可口的香茶。"愿你做一杯香茶,在逆境中成就自己灿烂的人生。

 心理自测:测测你的生活压力

下面这份问卷是英国学者霍尔姆斯编制的社会再适应量表。请逐一对照量表中的生活事件,如果在最近12个月中发生过该事件,做上记号;如果在最近12个月中未发生过该事件,不做记号,完成后请计算出总分。

序号	生活事件	生活变化单位
1	父亲或者母亲去世	100
2	意外怀孕或者流产	100
3	结婚	95
4	父母离异	90
5	产生看得见的畸形	80
6	成为孩子的父亲	70
7	父亲或者母亲被判入狱1年以上	70
8	父母分居	69
9	有兄弟姐妹去世	68
10	被同龄人接纳程度的变化	67
11	有姐妹意外怀孕	64
12	发现自己是养子(女)	63
13	父亲或者母亲与继母(父)结婚	63
14	亲密朋友死亡	63
15	有看得见的先天性畸形	62
16	得过需要住院治疗的重病	58

续表

序号	生活事件	生活变化单位
17	在学校考试不及格	56
18	未参加过课外活动	55
19	父亲或者母亲住院	55
20	父亲或者母亲被判入狱30天以上	53
21	与男朋友(女朋友)断交	53
22	开始谈恋爱	51
23	辍学	50
24	开始吸毒或者饮酒	50
25	弟弟或者妹妹出生	50
26	与父母争吵的次数增加	47
27	父亲或者母亲失业	46
28	出色的个人成就	46
29	父母收支状况变化	45
30	进入大学学习	43
31	高中阶段学习	42
32	有兄弟姐妹住院	41
33	父亲或者母亲不在家的时间增加	38
34	有兄弟姐妹离开家庭	37
35	家庭增加了父母以外的成年人	34
36	成为教会的全权会员	31
37	父母间争吵减少	27
38	与父母的争吵减少	26
39	母亲或者父亲开始工作	26

结果解释:

0~149分:没有重大问题。

150~199分:轻微的健康风险(有1/3的可能性患病)。

200~299分:中度的健康风险(有1/2的可能性患病)。

300分以上:严重的健康风险(有80%的可能性患病)。

当总分超过300分时,使用者面临生病的风险;当总分介于150和299分之间时,使用者面临生病的中等风险;当总分低于149分时,使用者面临的生病风险微不足道。

建议:

此量表仅作为了解自己使用,如果有疑问,请咨询专业人员。

如果压力分数太高,可以寻求心理咨询师的帮助。

推荐阅读:《追寻生命的意义》

维克多·E.弗兰克尔著,何忠强、杨凤池等译,新华出版社2003年8月出版。

推荐理由:这本书是一个人面对巨大的苦难时,用来拯救自己内在世界的法典,同时也是一个关于每个人存在的价值和能者多劳者们生存的社会所应担负职责的思考。这是一部令人鼓舞的杰作……在这本书中,作者一再阐述了一个观点:无论在什么样的情境下,生命本身对于每一个人都是有意义的,生命的意义让每一个人直面苦难、生存下去。他是一个不可思议的人,任何人都可以从他无比痛苦的经历中,获得拯救自己的经验……

本章思考与练习

1. 作为在校大学生,你如何看待人生的压力与挫折?
2. 结合实际谈谈你今后将如何有效地承受和应对可能出现的各种挫折?

第九章 大学生心理健康与心理咨询

引子：小美变"懒"了

小美是小星的室友，她最近心情很糟糕。也不知道怎么了，小美总觉得很压抑，整天茶饭不思，精神萎靡不振，明明就快考英语六级了，拿着复习资料就只知道发呆，看不进去书，非常痛苦。虽然考试在即，但在别人看起来，小美并不着急。小星就觉得小美最近变懒了，变邋遢了。以前小美可是学霸型人物，别人在追剧，她在戴着耳机背单词；别人在与男朋友谈情说爱，她在自习室里读英语；别人在逛街，她在泡图书馆。现在，她整天睡到吃午饭，起床了脸也不洗，床上也乱糟糟的，也不见她背单词了，成天都在床上待着，也不知道是睡着了还是没睡着。小星觉得很纳闷，小美到底是怎么了？

最后，小美被室友们送到学校心理咨询中心。小美起初不去，认为自己扛一扛就好了，可是扛了一个月也没扛好。咨询师怀疑小美可能得了抑郁症，需要去专科医院进行诊治，转介小美去精神疾病专科医院。小美一听要去精神疾病专科医院，立即摇头："打死我也不去，等放假了我回去休息一下就好了。"其实小美是被精神疾病专科医院给吓住了，一下子认为自己的问题很严重，同时也觉得丢人。小星说："老师让你去，你就去吧，我陪你去。"

后来小美确实被诊断为中度抑郁，医生建议服药治疗，同时结合心理咨询。回到宿舍，小美拿着医生给开的药有点犹豫："是吃还是不吃？我真的需要吃药吗？"

前面我们了解了大学生的情绪调控和压力管理，本章我们将要学习大学生心理健康的标准，了解异常心理的分类以及如何有效地寻求心理咨询的帮助。

第一节 大学生心理健康概述

在经济飞速发展的今天，心理问题成了大家越来越关注的话题。压力充斥着大学校园，当代大学生需要面对学业压力、生存压力、经济压力、就业压力与社会竞争的冲突，因此他们的成长与发展、身心健康受外界环境的影响越来越大。有关调查和研究表明，近年来大学生心理疾病发生率呈上升趋势，心理问题已经成为一个影响大学生心理健康成长不容忽视的重要因素。因此，提高大学生心理素质显得越来越重要。

一、心理健康的概念

心理是指人脑的机能,是大脑对客观现实的反映;而心理健康是一个十分复杂的概念,它是医学、心理学、社会学的综合体,不同领域的研究者对心理健康有着不同的观点和看法。

我国心理学百科全书中对心理健康的定义如下。心理健康又称精神卫生,包括两个方面的含义。一是指心理健康状态。个体处于这种状态时,不仅自我情况良好,而且与社会契合和谐。二是指维持心理健康、减少行为问题和精神疾病的原则和措施。

第三届国际心理卫生大会把心理健康定义为:人在身体、智能以及感情上,在与他人的心理健康不相矛盾的范围内,将个人的心境发展成最佳程度的状态。

联合国世界卫生组织认为,心理健康不仅仅指没有心理疾病或变态,而且指个体社会适应良好,以及人格的完善和心理潜能的充分发挥,并能在一定的客观条件下将个人心境发展成最佳状态。

我们所理解的心理健康是指个体能够适应发展着的环境,具有完善的个性特征,且个体认知、情绪反应、意志行为处于积极状态,并能保持正常的调控能力。生活实践中,一个人能够正确认识自我,自觉控制自己,正确地对待外界影响,使心理保持平衡协调,就已具备了心理健康的基本特征。

二、心理健康的标准

随着社会的发展和人类对自身认识的深化,人们对健康概念的认识不断丰富和完善。在现代社会中,健康不仅指生理健康,还包括心理健康、社会适应,三者的和谐统一构成了健康的基础。心理健康的标准是动态的,不同年龄、不同社会文化、不同时代具有不同的标准。

(一)世界卫生组织的心理健康标准

(1)具有健康心理,人格完整;自我感觉良好;情绪稳定,积极情绪多于消极情绪;有较好的自控力,能保持心理平衡;自尊、自爱、自信,且有自知之明。

(2)在自己所处环境中,有充分的安全感,并能维持正常的人际关系,受别人的欢迎和信任。

(3)对未来有明确的生活目标;脚踏实地,不断进取,有理想和有事业上的追求。

(二)综合国内外学者的观点,结合工作经验,界定心理健康的标准

在界定心理健康标准时要充分考虑以下问题:心理健康标准是多维的;心理健康是一个相对的概念;人的心理健康水平可分为不同的等级,是一个从健康到不健康的连续体;一个人是否心理健康与一个人是否有不健康的心理和行为并不是一回事;心理健康是一个文化的、发展的概念。综上,将心理健康的标准界定如下。

(1)智力正常且充分发挥。

智力是指人认识问题、解决问题的能力,是人的观察力、注意力、记忆力、想象力、创造力、思维能力和实践活动能力等的综合,是人在经验中学习或理解的能力、获得和保持知识的能力,迅速而又成功地对新情景做出反应的能力,运用推理有效地解决问题的能力等。

智力正常是大学生学习、生活、工作最基本的心理条件,是大学生胜任学习任务、适应周围环境变化需要的心理保证,因此,是衡量大学生心理健康的首要标准。一般来说,大学生的智

力是正常的,甚至相对于同龄人,大学生的智力总体水平较高,因而衡量大学生的智力关键在于看大学生的智力是否正常地、充分地发挥了效能。

大学生智力正常且充分发挥的标准是:有强烈的求知欲和浓厚的探索兴趣;智力结构中各要素在大学生的认识活动和实践活动中都能积极协调地参与并能正常地发挥作用,大学生乐于学习。

此外,一些非智力因素包括理想、兴趣、爱好等也是构成心理健康的重要标准。

(2)情绪健康。

情绪健康的主要标志是情绪稳定和心理愉快。这是大学生心理健康的一个重要指标。

情绪在心理变化中起着核心的作用,情绪异常往往是心理疾病的先兆。大学生的情绪健康应包括以下内容:愉快情绪多于不愉快情绪,一般表现为乐观开朗,充满热情,富有朝气,满怀信心,善于自得其乐,对生活充满希望;情绪稳定性好,善于控制和调节自己的情绪,既能克制约束,又能适度宣泄,不过分压抑,使情绪的表达既符合社会的需求,也符合自身的需要,在不同的时间和场合有恰如其分的情绪表达;情绪反应是由适当的原因引起的,反应的强度和引起这种情绪的情境相符合。

(3)意志健全。

意志是人在完成一种有目标的活动时,所进行的选择、决定与执行的心理过程。意志健全者在行动的自觉性、果断性和自制力等方面都表现出较高的水平。

意志健全的大学生在各种活动中都有自觉的目的性,能适时地做出决定,并运用切实有效的方法解决所遇到的各种问题,在困难和挫折面前能采取合理的反应方式,能在行动中控制情绪和言行,而不是顽固执拗、言行冲动、行动盲目、轻率鲁莽,或害怕困难、意志薄弱、优柔寡断。

(4)人格完整。

人格在心理学上指个体比较稳定的心理特征的总和。人格完整就是指有健全统一的人格,即个人的所想、所说、所做都是协调一致的。大学生人格完整的主要标志是:人格结构的各要素完整统一;具有正确的自我意识,不产生自我同一性混乱;以积极进取的人生观作为人格的核心,并以此为中心把自己的需要、愿望、目标和行为统一起来。

(5)自我评价正确。

正确的自我评价是大学生心理健康的重要条件。大学生是在与现实环境、与他人的相互关系中,在自己的实践活动中,认识自己的。一个心理健康的大学生对自己的认识应比较接近现实,有自知之明;对自己的优点感到欣慰,但又不至于狂妄自大;对自己的弱点既不回避,也不自暴自弃,而是善于正确地自我接受。

(6)人际关系和谐。

人类处在一定的社会关系中,大学生也同样离不开与人打交道。和谐的人际关系既是大学生心理健康不可缺少的条件,也是大学生获得心理健康的重要途径。大学生人际关系的和谐表现如下。

①乐于与人交往,既有稳定而广泛的人际关系,又有知心朋友。

②在交往中保持独立而完整的人格,有自知之明,不卑不亢。

③能客观评价别人和自己,善取人之长补己之短。

④宽以待人,乐于助人。

⑤积极的交往态度多于消极态度。

⑥交往动机端正。

(7)适应能力强。

较强的适应能力是心理健康的重要特征,不能有效处理与周围现实环境的关系是导致心理障碍的重要原因。

心理健康的大学生能和社会保持良好的接触,对社会现状有较清晰、正确的认识,思想和行动都能跟得上时代的发展步伐,与社会的要求相符合。当发现自己的需要、愿望与社会需要发生矛盾时,心理健康的大学生能迅速进行自我调节,以求和社会的协调一致,而不是逃避现实,更不是妄自尊大,一意孤行,与社会需要背道而驰。

(8)心理行为符合大学生的年龄特征。

在人的生命发展的不同年龄阶段,都有相对应的不同的心理行为表现,从而形成不同年龄阶段心理行为模式。大学生应具有与年龄和角色相应的心理行为特征。心理健康的大学生精力充沛、思维敏捷、情感活跃,与之相适应,行为上应该表现为朝气蓬勃、热情洋溢、生龙活虎、反应敏捷、勇于探索、勤学好问。所谓的少年老成、萎靡不振、喜怒无常,或过于幼稚、过于依赖等,都是心理不健康的表现。总之,经常严重地偏离上述积极心理行为特征,有可能是心理异常的表现。

第二节　大学生的异常心理

一、异常心理概述

异常心理是指偏离正常的心理状态。美国出版的《心理障碍诊断与统计手册》第三次修订版将异常心理定义为:发生于个体的一种临床上有意义的行为或心理症病,其特征是与一种痛苦的症状相联系的,或涉及一种以上重要功能的损害。

二、大学生常见的异常心理

(一)神经症

神经症也称心理症,主要是由心理因素造成的异常心理。对于处在青年期的大学生来说,这是一种最为常见的功能性疾病。不健全的个性特征是此类疾病的发病基础。在此基础上,如果遇到重大的心理创伤,便会导致神经症的产生。在大学生中,发病率最高的神经症主要是焦虑症、抑郁症、强迫症、恐怖症和神经衰弱。

1. 焦虑症

焦虑症是一种常见的神经症。大学生进入新的环境,各方面都要重新开始适应和调整。大学生如果对自己期望过高,压力过大,凡事患得患失,时间长了,就会产生持续性的焦虑、不安、担心、恐慌,并且还伴有明显的运动性不安以及各种躯体上的不舒适感。患有焦虑症的人在性格上也有一定的特点,大多胆小,做事瞻前顾后,犹豫不决,对新事物、新环境的适应能力差,遇上一定的精神刺激,就很容易患焦虑症。患有焦虑症的人常感到无明显原因、无明确对象、游移不定、范围广泛的紧张不安,经常提心吊胆,却又说不出具体原因。患者过分关心周围事物,注意力难以集中,从而使工作和学习效率明显下降。

对于焦虑症,一方面可进行药物治疗,另一方面可进行心理训练,如各种自我松弛训练、户外运动、生物反馈疗法等,都有一定的效果。

案例分享

患焦虑症的女孩

小陈,女,某大学物理系一年级学生,因焦虑失眠就诊。小陈从小到大成绩名列前茅,从不用家长、老师操心,本来一直以自己的物理高考成绩而自豪,而进入大学后"普通物理"考试没有及格,从此一蹶不振,对集体活动不闻不问,特别害怕物理,班级人际关系紧张,失眠,做噩梦,怕别人看出她有很多题目不懂,不敢问老师,上课竭力集中精力但效果不佳,回宿舍就想睡觉,但又担心赶不上同学,坚持学习却效果差,逐渐地,其他课程也不能应付,只要一遇到自己不懂问题就开始发抖,全身僵硬,难以松弛。

2. 抑郁症

抑郁症以心境低落为主,与个体所处的环境不相称,可能伴有思维缓慢和运动性抑制。患者表现为自我感觉不良、情绪低落、对外界反应缓慢、联想迟钝、言语动作减少,甚至发生木僵。患者可能伴有自卑、自责和自罪观念,严重者可出现幻觉、妄想等精神病性症状。

(1)抑郁症的临床表现。

抑郁心境:这是抑郁症患者最主要的特征,轻者心情不佳、苦恼、忧伤,终日唉声叹气,重者情绪低沉、悲观、绝望。

快感缺失:对日常生活的兴趣丧失,对各种娱乐或令人高兴的事体验不到乐趣,轻者尽量回避社交活动,重者闭门独居、疏远亲友、杜绝社交。

无明显原因的持续疲劳感:轻者感觉自己身体疲倦,力不从心,对生活和工作丧失积极性和主动性,重者甚至连吃、喝、个人卫生都不能顾及。

睡眠障碍:有70%~80%的抑郁症患者伴有睡眠障碍,患者通常入睡无困难,但几小时后即醒,故称为清晨失眠症、中途觉醒及末期失眠症,醒后又处于抑郁心情之中。伴有焦虑症者表现为入睡困难和噩梦多,还有少数的抑郁症患者睡眠过多(称为多睡性抑郁)。

食欲改变:表现为进食减少,体重减轻,重者终日不思茶饭,但也有少数患者有食欲突然增强的现象。

躯体不适:抑郁症患者普遍有躯体不适表现。患者常检查治疗不明原因的疼痛、疲劳、睡眠障碍、喉头及胸部紧迫感、便秘、消化不良、肠胃胀气、心悸、气短等病症,但多数对症治疗无效。

自我评价低:轻者有自卑感、无用感、无价值感;重者把自己说得一无是处,有强烈的内疚感和自责感,甚至选择自杀作为自我惩罚的途径。

自杀观念和行为是抑郁症最危险的行为,严重抑郁症的患者常选择自杀来摆脱自己的痛苦。

老年抑郁症患者还可能有激越、焦虑、性欲低下、记忆力减退等症状。

我们不妨用上述表现对照检查一下自己的生活方式和行为规范,然后做出是否存在心理疾患的判断。如果有持久的心境低落并伴有上述3种症状,持续2周以上,建议最好去找心理咨询师。

(2)抑郁症的克服方法。

第一,学会适当宣泄,将自己的忧伤、痛苦以恰当的方式宣泄出来,以减轻心理上的压力。例如,倾诉、写日记、哭泣等,都可以减少心理负荷。

第二,增加人际交往,多与同学交往,尝试从另一个角度看待自己所面临的问题,开阔视野。

第三,积极、有意识地参加一些实实在在的活动,如体育锻炼、文化娱乐活动等,将自己从苦恼中解脱出来。

3. 强迫症

强迫症是指患者在主观上感到某种不可抗拒和被迫无奈的观念、情绪、意向或行为存在。患有强迫症的人,明知某种行为或观念不合理,但无法摆脱,因而非常痛苦。这种症状大多是由强烈而持久的精神追求及情绪体验诱发而来的,与患者以往的生活经历、精神创伤或幼年时期的遭遇有一定的联系。

患强迫症的大学生多与其性格缺陷有关,如缺乏自信、遇事过分谨慎、生活习惯呆板、墨守成规、常怕出现不幸、活动能力差、主动性不足等。强迫症的根治比较困难,行为疗法对抑制强迫动作有一定的效果。向患者解释精神生活中的各种知识,增强他们的自信心,对缓解症状有一定的效果。

4. 恐怖症

恐怖症亦称恐惧症,是以对特殊物体、活动或情境产生强烈的惧怕为特征的神经症性障碍。恐怖症状的共同特征是:①某种客体或情境常引起强烈的恐惧;②恐惧时常伴有明显的植物神经症状,如头晕、晕倒、心悸、心慌、战栗、出汗等;③对恐惧的客体和情境极力回避;④病人知道这种恐惧是过分的或不必要的,但不能控制;⑤在预计可能会遇到恐惧的客体或情境时便感到紧张不安,即预期焦虑。

常见的恐怖症有社交恐怖症、空间恐怖症、动物恐怖症、疾病恐怖症。其中社交恐怖症是以害怕与人交往或当众说话,担心在别人面前出丑或处于难堪的情况,因而尽力回避为特征的一种恐怖障碍。空间恐怖症主要表现为旷野恐怖、闭室恐怖、高空恐怖。

5. 神经衰弱

神经衰弱也是大学生中极为常见的心理障碍。它的特点是容易兴奋,迅速疲倦,并常常伴有各种躯体不适感和睡眠障碍。引起神经衰弱的原因是,长期存在的某些精神因素引起大脑机能活动的过度紧张,使精神活动的能力减弱。有易感素质和不良性格特征的人,更易患神经衰弱。

大学生神经衰弱主要是由于缺乏面对现实的勇气和良好的适应能力造成的,如学习负担过重、专业思想不稳定、个体自我调节失灵、对社会和人生思虑过多、在家庭问题和恋爱问题上犹豫徘徊等。所有这些,在患者头脑中产生强烈的思想冲突,使得神经活动过程强烈而持久地处于紧张状态,超过了神经系统本身的张力所能忍受的限度,从而引起崩溃和失调。

对于神经衰弱的大学生来说,合理安排学习和生活作息,适当参加娱乐活动和体育锻炼,并进行必要的心理治疗,一般可以收到较好的效果。

(二) 人格障碍

一般来说,所谓人格障碍,是指人格系统发展的不协调,主要表现为情感和意志行为方面的障碍。有人格障碍的大学生一般能处理自己的日常生活和学习,智能是正常的,意识是清醒的,但由于缺乏对自身人格的自知,常与周围人发生冲突,但很难从错误中吸取应有的教训并加以纠正。

人格障碍种类很多,大学生中较为常见的人格障碍有以下三种。

1. 偏执型人格障碍

这类人格障碍的特点是主观、固执、敏感多疑,心胸狭隘,报复心强。一方面,骄傲自大,自命不凡,总认为自己怀才不遇,自我评价甚高;另一方面,在遇到挫折失败时,又过分敏感,怪罪他人,很容易与他人发生冲突与争执。这类人格障碍多见于男大学生。

2. 情感型人格障碍

这类人格障碍在大学生中所占比例较高。它可以表现为抑郁型人格、躁狂型人格、躁郁型人格等三种形式。抑郁型人格多表现为情绪抑郁,多愁善感,精神不振,少言寡语,看任何事都会从悲观的角度出发,无法体验明快的心情。躁狂型人格与此相反,多表现为情绪高涨、急躁、热情,有很多设想,但有始无终,终日兴高采烈,雄心勃勃,过于乐观,常常表现出无端的欣喜。

3. 分裂型人格障碍

分裂主要是指这类人的人格在情感、意志、行为上的不一致,主要表现为内倾、孤僻,言语怪异,不爱交往,不关心别人对自己的评价,常常处于冥想之中,也可能沉溺于钻研某些纯理论性问题,回避竞争性情境,对他人漠不关心,独来独往。具有这种人格障碍的大学生,在孤独的环境中,尚可适应,甚至可以在学业上取得突出成就;但在人多的场合,在带有合作性质的任务中,由于与其他人完全不能相容,因此往往很难适应,从而导致极度适应不良。

(三) 适应障碍

失落、冷漠、自杀是大学生尤其是低年级大学生容易出现的心理障碍。学生心理特征表现为敏感而不稳定。个体进入大学之后,在学习、生活、人际关系等方面,会遇到一系列问题。如何迅速调整自己,使自己尽快适应眼前的环境变化,主动接受几年大学生活的挑战,是每个大学生都面临的最为实际、最为紧迫的问题。适应障碍就是指由于适应不良而造成的心理障碍。它主要表现为失落感、冷漠感和自杀言行。

1. 失落感

失落感主要是指大学生对某一事件前后自身感受、评价的强烈反差而形成的一种内心体验。大学生在刚入学时,往往对生活充满着希望,觉得迈进大学,一切如愿;然而,随着现实生活的展开,发现生活的本来面目并非如想象的那样充满浪漫情怀。这一现实,对于思想尚存在片面性、生活阅历一帆风顺,而又处于青春躁动期的大学生来说,是未曾料到的。这就很容易导致大学生心理上的不平衡。他们一下子从希望的塔尖坠入失落的谷底。在开始阶段,他们或许尚有信心奋起,但又时时感到自身力量的弱小,感到改变自己、改变环境的困难,因而,很可能索性放弃一切努力,而在情绪上又往往陷入苦闷、彷徨之中。

2. 冷漠感

冷漠感也是大学生比较普遍的一种心理障碍。它有多种表现形式,如常觉得"干什么都没兴趣""干什么都没劲",似乎现实中没有值得自己为之努力的事。进一步分析,这种现象的产生其实是因为个体对自己的存在缺乏一种自觉性,不知道自己该干什么、为什么活着。一方面,现代社会信息剧增,大学生往往感到自身的渺小与无力。身在大都市中,孤独感加重了,个体丧失了与他人的感通性,因而冷漠丛生。另一方面,通过激烈竞争升入高校的学生,一下子失去了奋斗目标,有无所适从之感。再加上人际关系处理不好,对专业不感兴趣,他们便会倍感心灰意冷,百无聊赖以度时日。

失落与冷漠产生的一个主要原因是目标的丧失。进入大学以前,上大学成了众多中学生的第一大梦想。待至梦想成真,他们从狂喜中冷静下来之后,如果未能及时地树立起新的目标,或者未来的目标不具备强大的吸引力,就会觉得生活平淡、乏味与无奈。重新的奋起需要强大的动力,而人又往往是存在惰性的,很容易就此消沉,以对人、对事的冷漠来维持自身的心理平衡。如果这种情况发展到极端,就很可能诱发出大学生自杀的意念甚至行动。

3. 自杀言行

它是人在遭受重大挫折的紧张状态下产生的一种自毁行为。毋庸置疑,自杀与心理压力有着极为密切的关系。据调查,大学生的自杀比例,在同龄人中是较高的。在大学生活环境中,存在着许多引起挫折的因素,如学习上的失败(成绩不理想、考试不及格等)、失恋、学业上的竞争压力大、人际关系的紧张、专业不理想,以及毕业就业不顺心等。此外,由于重病或生理上的缺陷而无法胜任学习,在学习和生活中感到困难,也容易产生挫折感。这些挫折是诱发大学生自杀行为的主要因素。由挫折产生了绝望情绪,自杀便成了摆脱这种情绪的手段。然而,单凭这些,还不能完全解释大学生中的自杀现象。这里还存在一个对挫折的承受能力的问题。当较大的挫折落到一个挫折承受能力低的人身上,特别是情绪低落、性格孤僻内向的人身上时,自杀的悲剧更有可能发生。有关挫折与自杀的关系,在后面的有关章节还将详细讨论。

第三节 大学生的心理咨询

随着我国社会主义建设的发展和教育改革的不断深入,大学生中的紧张因素正在不断增加,给大学生的心理健康发展带来一定的影响,急需通过咨询等途径予以解决。当我们出现了心理问题,通过自身的力量无法应对的时候,我们就应该去寻求专业人士的心理帮助,也就是进行心理咨询。在这里,我们来了解一下心理咨询。

一、心理咨询的概念

什么是心理咨询呢？你心目中的心理咨询是什么样子的呢？

心理咨询是指心理咨询师运用心理学的理论、方法、技术帮助来访者就问题进行分析、研究和讨论,找出问题的根本原因,经过心理咨询师的指导和启发,探讨出解决的方法,从而解决心理困扰,恢复能力,维护心身健康。心理咨询即是助人自助的过程。

二、心理咨询的对象

按照心理是否正常,可以把人的心理分为两种状态,即正常心理和异常心理,正常心理又可细分为心理健康和心理不健康。

心理咨询的对象包括心理健康人群、心理不健康人群,也包括一部分心理异常人群。

(一)心理正常、心理健康,但有不适应问题

这类人群是指因择业迷茫、学习动力不足、学习压力过大、恋爱失败、人际失调、适应不良等问题,产生了心理困扰,需要帮助的人群。针对这类人群开展的心理咨询属于发展性心理咨询,主要帮助他们做出理想的选择,顺利完成发展任务,度过人生的阶段。

(二)心理正常,但心理健康出现问题

这类人群长期处于心理困扰、心理冲突之中,或者遭到比较严重的精神创伤而推动心理平衡,使心理健康遭到严重破坏,但精神仍然正常,不过心理健康水平面下降许多的人群。这类人群的问题包括一般心理问题、严重心理问题、神经症性心理问题。针对这类人群开展的心理咨询属于障碍性心理咨询,主要帮助他们缓解冲突、消除心理症状,恢复良好的心理功能。

(三)神经症和精神病患者的社会康复

神经症和精神病患者经过精神医学临床治愈之后,心理活动基本恢复了正常,基本转为心理正常的人,这时心理咨询和心理治疗是可以介入的,起到辅助治疗的作用,尽快帮助患者好转。

三、心理咨询的类型与作用

(一)心理咨询的类型

大学生心理咨询的类型有许多种,按照不同的划分有不同的结果,不同类型的心理咨询有其各自的特点。

1. 按心理咨询的规模划分

(1)个体心理咨询。

个体心理咨询是心理咨询师和来访者一对一、面对面的咨询。这是最安全的一种心灵释放形式,也是最常用的心理咨询类型,适合处理个人的心理问题。来访者在这种咨询中直接单独面对心理咨询师,可以倾吐内心秘密,顾虑较少。

(2)团体心理咨询。

团体心理咨询是一个心理咨询师面对多个来访者,将这些有类似问题、有共同需求的来访者集合在一起,提供各种心理帮助和指导,通过团体人际互动,引导来访者共同探讨问题,在观察学习中加深体验,从而更好地认识自我,调整和改善人际关系,学习新的思维方式和行为模式,解决他们共有的发展问题或心理问题。团体心理咨询的人数没有固定的标准,一般控制在20人以内。

2. 按咨询时间长短划分

(1)短期心理咨询。

短期心理咨询一般在1~3周内完成,主要是就事论事,心理咨询师将精力和时间集中在解决关键问题上,追求短期疗效,适合处理一般问题。

(2)中期心理咨询。

中期心理咨询一般在1~3个月内完成,咨询计划和方案比较完整,追求中期疗效,适合处

理较严重的心理问题。

(3)长期心理咨询。

长期心理咨询一般在3个月以上才能完成,咨询计划和方案完整、详细、标准,追求彻底解决问题,追求长期疗效,适合处理严重心理问题或神经症性心理问题。

3. 按心理咨询形式划分

(1)门诊心理咨询。

门诊心理咨询是心理咨询中最常见、最主要,也是最有效的形式。来访者直接到心理咨询中心登门求助。它的特点是:针对性强,心理咨询师能针对来访者的具体问题提供有针对性的服务;了解信息全面,心理咨询师不仅可以听到来访者叙述的内容,还可以根据其表情、动作、情绪反应等,做出准确的判断,及时处理;多数以一对一的个别形式进行,可以消除来访者的顾虑,便于咨询的深入;心理咨询师和来访者都可以随时提出问题,并根据对方的反馈信息随时调整对策,有助于双方的互动。

(2)电话心理咨询。

电话心理咨询是心理咨询师和来访者通过电话进行沟通的一种较方便、迅速的咨询方式。电话心理咨询的优势在于咨询双方彼此不认识,来访者心理上更为放松,更能尽心畅诉,适合解决一些来访者不愿意或不好意思当面求助的问题,如婚姻问题、性问题、自杀危机等。但是它也有不利之处,如信息收集不够全面、心理咨询师不能充分通过来访者的肢体语言去了解他的内心世界,传递的信息有限。

(3)网络心理咨询。

网络心理咨询的优势在于来访者不必出门,在家中就可以进行心理咨询。对于那些由于个人原因、地理限制而不能直接登门寻求心理咨询的来访者,以及由于个人生活风格或生活习惯,不愿意直接面对心理咨询师的来访者来说,网络心理咨询是非常便捷的互动形式。但是网络心理咨询很难保证来访者的信息真实性,毕竟网络世界相对现实世界更加虚拟、隐蔽,网络交流也难保证信息充分交流,有些心理咨询的方法很难在网络沟通中得以运用。

(4)现场心理咨询。

现场心理咨询是指心理咨询师在学校、企业、社区等现场,对来访者提出的各种心理问题、心理困惑给予即时帮助。各高校经常在校园里举办大型现场心理咨询活动,邀请学校心理咨询中心的心理咨询师和社会上知名的心理专家到校为学生坐诊,它的优势在于比较快速、方便,来访者无须到心理咨询室进行预约,可以直接和心理咨询师面对面交流,但是现场心理咨询由于地点和时间的限制,很难保证需要谈话的私密性,也无法深入交流。

(二)心理咨询的作用

总体来说,心理咨询主要可以帮助心理正常人群化解生活中的各类心理问题,改善不良行为,学会调整人际关系,深化自我认知,强化适应能力,提高个人心理素质,使人健康愉快地生活。

1. 认识自己的内外世界

人生存在同一个外部世界中,但有各自的内部世界。外部世界是由活生生的、不断变化的现实构成的,不随我们的意志而改变。内部世界是由以往积累的经验构成的,因人而异,可以按照自己的意志加以调整。这两个世界总是处在既一致又矛盾的状态中。

2. 纠正不合理的观念

人们一般以为事件的发生导致负面情绪的出现,但事实上不是如此,负面情绪是由自己对这件事的看法引起的,不同的信念带来不同的结果,消极的、负面的、不合理的信念往往导致负面的情绪结果,积极的、正面的、合理的信念带来正面的情绪力量。心理咨询可以帮助来访者纠正不合理的信念和错误的思维,帮助他们重新看待经历的事件和各种挫折,学会用新的思维和信念解决当前的心理问题。

3. 学会理解他人

心理咨询能帮助个体更好地理解他人、站在他人的角度思考问题,体验他人的内心,感同身受,重新看待自己与他人的关系,恢复心理平衡。

4. 增强自知之明

自知者明,但因种种认识上的受限,人很难认清自己。正是各种扭曲的心理认识、片面的经验、错误的推理、不合理的需求等,导致人们经常失去对自我的正确认识,从而引发种种心理困扰。心理咨询可以帮助个体重新认识自己,挖掘自己身上的资源,明确前进的方向,树立新的目标。

5. 学会面对现实适应现实

心理咨询可以帮助来访者学会如何面对现实,帮助他们提高应对现实问题的适应能力。

6. 构建合理的行为模式

心理困扰能否最终得到解决,关键看来访者能不能将思想转化为实际行动。心理咨询可以帮助来访者改变先前不合理的行为模式,建立一种新的、合理的行为模式。这种改变是在心理咨询师的启发、鼓励和支持下发生的,只有按照这种新的行为模式来访者的心理问题才能得以改善,从而摆脱心理苦恼。

心理自测:心理异常自评量表(SCL-90)

指导语:以下列出了有些人可能会有的问题,请仔细地阅读每一个问题,然后根据最近一星期以内下述情况影响你的实际感觉,在每个问题后标明该题的程度得分。

其中,"没有"选1,"很轻"选2,"中等"选3,"偏重"选4,"严重"选5。

1. 头痛。	1	2	3	4	5
2. 神经过敏,心中不踏实。	1	2	3	4	5
3. 头脑中有不必要的想法或字句盘旋。	1	2	3	4	5
4. 头昏或昏倒。	1	2	3	4	5
5. 对异性的兴趣减退。	1	2	3	4	5
6. 对旁人责备求全。	1	2	3	4	5
7. 感到别人能控制你的思想。	1	2	3	4	5
8. 责怪别人制造麻烦。	1	2	3	4	5

9. 忘记性大。	1	2	3	4	5
10. 担心自己的衣饰整齐及仪态的端正。	1	2	3	4	5
11. 容易烦恼和激动。	1	2	3	4	5
12. 胸痛。	1	2	3	4	5
13. 害怕空旷的场所或街道。	1	2	3	4	5
14. 感到自己的精力下降,活动减慢。	1	2	3	4	5
15. 想结束自己的生命。	1	2	3	4	5
16. 听到旁人听不到的声音。	1	2	3	4	5
17. 发抖。	1	2	3	4	5
18. 感到大多数人都不可信任。	1	2	3	4	5
19. 胃口不好。	1	2	3	4	5
20. 容易哭泣。	1	2	3	4	5
21. 同异性相处时感到害羞、不自在。	1	2	3	4	5
22. 感到受骗,中了圈套或有人想抓住你。	1	2	3	4	5
23. 无缘无故地突然感到害怕。	1	2	3	4	5
24. 自己不能控制地大发脾气。	1	2	3	4	5
25. 怕单独出门。	1	2	3	4	5
26. 经常责怪自己。	1	2	3	4	5
27. 腰痛。	1	2	3	4	5
28. 感到难以完成任务。	1	2	3	4	5
29. 感到孤独。	1	2	3	4	5
30. 感到苦闷。	1	2	3	4	5
31. 过分担忧。	1	2	3	4	5
32. 对事物不感兴趣。	1	2	3	4	5
33. 感到害怕。	1	2	3	4	5
34. 你的感情容易受到伤害。	1	2	3	4	5
35. 旁人能知道你的私下想法。	1	2	3	4	5
36. 感到别人不理解你、不同情你。	1	2	3	4	5
37. 感到人们对你不友好,不喜欢你。	1	2	3	4	5
38. 做事必须做得很慢,以保证做得正确。	1	2	3	4	5
39. 心跳得很厉害。	1	2	3	4	5
40. 恶心或胃部不舒服。	1	2	3	4	5
41. 感到比不上他人。	1	2	3	4	5
42. 肌肉酸痛。	1	2	3	4	5
43. 感到有人在监视你、谈论你。	1	2	3	4	5
44. 难以入睡。	1	2	3	4	5
45. 做事必须反复检查。	1	2	3	4	5

46. 难以做出决定。	1	2	3	4	5
47. 怕乘电车、公共汽车、地铁或火车。	1	2	3	4	5
48. 呼吸有困难。	1	2	3	4	5
49. 一阵阵发冷或发热。	1	2	3	4	5
50. 因为感到害怕而避开某些东西、场合或活动。	1	2	3	4	5
51. 脑子变空了。	1	2	3	4	5
52. 身体发麻或刺痛。	1	2	3	4	5
53. 喉咙有梗塞感。	1	2	3	4	5
54. 感到前途没有希望。	1	2	3	4	5
55. 不能集中注意。	1	2	3	4	5
56. 感到身体的某一部分软弱无力。	1	2	3	4	5
57. 感到紧张或容易紧张。	1	2	3	4	5
58. 感到手或脚发重。	1	2	3	4	5
59. 想到死亡的事。	1	2	3	4	5
60. 吃得太多。	1	2	3	4	5
61. 当别人看着你或谈论你时感到不自在。	1	2	3	4	5
62. 有一些不属于你自己的想法。	1	2	3	4	5
63. 有想打人或伤害他人的冲动。	1	2	3	4	5
64. 醒得太早。	1	2	3	4	5
65. 必须反复洗手、点数目或触摸某些东西。	1	2	3	4	5
66. 睡得不稳不深。	1	2	3	4	5
67. 有想破坏东西的冲动。	1	2	3	4	5
68. 有一些别人没有的想法或念头。	1	2	3	4	5
69. 感到对别人神经过敏。	1	2	3	4	5
70. 在商店或电影院等人多的地方感到不自在。	1	2	3	4	5
71. 感到任何事情都很困难。	1	2	3	4	5
72. 一阵阵恐惧或惊恐。	1	2	3	4	5
73. 感到在公共场合吃东西很不舒服。	1	2	3	4	5
74. 经常与人争论。	1	2	3	4	5
75. 单独一个人时神经很紧张。	1	2	3	4	5
76. 别人对你的成绩没有做出恰当的评价。	1	2	3	4	5
77. 即使和别人在一起也感到孤单。	1	2	3	4	5
78. 感到坐立不安、心神不定。	1	2	3	4	5
79. 感到自己没有什么价值。	1	2	3	4	5
80. 感到熟悉的东西变成陌生或不像是真的。	1	2	3	4	5
81. 大叫或摔东西。	1	2	3	4	5
82. 害怕会在公共场合昏倒。	1	2	3	4	5

83. 感到别人想占你的便宜。	1	2	3	4	5
84. 为一些有关性的想法而很苦恼。	1	2	3	4	5
85. 你认为应该因为自己的过错而受到惩罚。	1	2	3	4	5
86. 感到要很快把事情做完。	1	2	3	4	5
87. 感到自己的身体有严重问题。	1	2	3	4	5
88. 从未感到和其他人很亲近。	1	2	3	4	5
89. 感到自己有罪。	1	2	3	4	5
90. 感到自己的脑子有毛病。	1	2	3	4	5

结果解释：

1. 总分。

总分是指90个项目所得分数之和。按中国常模结果，总分超过160分，单项均分超过2分，或阳性项目超过43项，可以考虑筛选阳性，需进一步检查。如果总分超过200分，说明个体有明显的心理问题，可求助于心理咨询。

阳性项目数即单项分大于或等于2分的项目数，表示被试在多少项目中呈现出有症状。

2. 因子分。

本测验共90个自我评定项目。测验的九个因子分别为躯体化、强迫症状、人际关系敏感、抑郁、焦虑、敌对、恐怖、偏执及精神病性。

(1) 躯体化：包括1、4、12、27、40、42、48、49、52、53、56和58，共12项。

该因子主要反映主观的身体不适感，包括心血管、胃肠道、呼吸和其他系统的不适，头痛、背痛、肌肉酸痛，以及焦虑等躯体不适表现。

该因子量表的得分为0～48分。得分在24分以上，表明个体在身体上有较明显的不适感，并常伴有头痛、肌肉酸痛等症状。得分在12分以下，表明躯体症状表现不明显。总体来说，得分越高，躯体的不适感越强；得分越低，症状体验越不明显。

(2) 强迫症状：包括3、9、10、28、38、45、46、51、55和65，共10项。

该因子主要反映临床上的强迫症状群，主要指那些明知没有必要，但又无法摆脱的无意义的思想、冲动和行为，还有一些比较一般的认知障碍的行为征象也在这一因子中反映。

该因子量表的得分为0～40分。得分在20分以上，表明强迫症状较明显。得分在10分以下，表明强迫症状不明显。总体来说，得分越高，个体越无法摆脱一些无意义的行为、思想和冲动，并可能表现出一些认知障碍的行为征兆；得分越低，个体在此种症状上表现越不明显，没有出现强迫行为。

(3) 人际关系敏感：包括6、21、34、36、37、41、61、69和73，共9项。

该因子主要指某些个人不自在感和自卑感，尤其是在与其他人相比较时更突出。在人际交往中有自卑感，心神不安，明显不自在，以及人际交流中有不良自我暗示，消极期待等是这方面症状的典型原因。

该因子量表的得分为0～36分。得分在18分以上，表明个体在人际关系上较为敏感，在人际交往中自卑感较强，并伴有行为症状(如坐立不安、退缩等)。得分在9分以下，表明个体在人际关系上较为正常。总体来说，得分越高，个体在人际交往中表现的问题就越多，自卑，自我中心越突出,并且已表现出消极的期待。得分越低,个体在人际关系上越能应付自如,人际交流自信,胸有成竹,并抱有积极的期待。

(4) 抑郁:包括5、14、15、20、22、26、29、30、31、32、54、71和79,共13项。

该因子主要反映与临床上抑郁症状群相联系的广泛的概念,以苦闷的情感与心境为代表性症状,以生活兴趣的减退、动力缺乏、活力丧失等为特征,还表现出失望、悲观以及与抑郁相联系的认知和躯体方面的感受,另外还包括有关死亡的思想和自杀观念。

该因子量表的得分为0~52分。得分在26分以上,表明个体的抑郁程度较强,生活缺乏足够的兴趣,缺乏运动活力,在极端情况下,可能会有想死亡的思想和自杀的观念。得分在13分以下,表明个体的抑郁程度较弱,生活态度乐观积极,充满活力,心境愉快。总体来说,得分越高,抑郁程度越明显;得分越低,抑郁程度越不明显。

(5) 焦虑:包括2、17、23、33、39、57、72、78、80和86,共10个项目。

焦虑指在临床上明显与焦虑症状群相联系的精神症状及体验,一般指烦躁、坐立不安、神经过敏、紧张以及由此产生的躯体征象,如震颤等。

该因子量表的得分为0~40分。得分在20分以上,表明个体较易焦虑,易表现出烦躁、不安静和神经过敏,极端时可能导致惊恐发作。得分在10分以下,表明个体不易焦虑,易表现出安定的状态。总体来说,得分越高,焦虑表现越明显;得分越低,越不会导致焦虑。

(6) 敌对:包括11、24、63、67、74和81,共6项。

该因子主要从思维、情感及行为三个方面来反映病人的敌对表现。它的内容包括厌烦的感觉,摔物,争论直到不可控制地暴发脾气等各方面。

该因子量表的得分为0~24分。得分在12分以上,表明个体易表现出敌对的思想、情感和行为。得分在6分以下,表明个体容易表现出友好的思想、情感和行为。总体来说,得分越高,个体越容易敌对,好争论,脾气难以控制;得分越低,个体的脾气越温和,待人友好,不喜欢争论、无破坏行为。

(7) 恐怖:包括13、25、47、50、70、75和82,共7项。

它与传统的恐怖状态或广场恐怖症所反映的内容基本一致。恐惧的对象包括出门旅行,空旷场地,人群或公共场所和交通工具。此外,还有社交恐怖。

该因子量表的得分为0~28分。得分在14分以上,表明个体的恐怖症状较为明显,常表现出社交、广场和人群恐惧。得分在7分以下,表明个体的恐怖症状不明显。总体来说,得分越高,个体越容易对一些场所和物体产生恐惧,并伴有明显的躯体症状。得分越低,个体越不易产生恐怖心理,越能正常地交往和活动。

(8) 偏执:包括8、18、43、68、76和83,共6项。

偏执主要是指猜疑和关系妄想等。

该因子量表的得分为0~24分。得分在12分以上,表明个体的偏执症状明显,较易猜疑和敌对。得分在6分以下,表明个体的偏执症状不明显。总体来说,得分越高,个体越易偏执,表现出投射性的思维和妄想;得分越低,个体思维越不易走极端。

(9) 精神病性:包括7、16、35、62、77、84、85、87、88和90,共10项。

精神病性反映各式各样的急性症状和行为,即限定不严的精神病性过程的症状表现。其中幻听、思维播散、被洞悉感等反映精神分裂症状项目。

该因子量表的得分为 0~40 分。得分在 20 分以上，表明个体的精神病性症状较为明显。得分在 10 分以下，表明个体的精神病性症状不明显。总体来说，得分越高，个体越多地表现出精神病性症状和行为。得分越低，个体就越少表现出这些症状和行为。

此外，19、44、59、60、64、66 及 89 共 7 个项目，未能归入上述因子，它们主要反映睡眠及饮食情况。我们在有些资料分析中，将它们作为附加项目或其他，作为第 10 个因子来处理，以便使各因子分之和等于总分。

建议：

此量表仅作为了解自己使用，如果有疑问，请咨询专业人员。

本章思考与练习

1. 你认为学校应该从哪些方面开展心理健康教育？
2. 你是如何看待大学生的心理健康与心理咨询的？

第十章 大学生心理危机与干预

 / 引子：如何判断心理危机 /

计算机系大一的学生小韩刚来学校报到一周就开始闷闷不乐。从小城镇来到大城市求学的小韩，在大学的生活、学习、人际上很难适应。小韩想要锻炼自己，于是勇敢地去竞聘学校学生会干事，但是一上台就紧张得说不出话来，最终落选，这更加重了小韩的自卑感。自此，小韩晚上睡不好觉，上课也不能集中精力，对自己的学业、个人前途感到焦虑，也害怕与同学交往。

请思考：你觉得案例中的小韩是否出现了心理危机？回想你从进入大学到现在，是否遇到过心理危机？分享一下你当时的感受以及你是如何应对心理危机的。

通过上一章我们知道了什么是心理健康的标准、什么是心理咨询。本章我们将要学习大学生心理危机的识别与干预，了解大学生存在哪些心理危机，学会心理危机的自我干预。

第一节 大学生心理危机的认识

一、心理危机的定义

1954年，美国心理学家卡普兰首次定义心理危机的概念：心理危机即指面临突然或重大生活事件，个体既不能回避又无法用先前解决问题的方法来解决当前所面临的问题时所表现出来的心理失衡的状态。大学生正处于心理上的独立与依赖期，正是由于这个原因，当他们遇到现实问题时，没有办法有效处理问题，容易出现思维狭窄、情绪不稳、行为极端等心理和行为的异常，从而出现心理危机。

二、心理危机的类型

心理危机主要包括发展性心理危机、境遇性心理危机、存在性心理危机、障碍性心理危机四类。

（一）发展性心理危机

发展性心理危机指的是人处于正常成长过程中突遭巨大变化或转变而出现的异常反应，

持续的时间虽较短暂,但极易引发剧烈与不恰当的应激情绪与行为。在大学生群体中,较易出现此类心理危机类型。大学生在面对高校生活时,会遇到学习、人际、生活环境等各方面的转变。大学生在面临学习问题时,如对专业不感兴趣,重要的考试、比赛失败等会引起心理转变,引发危机。大学生恋爱和失恋的问题,也会导致亲密关系的转变。当毕业面临择业的时候,又会发生从校园到社会的转变。这些转变都可能会从某一旧阶段的发展转入新的阶段,当面临变化时,人会产生心理压力,当没有资源去应对时,易产生心理危机。但是需要注意的是,发展性心理危机一般认为是正常的,每个人的发展性心理危机都是独特的,因此需要以独特的方式进行评价和处理。

(二)境遇性心理危机

境遇性心理危机由罕见或不可预测的外部事件引起,具有随机性、突然性、意外性、震撼性、强烈性和灾难性。大学生所遭遇的境遇性心理危机一般由躯体疾病、亲人死亡、自然灾害等引发。大学生在患急性疾病时,会出现焦虑、恐惧、抑郁等不良情绪;在患慢性疾病时,容易消极抑郁,甚至发生性格上的改变。这类由躯体疾病导致的心理危机属于境遇性心理危机。当亲人死亡,特别是亲人意外死亡,如突然死于交通事故或自然灾害时,引起的心理危机较为严重。还有一类是自然灾害引发的心理危机,如汶川地震,这类境遇性心理危机可能会引发创伤后应激障碍。

(三)存在性心理危机

存在性心理危机指当处于人生重要转折关口时,人在思考关于人生意义、个人责任、未来走向等时出现的关于存在感的危机。大学生正处在人生的重要转折点,处于从校园走入社会的过渡期,同样面临人生意义、个人责任和未来走向的重要选择,困难的选择会引发心理危机,常会有空虚感或者生活无意义感。例如:对于毕业择业,不知如何选择,对未来感到十分迷茫,感觉自己的生活一直是听从父母的安排而没有做自己想做的事情,没有为自己活过,不知道自己要成为什么样的人。

三、心理危机的产生机制

心理危机的产生是一个复杂的过程,往往并非由单一因素导致。在通常情况下来看,心理危机的产生是应激源因素和个体易感性因素共同作用的结果。

应激源即能引发应对反应的刺激或环境需求,也就是能引发心理危机的事件,如失恋可以是一个应激源。但事件本身不一定会直接引发心理危机,还要通过个体的应对能力等因素,即个体的易感性因素发挥作用。个体易感性因素是指容易引发应对反应的个体因素,包括这个人的性格特征、应对方式等,如特别敏感和内向的人在面对失恋的时候,可能比外向的人更容易产生心理危机。

大学生心理危机的应激源因素和个体易感性因素包含哪些呢?

(一)心理危机的应激源因素

大学生已进入生理发展的青春中晚期,正处于生理发育基本成熟和部分心理发展相对滞后的特殊时期,人生观、价值观和世界观逐渐形成,心理状态还不稳定,容易受外界各种影响而产生心理危机。大学阶段也是种种人生压力相对集中的阶段,当问题发展到一定程度而不能克服和有效解决时,极易引发自伤、自杀和伤人、杀人事件。当前引发大学生产生心理危机的主要原因如下：学习压力大和对大学环境的不适应；一些长期的、慢性的身体疾病，或者突发的严重身体疾病；情感问题，如失恋的打击、三角恋的纠纷等；心理障碍和精神疾病，典型的如抑郁症、焦虑症等；就业形势的严峻，未进行生涯规划；人际关系问题，如被孤立、和别人发生冲突等；家庭问题，如丧亲、家庭经济条件突发改变等；自我相关的问题，如自卑、存在危机等。

（二）心理危机的个体易感性因素

遇到了问题，不一定会发生心理危机，就像我们现实生活中一样，并不是每一个失恋的人都会自杀，并不是每一个找不到工作的人都会报复社会，绝大部分人都能从阴霾中走出来。这个决定性因素就是个体易感性因素，有应激源的存在，是否会发生心理危机，其实是通过个体易感性因素来作用的。通常情况下个体易感性因素主要有以下五种。

1. 认知方式

认知指的是个体对自我及周围环境的认识。对外在事件的认知在个体应对危机事件的过程中起着重要作用。例如归因风格，有的人习惯把失败归结为自己的原因，而把成功归因为运气，这类人就比较容易产生心理危机。还有的人习惯采用负性思维模式，看问题总是看到消极的一面，在遇到问题和挫折的时候也易产生心理危机。

2. 应对方式

应对方式又称应对策略，是个体在应激期间处理应激情境、保持心理平衡的一种手段。有的人遇到问题会积极想办法去解决问题，有的人会回避问题，有的人会寻求他人的帮助和支持去解决问题，而有的人宁愿自己一个人去解决问题。相比较而言，回避问题和独自解决问题的人易产生心理危机。

3. 社会支持系统

社会支持系统是指个人可用于整合以充实应对资源的社会联系。大学生的社会支持系统通常包括家人、同学、朋友、室友、老师和学校各级组织等。个体如果没有一个质量较高的社会支持系统，就容易陷入危机。

4. 人格特质

人格包含气质和性格两个部分。气质有四种类型：胆汁质、多血质、黏液质和抑郁质。胆汁质和抑郁质两种气质类型的人易产生心理危机；胆汁质的人往往比较急躁、情绪易激动，做事冲动，容易走极端；而抑郁质的人是另一个极端，他们比较敏感、不善与人交流，情感体验深刻，在困难面前常常怯懦自卑，易走死胡同。对于性格来说，内倾型性格和顺从型性格的人易产生心理危机。

5. 其他因素

其他因素包括过往经历、适应能力和生理条件等，如过去是否有过严重的精神创伤、身体是否残疾等。

四、心理危机的发展阶段

心理危机是一个动态发展的过程，在危机的不同阶段，个体有不同的心理和行为表现。心理危机的发展过程一般分为四个阶段。

（一）冲击期

冲击期发生在危机事件发生后不久或当时。当一个人感受到自己的生活突然出现变化，或即将出现变化时,他内心的基本平衡就会被打破,表现为警觉性提高,开始体验到紧张。为了达到新的平衡,他试图用自己以前在压力下习惯采取的策略做出反应。处于这一阶段的个体多半不会向他人求助,有时还会讨厌别人对自己处理问题的策略指手画脚。

(二) 防御期

经过前一阶段的努力和尝试,个体发现自己习惯的问题解决方法未能奏效,焦虑程度开始增加。为了找到新的解决办法,个体开始试图尝试采用错误的办法来解决问题。具体表现为想恢复心理上的平衡,控制焦虑和情绪紊乱,恢复受到损害的认知功能,但不知如何做,会出现否认、合理化等现象。

在这个阶段中,个体开始有了求助的动机,不过这时的求助行为只是他尝试错误的一种方式。需要指出的是,高度情绪紧张多少会妨碍个体冷静地思考,影响他采取有效的行动。

(三) 解决期

如果尝试错误未能有效地解决问题,个体内心的紧张程度持续增加,并且个体开始想方设法地寻求和尝试新的解决办法。在这一阶段中,个体的求助动机最强,常常不顾一切,不分时间、地点、场合和对象发出求助信号,此时个体也最容易受到别人的暗示和影响。在这个阶段,个体会采取一些异乎寻常的无效行动来宣泄紧张的情绪,如无规律的饮食起居、酗酒、无目的的游荡等,这些行为不仅不能有效地解决问题,反而会损害个体的身心健康,增加紧张程度和挫折感,并降低个体的自我评价。

(四) 成长期

个体经历了危机后变得更成熟,获得了应对危机的技巧。但如果个体经过前三个阶段仍未有效地解决问题,他很容易产生习得性无助。个体会对自己失去希望和信心,出现种种心理不健康的行为,甚至对整个生命意义产生怀疑和动摇。

五、心理危机的结果

心理危机的失衡状态不是永久的,每个人在人生的不同阶段都会遇到危机,但是这个危机到底是危险还是机遇,主要取决于每个人处理危机的能力和技巧,以及遇到的危机程度。因此,心理危机的发展结果也有所不同,主要有以下四种:第一,危机顺利化解,学会面对危机的新方法与策略,提升了自身心理健康水平;第二,危机虽然顺利克服,但是留下了心理创伤,影响社会适应能力,并且当再次遇到类似危机时仍有可能再次爆发,需要长期观察、支持与疏导;第三,危机未能顺利克服而且出现严重的心理障碍,心理适应水平明显降低,且随时可能产生新的心理危机;第四,无法承受危机,从而选择自我伤害或伤害他人,甚至放弃自己的生命。

一方面,危机是危险的,会让人出现心理失衡状态;但另一方面,危机也是一种机会,可以让人获得自我成长。因此,要认识到危机,重要的是了解如何应对危机。

小组活动

生命玻璃杯

一只小小的玻璃杯也暗藏着生命的哲学。生命犹如玻璃杯,唯有细心呵护才不会破碎;生命犹如玻璃杯,既可以盛蜂蜜水,也可以盛苦口良药。

你是否也有这样一只属于自己的生命玻璃杯,里面盛满心扉思绪,告诉你如何勇敢生活、积极探寻生命的意义?

活动目标:鼓励学生分享快乐,勇于袒露烦恼;指导学生之间互相分担、互为支撑,关爱自身与他人的心理健康。

活动步骤:

1.每个同学拿出一张 A4 大小的白纸。首先画一只玻璃杯,然后在玻璃杯里面分别画出"微笑水滴"和"难过水滴",每一个水滴代表你近期的一种心情。

2.在玻璃杯的左右两边,分别简单写出每个"微笑水滴"和"难过水滴"代表的事情。可以在纸张上署名,也可以选择匿名。

3.教师把所有的玻璃杯收上来进行"大洗牌",再一一分发给每一个大学生。每个人都获得了一只别人的玻璃杯。

4.同学们先以小组为单位,分享自己手中的玻璃杯,为每个"微笑水滴"表达欣赏与祝贺,为每个"难过水滴"提出解答烦恼的办法。

5.每个小组选出一名代表进行发言,分享本组收到的玻璃杯所包含的快乐与烦恼,说出如何应对"难过水滴"。

6.在全班范围内进行总结,归纳普遍的快乐与烦恼。

第二节 大学生心理危机的干预

一、心理危机干预的定义

危机干预就是对处于心理失衡状态的个体进行简单、及时而有效的帮助,使他们克服心理危机,恢复生理、心理和社会功能水平。危机干预有两层含义:一是泛指帮助处于个人危机或处于困境状态的人克服心理危机;二是指进行自杀危机的干预,使其珍惜生命,减轻痛苦。

从心理学角度来看,危机干预是短程和紧急的心理治疗,属于支持性的心理治疗,以解决问题为主,一般不涉及人格的塑造。干预过程主要包括倾听、理解,弄清问题的实质,帮助当事人重塑信心,应对问题,恢复其心理平衡状态。

二、心理危机信号的识别

心理危机产生时,往往伴随情绪、身体、行为和认知方面的变化。因此,如果能对心理危机的信号进行识别,便能及早帮助身边的人克服心理危机。

(一)情绪方面

处于心理危机之中的个体情绪低落,或暴躁、焦虑、紧张,或空虚、意志消沉、感到抑郁,甚至无助、绝望、内疚,没有自我价值感。

(二)身体方面

出现吃不好、睡不好,如食欲不振,精神疲乏,贪睡或失眠,做噩梦,易受惊吓,体重急剧增加或下降,或感到呼吸困难,头痛,头晕等躯体反应。

(三)行为方面

学习成绩或工作表现下降,不愿意参与社交,不注意外表打扮,失眠,无故哭泣,行为突变,对事物失去兴趣。

(四)认知方面

沉浸于负面情绪,出现不合理的信念,以至于思维狭窄,做决定和解决问题的能力受到影响,甚至会放弃生命。

三、心理危机的干预对象

心理危机的干预对象包括:遭遇突发事件而出现心理或行为异常的人,如家庭发生重大变故、受到自然或社会意外刺激的人;学习、生活、工作压力过大出现心理异常的人;个人感情受挫后出现心理或行为异常的人;人际关系失调后出现心理或行为异常的人;性格过于内向、孤僻、缺乏支持的人;环境适应严重不良导致心理或行为异常的人;家境贫困,经济负担重、深感自卑的人;身体出现严重疾病,个人很痛苦,治疗周期长的人;患有严重心理疾病(如抑郁症、恐怖症、强迫症、焦虑症、精神分裂症)且出现心理或行为异常的人;由于身边的人出现个体危机状况(如突遭意外事故、自杀、他杀等)而受到影响,产生恐慌、担心、焦虑、困扰的人。

四、心理危机的干预模型

七步模型由艾伯特和罗伯特提出,用于帮助处于急性的心理危机、急性的情境性心理危机和急性下的应激障碍人群,包括以下七个步骤。

(一)生物心理危机评估

设计对于危险性的迅速评估,包括对自杀、杀人或暴力的危险性、对药物治疗的需要、毒品和酒精滥用等情况的评估。

(二)建立友善的治疗关系

向当事人表示你的尊敬和接纳是关键。要极力去迎合当事人的话题,并保持中立而不做评判,尽量不要表露个人观点。保持冷静,并使局面处在掌控之中。

(三)用开放语言描述问题

用开放性问题让当事人用自己的语言解释和描述他(她)遇到的问题,这样便于危机干预工作者了解问题真相。让当事人感受到危机干预工作者的关注与理解,对当事人来讲很重要,而且也有利于友善、信任关系的进一步建立。第二步、第三步采用问题解决中心的疗法,识别当事人的能动性和应对资源,包括对当事人以往有效应对策略的辨别。

(四)积极的倾听技巧

利用鼓励性语言,让当事人感到危机干预工作者在仔细聆听,这些口头反馈在电话干预中尤为重要。除此之外,反应、解释、情绪定性等都是可使用的技巧。反应包括重复当事人所说的话、所表达的感情和想法;解释包括用危机干预工作者本人的语言来重复当事人的话;情绪定性包括归纳出隐含在当事人话语中的情感,如"听起来你非常生气"。

(五)调动当事人的能动性

危机干预工作者和当事人的合作能动性会使潜在的应对资源更为丰富,使供选择的方法范围更为广阔。因此,危机干预工作者的创造性、灵活性和应变能力必须依靠当事人的合作能动性。

(六)贯彻行动计划

危机干预工作者应在限制性最小的模式下帮助当事人感到自主性。这一步骤之中重要的环节包括识别可供联系的人和转接资源,以便贯彻行动计划。

(七)与当事人意见达成一致

第一次会面后,危机干预工作者应与当事人的意见达成一致,共同确定能使危机得到解决的计划。这可以通过电话或面对面交流来完成。

阅读材料

灾后心理干预

2008年5月12日下午2点28分,四川省汶川发生了8.0级地震。灾难过后,人们的心理急需疏导。大批的心理学志愿者进入灾区进行心理干预和心理援助,那么在干预中要注意哪些问题呢?

一、灾后危机干预的基本知识

在灾难中主要有三种失去:①财产失去;②亲人、朋友失去;③本人肢体、健康心理的失去。其中最严重的,也是我们最需要关注的是儿童和青少年的亲人(尤其是父母)的失去。因为每个人能够有生存的信念很大部分来自支持和依赖,成年人的依赖和支持来自多方面,而儿童的支持和依赖多半集中于父母等少数人身上。所以,一旦他们的父母死亡,他们就完全陷入无支撑状态,很容易发生人生观、价值观的恶性转化,甚至产生自杀的念头。面对这种情况,我们心理干预工作者要做的就是:使其面对现实—发泄情绪—建立新的依赖—帮助其适应这种依赖的变化。

二、危机干预注意事项

1. 辅导者要有成熟的心理和良好的承受能力,以及控制情绪的能力。当地的情况确实让任何人都想哭,但是,你可以共情,却不可以放任自己。见到任何场景不要大惊失色,这只会让当事人更加不信任和反感。很坦白地说,仔细估量一下自己的能力,如果没有成熟的心理和一定的承受能力,即使有再大的热情也不要去添乱。

2. 不能急于给别人提建议,先评估危机程度(包括种类、大人小孩、丧失了什么、应树立什么样的目标、危机的程度、有无自杀可能),先看再听,少讲。

具体的方法如下。

(1)让当事人发泄情绪,不只是要听他讲,也不一定要他哭,视具体情况而定,如可以通过画画、提问、写、打、摔等。

(2)有明显精神病迹象的要及时交给专业人员,切勿擅自做主。

(3)注意支持的重要性:辅导者的支持、当事人周围环境的支持、同辈团体的支持,尤其是儿童中的小伙伴的支持。

(4)让当事人形成一种责任感(对生活、对他人),有了责任感才不会放弃生的念头。例如,让一个失去双亲的孤儿去照顾一个和他遭遇相同的年龄更小的孩子(真实案例)。

三、如何进行心理干预

第一步：让当事人将悲惨的故事讲出来。

从小受到的社会潜规则让很多人不敢表达，如从小教育我们要坚强。我们在这一阶段要做的就是带上耳朵引导他们讲，仔细地、耐心地、共情地听他们讲，不管他们讲得有多少次重复，都不要打断，因为讲到一定时候当事人自己就会意识到一直讲是没有意义的。

在这一阶段不只是让当事人直面现实，接受现实，更是在不断讲述的过程中让当事人自己成长。因为人都有一种能力，就是在重复一个东西的时候会不断地变换角度，直到跳出圈子来审视。"叙述昨天的故事，带上今天的视角。"慢慢地，在重复讲述的过程中，当事人就从悲惨的受难者转换为地震的经历者，反而在向我们讲述地震的经历，此时，当事人的自我重新膨胀，从而找回一些自信。当然，在此过程中，我们不只是被动地听，而要做到良好的共情。什么是共情呢？"做喜欢听故事的小孩儿"，弗洛伊德是这样解释的。共情就是要打从心底感兴趣，适当追问，有目地的引导。辅导者不能把自己扮演成神，如果我们自居为神，那么当事人就只能永远是需要救赎的痛苦的人，这时反而应该让当事人觉得在某方面他更懂一些。

做好了这一步，心理干预的任务差不多就做好一半。但是光把当事人拉出火坑还不够，还要帮助他们找到出路。

第二步：引导当事人展望未来和树立信心。例如问他："你以后打算做什么呢？"要注意，不管当事人打算要干什么，只要无害辅导者就不能否定，否则相当于辅导者又把他推到另一个火坑里了。

特别注意事项：

(1)如果当事人有自杀倾向，我们什么建议都不要给。因为当事人为某个问题烦恼到要自杀的时候肯定已经把能想的办法都基本想遍了，我们草草考虑就给出的建议多半不会超出他们想过的范围，而辅导者在当事人心目中是很权威的，我们都给不出好的建议，他们就以为真的没办法了。

(2)不要给灾区人民讲空洞的大道理，这样讲低估了当事人的智商，侮辱了他们的人格，会收到反效果。

(3)辅导者要做的不是祛除痛苦，而是和他们一起承担痛苦。因为知晓痛苦，才能感悟快乐。

五、自我心理危机的预防与干预

(一)学会欣赏和接纳自己

大学生正处于自我同一性的危机过程中，应学会建立正确的自我意识，不自卑，不自负，发现独一无二的自己，接纳自己的方方面面，对自己各方面有正确的自我认识和评价。

(二)为生活定下切实可行的目标

合理、科学地规划大学生活以及未来的职业生涯规划，定下目标，可帮助个体拥有前进的动力，使个体对未来也有一定的预见性。实际可行的目标，也让人可控、可达到，有一定的成就感，可帮助个体有更好的发展。

(三)认识人生有起有落

人生难免会遇到挫折,按照弗兰克尔提出的意义疗法,人可以通过经历苦难来发现生命的意义,了解人生的起落过程,从而让人更加感悟生命、欣赏生命。

(四)建立良好的社会支持

社会支持是一种相互依存的人际关系,对维持良好的心理健康状态有重要的意义。大学生应积极参加社会活动,展示自己,欣赏他人,建立和谐的人际关系。虽然离家较远,也要记得亲人是自己坚强的后盾,还有宿舍同学、辅导员、心理老师等都是在遇到困境时,可以求助的对象。

(五)掌握健康知识和求助方式

大学生应了解健康的相关知识,不采用酒精或药物麻醉自己,形成良好的生活方式;建立正确的心理健康意识,不对心理健康求助者和求助行为污名化。当自己没有办法调节自己的消极情绪和处境时,勇于向他人求助。记住,求助是强者的行为,不要独自承担一切。

小 贴 士

预防是最好的干预

魏文王问名医扁鹊:"你们家兄弟三人,都精于医术,到底哪一位医术最好呢?"

扁鹊答:"长兄最好,中兄次之,我最差。"

魏文王再问:"那么为什么你最出名呢?"

扁鹊答:"长兄治病,是治病于病情发作之前。由于一般人不知道他事先能铲除病因,所以他的名气无法传出去;中兄治病,是治病于病情初起时。一般人以为他只能治轻微的小病,所以他的名气只及本乡里。而我是治病于病情严重之时。一般人都看到我在经脉上穿针管放血、在皮肤上敷药等,所以认为我的医术高明,名气因此响遍全国。"

六、他人心理危机的预防与干预

(一)真诚关怀,用心聆听

在日常生活中,真诚关爱身边同学,做到相互支持及关怀,建立良好的亲密友情关系。当看到他独来独往时,遇到困境时,一个关切的话语,可能就会让他感到关爱,排解他心里的苦恼。

(二)提高警觉,鼓励求助

发现同学存在无法排解的心中苦恼,有心理危机的信号,自己也没有办法帮助他解决时,鼓励他向家长或者辅导员倾诉,也推荐并陪伴他到专业心理机构寻求帮助,及时化解心理危机。

(三)及时报告,生命第一

当发现同学流露出自己想要自伤或者伤害他人的时候,不要承诺会对此保密。这时候同学的生命安全第一,要及时向教师报告。

(四)稳定情绪,寻求支持

当发现同学有即时的危机行为时,首先自己要稳定情绪,尽量不要让处于危机的同学独处,陪伴并对其表达关怀和支持(不做评价的倾听是最好的支持)。将有危险的用具,如刀、药物等拿走,并且立刻找其他人,如教师、同学处理即时的危机,不要单独应付。若该同学已经采取了危机行为,则需要及时送医院进行抢救,并向教师报告。

小贴士

稳定自杀者情绪的沟通方法

在与有自杀倾向的人谈话而又没有其他专业人士在场协助时,你可以遵照以下方式进行。

1.保持冷静,耐心倾听,让他谈谈自己内心的感受,要接纳他,不对他做任何评判。

2.不要试图说服他改变自己的感受。

3.询问他是否有自杀的想法时,可以询问:

"你是否感觉很痛苦,以至于想结束自己的生命?"

"有时候一个人经历非常困难的事情时,他会有结束生命的想法。你有那种感觉吗?"

"听到你的这些话,我很疑惑,不知道你是否有自杀的想法?"

而不要这样问:

"你没有自杀的想法,是吧?"

4.相信他所说的话,对任何自杀迹象均应认真对待。

5.不要答应对他的自杀想法予以保密。要及时地将他的情况汇报给教师,以便在教师的帮助下及时采取应对措施。

6.让他相信别人可以给他帮助,并鼓励他寻求他人的帮助和支持,如去心理咨询中心求助。

7.如果你认为他有随时自杀的危险,要立即采取措施:不要让他独处,拿走自杀的危险物品,或将他转移至安全的地方,陪他去心理咨询机构寻求专业人员的帮助。如果自杀行为已经发生,你必须马上给医院或救助中心打电话,不可有丝毫犹豫。

阅读材料

自杀者之路——生死恐惧的纠缠

死都不怕,为什么还会怕活着?这大概是正常人最不能理解自杀者的地方。

理解自杀的理论很多,弗洛伊德提出了"生本能与死本能",中国专家提出了一个更浅显易懂的理论——扭力理论。中国心理卫生协会危机干预专委会的心理学家、美国纽约州立大学布法罗分校社会心理学张杰教授的团队经过多年的研究提出,扭力是导致自杀和精神疾病发病的重要原因。理解这个扭力很简单,就像反方向扭绳子或者毛巾的两头而用力的感觉,与一般说的压力不同。压力通常指单向力,再多的力,只要是来自同一个方向,产生的就是压力;而扭力的形成至少包含了两种相对方向的力,两个方向的力在短时间内将生存空间深度挤压,就可能导致自杀。

可以这样来理解自杀:

本性向往"活得好、活得有质量"与对"不明不白的死、冤死"的恐惧,通常在生活中会自然地融入每个人的内心。一方面,"怕死"的动力让我们更努力、更珍惜生命。可另外一方面,生活的残酷也难免会让部分人感觉到"活得累、活得苦、活得没质量、活得没有希望"。这两股力量一直在人的内心互相竞力,如果后者力量增强,就会让人错误地产生与"死的冲动"紧密联系的"彻底解放与自由"想法。

心理自测:自杀迷思

为预防自杀和降低自杀率,自2003年开始,世界卫生组织和国际预防自杀协会将每年9月10日确定为世界预防自杀日,以帮助公众了解诱发自杀行为的危险因素,增强人们对不良生活事件的应对能力,预防自杀行为。

对于自杀的以下观点,你认同吗?

1. 扬言自杀的人甚少会真正自杀。
2. 企图自杀过一次的人很少会尝试第二次。
3. 直接询问他人是否有自杀意图,会把自杀的意念引入,反而造成负面影响。
4. 一个人在企图自杀之后,精神状态有明显进展,即表示问题已获解决,自杀危机已消除。
5. 大部分人自杀之前是无迹可寻,没有信号的。
6. 一般人永远不会有自杀念头。
7. 自杀的人是一心一意想死的。
8. 由于儿童对死亡的意识仍是模糊的,所以儿童不会自杀。
9. 自杀只是想得到别人的注意。
10. 酗酒或吸毒能发泄愤怒,可降低自杀风险。

自杀迷思解答:

1. 扬言自杀的人甚少会真正自杀。

错误。有自杀企图的人往往会在采取自杀行动前,向身边人透露自杀的想法,扬言自杀可看成一种求救信号。

2. 企图自杀过一次的人很少会尝试第二次。

错误。心理学家指出,曾企图自杀是再次自杀的一个重要指标。

3. 直接询问他人是否有自杀意图,会把自杀的意念引入,反而造成负面影响。

错误。直接询问不会加深或加速自杀的行动,反而有助于了解当事人的困难及自杀计划,以便加以援助。

4. 一个人在企图自杀之后,精神状态有明显进展,即表示问题已获解决,自杀危机已消除。

错误。情绪及精神状态好转只是表面的行为改变,大部分自杀事件都是在自杀未遂后的复原期内再次发生的。

5. 大部分人自杀之前是无迹可寻,没有信号的。

错误。有自杀倾向的人,在思想、情绪、言语及行为方面都有一些征兆,是有迹可寻的。

6. 一般人永远不会有自杀念头。

错误。有调查数据显示,大约每六个高中生就有一个曾于过去十二个月内认真考虑过自杀。其实,一般人在有死亡的念头时,同时亦会有生存的念头。

7. 自杀的人是一心一意想死的。

错误。企图自杀的人对于死亡抱着矛盾的想法。企图自杀的人仍希望得到他人的帮助以消除痛苦,让自己能继续生活下去。

8. 由于儿童对死亡的意识仍是模糊的,所以儿童不会自杀。

错误。儿童从4岁开始已对死亡有一定的理解。当然,幼儿可能会对死亡有些谬误,就如他们相信医生可以把死人救活。

9. 自杀只是想得到别人的注意。

错误。自杀是一种求救呐喊,当事人可能认为自杀是一个解决问题的方法。

10. 酗酒或吸毒能发泄愤怒,可降低自杀风险。

错误。酗酒或吸毒只能暂时麻醉他们的伤痛和问题。相反,这些方法只会令他们更处于沮丧状态,增加自杀的风险。

心理自测:自杀态度问卷(SAQ)

本问卷旨在了解国人对自杀的态度,以及为我国的自杀预防工作提供资料与指导。在下列每个问题的后面都标有1、2、3、4、5五个数字供你选择,数字1~5分别代表你对问题完全赞同、赞同、中立、不赞同、完全不赞同的态度,请根据你的态度选择相应的数字。

1. 自杀是一种疯狂的行为。　　　　　　　　　　　　　　1　2　3　4　5
2. 自杀死亡者应与自然死亡者享受同样的待遇。　　　　　1　2　3　4　5
3. 一般情况下我不愿和有过自杀行为的人深交。　　　　　1　2　3　4　5
4. 在整个自杀事件中,最痛苦的是自杀者的家属。　　　　1　2　3　4　5
5. 对于身患绝症又非常痛苦的病人,可由医务人员在法律的支持下帮助病人结束生命。

　　　　　　　　　　　　　　　　　　　　　　　　　　　1　2　3　4　5
6. 在处理自杀事件的过程中,应该对其家属表示同情和关心,并尽可能为他们提供帮助。

　　　　　　　　　　　　　　　　　　　　　　　　　　　1　2　3　4　5
7. 自杀是对人生命尊严的践踏。　　　　　　　　　　　　1　2　3　4　5
8. 不应为自杀死亡者开追悼会。　　　　　　　　　　　　1　2　3　4　5
9. 如果我的朋友自杀未遂,我会比以前更关心他。　　　　1　2　3　4　5
10. 如果我的邻居家里有人自杀,我会逐渐疏远和他们的关系。　1　2　3　4　5
11. 安乐死是对人生命尊严的维护。　　　　　　　　　　 1　2　3　4　5
12. 自杀是对家庭和社会一种不负责任的行为。　　　　　1　2　3　4　5
13. 人们不应该对自杀死亡者评头论足。　　　　　　　　1　2　3　4　5
14. 我对那些反复自杀者很反感,因为他们常常将自杀作为控制别人的一种手段。

　　　　　　　　　　　　　　　　　　　　　　　　　　　1　2　3　4　5

15. 对于自杀,自杀者的家属在不同程度上都应负有一定的责任。　　1　2　3　4　5
16. 假如我自己身患绝症又处于极度痛苦中,我希望医务人员能帮助我结束我的生命。
　　　　　　　　　　　　　　　　　　　　　　　　　　　　1　2　3　4　5
17. 个体为某种伟大的、超过人生命价值的事情而自杀是值得赞许的。
　　　　　　　　　　　　　　　　　　　　　　　　　　　　1　2　3　4　5
18. 一般情况下,我不愿去看望自杀未遂者,即使是亲人或好朋友也不例外。
　　　　　　　　　　　　　　　　　　　　　　　　　　　　1　2　3　4　5
19. 自杀只是一种生命现象,无所谓道德上的好与坏,自杀未遂者不值得同情。
　　　　　　　　　　　　　　　　　　　　　　　　　　　　1　2　3　4　5
20. 自杀未遂者不值得同情。　　　　　　　　　　　　　　　1　2　3　4　5
21. 对于身患绝症又极度痛苦的人,可不再维持其生命的治疗。1　2　3　4　5
22. 自杀是对亲人和朋友的背叛。　　　　　　　　　　　　　1　2　3　4　5
23. 人有时为了尊严和荣辱不得不自杀。　　　　　　　　　　1　2　3　4　5
24. 在交友时,我不太注意对方是否有过自杀行为。　　　　　1　2　3　4　5
25. 对自杀未遂者应给予更多的关心与帮助。　　　　　　　　1　2　3　4　5
26. 当生命已无欢乐可言时,自杀是可以理解的。　　　　　　1　2　3　4　5
27. 假如我身患绝症又处于极度痛苦之中,我不愿再接受维持生命的治疗。
　　　　　　　　　　　　　　　　　　　　　　　　　　　　1　2　3　4　5
28. 一般情况下,我不会和家中有过自杀者的人结婚。　　　　1　2　3　4　5
29. 人应有选择自杀的权利。　　　　　　　　　　　　　　　1　2　3　4　5

评分标准:

该问卷共29个条目,包括四个维度:对自杀行为性质的认识、对自杀者的态度(包括自杀死亡者与自杀未遂者)、对自杀者家属的态度和对安乐死的态度。

对自杀行为性质的认识包括1、7、12、17、19、22、23、26、29。

对自杀者的态度包括2、3、8、9、13、14、18、20、24、25。

对自杀者家属的态度包括4、6、10、15、28。

对安乐死的态度包括5、11、16、21、27。

问卷中,16个条目为正向计分,13个条目为反向计分。其中,1、3、7、8、10、11、12、14、15、18、20、22、28为反向计分,即回答1、2、3、4、5分别计5、4、3、2、1分;其余条目均为正向计分,即回答1、2、3、4、5分别计1、2、3、4、5分。

结果解释:

按照此方法,计算每个维度的条目均分,最后分值为1~5。在分析结果时,可以以2.5和3.5分为两个分界值,将对自杀的态度划分为三种情况,小于或等于2.5分为对自杀的肯定、认可、理解和宽容的态度,大于2.5至小于3.5为矛盾或中立的态度,大于或等于3.5为对自杀持反对、否定、排斥和歧视的态度。

建议:

此量表仅作为了解自己使用,如果有疑问,请咨询专业人员。

推荐资料:心理健康促进与自杀防治课程

推荐理由:台湾大学开放式课程。本课程旨在说明心理健康与疾病的关系,以及压力对身心疾病的影响。本课程的目的在于促进大学生自我反思身心健康议题,学习自我照顾,并发挥关心他人的力量,达到社会关怀的目的。

 推荐阅读:《身体从未忘记——心理创伤疗愈中的大脑、心智和身体》

巴塞尔·范德考克著,李智译,机械工业出版社2016年3月出版。

推荐理由:作者充满感情和同理心的深入视角,令人深信今后对心理创伤幸存者的治疗会日益人性化,极大地拓展了自我调控和疗愈的方式,同时也激发了更多关于创伤及其有效治疗方式的研究创新。作者范德考克通过充分呈现他人工作中令人信服的证据,连同他自己的开拓性探索以及在此过程中获取的经验,证实了身体会记录创伤的经历。除此之外,他开发了一套借助瑜伽、运动和戏剧表演的方法,巧妙地将人们的身体和心灵(以及他们的思想和情感)联系起来。这个新鲜观点是美好和令人欢迎的,并为心理治疗界带来了新的可能性。

本章思考与练习

1. 请你谈谈心理危机的产生机制。
2. 在生活中,我们如何进行心理危机的自我预防和干预?

第十一章 大学生网络成瘾与心理教育

引子：游戏上瘾的小刚

小明是一名大一新生，每天一大堆的课业，可是最让小明头疼的要数室友小刚了。小刚是一个地地道道的游戏迷，每天都要通宵玩游戏。随着时间的推移，小明发现小刚已经完全不能离开电脑了，他开始逃课、旷课，整夜在电脑面前不睡觉，饿了就吃泡面，一个月后，小刚因为营养不良和长期熬夜造成虚脱，被送进医院治疗。

上面案例中，小明无法理解网络游戏到底有什么魔力，能让小刚如此走火入魔。本章就让我们一起走进网络世界，去探寻网络背后蕴含的心理学知识。

第一节 大学生网络成瘾的原因

造成网络成瘾的原因，一般分为外因和内因。外因即社会环境和家庭教育。社会环境包括网吧的出现、网络游戏的流行等；家庭教育包括家庭环境和教育方式，家长忙于工作没时间管理孩子，导致他们对网络产生依赖等。但是，这些外因只是被动因素，是形成网瘾的诱因。真正的原因是内因，包括网瘾患者的满足感缺失、独特的生理人格。举个例子说明，大部分网瘾患者会出现学业失败，从而导致心理空虚，缺乏自信，为满足自己的内心，通常会选择逃避，最容易在虚拟的网络世界中重新找到失去的自我和可以满足的成就感，这就是典型的满足感缺失。

 阅读材料

小金的网瘾谁之过？

小金有着强烈的网瘾，经常去网吧一坐就是几天，不吃也不喝。班主任非常担心小金的网瘾会给小金带来身体上的伤害。于是，班主任决定做一次家访，没想到去了小金的家里，才发现小金是留守儿童。父母外出打工，并不关心小金的学习。家里只有年迈的奶奶照顾小金。通过走访邻居，班主任发现小金因为从小没有人管，奶奶也不知道小金的去向，因此慢慢地染上了网瘾。他常常在网吧一玩就是一整天。哪怕自己手里没有上网的钱,小金宁愿站在网吧门口张望着,也不愿意回家。

对于网络成瘾的判断要谨慎,很多青少年有一种很强的逆反心理,有回避大人监视的意识,对新鲜事物又充满了好奇,网络是最好的躲避环境,所以他们容易沉浸在网络当中,在虚拟的情况下跟人交往,以游戏来躲避父母的监视。所以,父母要重视网络对孩子的影响,包括好处和问题,采取积极的、主动的防御措施,帮助他们提供很好的机会,帮助他们建立更强的生活信念和目标,这样他们才能够很好地控制欲望,从而合理地使用网络,真正解决网络成瘾的问题。

某一种现象的产生必定受到多方面因素的影响,网络成瘾也不例外。导致网络成瘾的因素很多,下面对国内外的一些相关研究加以回顾分析。

一、人格面具复杂

S. Freud 认为在人的一切行为中起决定作用的是人的本能,人的心理驱动力都是从本能中获取的。本能是决定心理过程的方向的先天状态,本能的主要根源是人体的需要或冲动,而本能的最终目的是消除人体的需要状态,使人在生理和心理上恢复静止状态。本能受到压制,无法得到宣泄时,就会发生转移,寻找新的对象或途径,以避免痛苦、减轻焦虑、解决冲突,达到心境的平和。网络世界使人格中自我和超我的监控作用淡化,而人格中本我部分的空间不断被扩大,使个体从其所迷恋的事物中寻求享乐的感觉,以使得自己心里踏实、能量得以宣泄。

心理学家 C. G. Jung 说:"生活在现实世界的人们戴着各种各样的人格面具,人格面具的作用是在于给人一个很好的公开展示的一面,以便得到社会的承认,它保证了我们能够与人甚至是我们并不喜欢的人的和睦相处。"可是个体的许多本能欲望诸如攻击本能和性本能为正常的社会意识所不容许,在现实生活中没有表达的机会和空间,从而使得个体必须寻找一个去社会抑制的环境来释放潜意识中积聚的张力。那么网络将是一个非常适合的渠道,由于网络交往的虚拟性,沉湎于网络里的人们,往往会撕去人格面具,这样就与现实社会的需求形成一个巨大的心理反差,放纵自己的欲望。就像某些人不断探索互联网上的性问题一样,他们对互联网上的色情内容也产生兴趣。在互联网上利用虚拟空间来得到性爱,就不是一种什么技术性的满足,而的确是他们存在于内心世界的一种向往。互联网开启了这种想法,并最终让它能够实现。网络成瘾行为不受现实社会中的道德和各种规范的约束,这些行为从人类心理的本能来说都是个体内在欲望的表现,个体之间不存在差异性。在网络情境下,网络使用者的个人自制能力和自主导向功能减低,对现实情境不易辨识是非善恶,在网络中表现出盲从附和,不能做独立判断,感到孤独无助,因而借上网来获得心理上的各种满足。这些内在的本能欲望成为人们外在行为的动力,人们所需要的便是有一个无限制的环境来释放这些积聚的内部张力,网络正好可以满足人们的这个需求。这可以说是网络成瘾问题产生的心理根源。

案例分析

网络喷子的由来

网络暴力是指网络人群对某个人进行大量刷屏和辱骂,实施网络暴力最严重的人群属于网络喷子。网络喷子常常利用网络匿名性,大肆发表污言秽语,说着自己在现实中不敢说出的话,做着现实中不敢做的事情。许多网络喷子利用网络的隐蔽性,宣泄情绪,煽动矛盾。有些所谓的网络喷子甚至每天可以花费数小时进行网络的人身攻击。网络喷子为什么可以花费大量时间进行网络的人身攻击?请你猜测一下原因。

C. G. Jung认为,无意识的内容不可能直接进入意识,而是以梦、幻想、视觉的操作及象征的方式来表达。游戏在人格发育中具有重要意义。在幼年期个体尚不能适应现实的社会,不能以成熟的自我与环境相互作用,通过操纵游戏带来的幻想的成功体验来对抗现实中的挫折体验,使精神上得到暂时的满足。个体成年后持续用幻想的方式来满足自己的愿望,并且幻想成为生活的主要方面,体现了个体在应付挫折和防御方式上的不成熟。个体越是依赖于对幻想的操纵,越是难以获得现实的成功体验。比如在网络升级类游戏中,能够分析出人的心理本能欲望的体现。从参与网络游戏到成瘾有一个逐渐强化的过程,网络游戏新手操作容易,初期进步很快,几小时内可升到几级或者闯过几关,容易产生成就感。为了获得更高的等级或地位、更好的装备、更多的金钱,玩家常常疯狂练级,这就建立了一个比较完善的自我刺激系统,这就是第一个奖赏机制,在不知不觉中成瘾。当级别升到最高时,个体就进入了一个相对空虚的阶段。下一步就是游戏难度的升级,游戏难度的升级就是第二个奖赏机制。剩下的奖赏机制是游戏参与人数的变化、游戏地图的变换、网络联机的参与。如此多的奖赏机制,使网络游戏更具有刺激性和挑战性,网络游戏中所建立的奖赏机制,使人实现了在现实生活中无法实现的要求,获得了在现实生活中无法满足的欲望。追求快乐、回避痛苦是人类的本能,当现代人把网络作为一个逃避挫折、宣泄能量的场所时,网络成瘾就带来了一系列的心理和行为问题。

这就需要针对网络成瘾者意志品质低、自我控制力较差、不服从社会规范等特点,加强对网络沉迷的心理干预,提高他们的自律性、责任感、对本能欲望的控制与有效转介。

二、上网动机不良

令人上瘾的游戏

小A是个游戏达人,在小A看来,游戏简直是绝佳的发明。

在游戏中,精美的画面、并肩作战的队友、炫酷的技能、每次打斗成功的喜悦,让小A简直欲罢不能。小A最喜欢在游戏中杀死敌人,每次攻击完成之后,敌人总会时不时地爆出一些装备,有些甚至是极其难见的装备。

在这种不定的奖赏刺激下,小A一遍遍地玩杀人游戏,并乐此不疲、茶饭不思。

请问:小A为什么会对游戏上瘾?

动机是人行为的内在驱力,动机的不同使不同的人的网络使用行为也有所不同。网络成瘾者在网络使用动机上更倾向于互动游戏、匿名交往、自我肯定、虚拟社区(虚拟现实)、娱乐放松、消磨时间等动机。J. Morahan-Martin等人对277位美国大学生进行调查,发现网络成瘾学生与非成瘾学生相比,上网的原因较多的是结交新朋友、登录成人网站、情感支持、分享共同爱好、娱乐放松、游戏、虚拟现实、消磨时间等。

K. S. Young的研究发现网络成瘾者较多利用网络开展人际互动。网络服务的多样性,为满足不同的网络使用动机提供了不同的途径,不同的网络使用动机引起了不同的网络使用行为。以获取信息为动机的用户经常使用电子邮箱下载服务、信息查询、ICQ、BBS、个人主页等网络服务;以联系熟人为动机的用户更加倾向使用电子邮箱、网上聊天、ICQ、BBS、短信服务、网络电话等服务,基本不玩网络游戏;以结交朋友为动机的用户比较经常使用电子邮箱、信息查询、网上聊天、BBS、短信服务、网络电话、视频会议等服务;而以扮演与生活中不同角色为动机的用户经常使用网络聊天、ICQ、网络游戏、短信服务等服务;以娱乐为动机的用户更多地使用电子邮箱、下载服务、信息查询、聊天、ICQ、网络游戏、媒体娱乐等服务;以学习知识为动机的用户更多使用电子邮箱、下载服务、信息查询、网上教育等有一定技术要求的网络功能。

徐梅、张锋等人发现,大学生互联网使用动机由信息获取性动机和人际情感性动机两个基本维度构成,其中人际情感性动机可作为病理性互联网使用行为模式的有效预测指标,且基于信息获取性动机而使用互联网的大学生的社会-心理健康水平较高,而基于人际情感性动机而使用互联网的大学生的社会-心理健康水平较低。

张锋、沈模卫等人还采用结构方程模型技术构建了互联网使用动机模型。基于人际情感性动机而使用互联网的人更容易导致网络成瘾,并由此对使用者的社会-心理健康产生负面影响;大学生使用互联网的积极效应大于消极效应,且拥有信息获取性动机的人对社会健康具有更大的积极效应,而人际情感性动机对心理健康具有更大的消极效应。

黄少华等人认为,网络使用动机是网络交往心理产生的基础和起点,而人的心理需要是网络交往动机产生的主要内因。网络人际交往主要与人追求安全的需要、归属与爱的需要、尊重的需要以及自我实现的需要密切相关,这构成了网络人际交往形成的主要社会心理基础,最终体现为网络人际交往的五种动机,即寻求安全感、体验归属感、肯定自我价值感、解除压抑感和满足权力欲。

三、自我认知偏低

自我效能感也是与成瘾行为相关的心理变量。自我效能感通过影响个体的认知过程、动机过程、情感过程和选择过程,来影响成瘾行为的最初形成、发展、改变以及保持。一旦成瘾后,网络成瘾者的自我效能感损毁,自我角色分辨不清。

R. La Rose 等人基于社会认知理论,强调自我效能是互联网使用行为与使用者社会心理效应关系系统中的关键变量。他们基于实证调查数据建立的模型表明,互联网的高频使用和上网经验的积累等一方面可提高使用互联网的自我效能感,降低互联网对使用者的压力、一般生活压力和抑郁水平,另一方面可通过强化社会支持系统而降低使用者的抑郁水平。

王立皓的研究表明网络成瘾者自我和谐度和非网络成瘾者有显著的差异。因为互联网的匿名性,网民更多地表现出一种去抑制性,他可能在网上作为一个完全不同于实际生活中的"我"而存在,这可能是因为他对自己的能力和情感的自我评价不高,有一种无助感,而网络是他的"避风港",所以他的自我与经验不和谐分量表与他人有差异,可能有其人格因素,而自我的刻板性与偏执显著相关。

L. Armstrong 发现,自尊和网络成瘾程度正相关,自尊对于上网时间和病理性互联网使用行为具有显著的预测力,低自尊与病理性互联网使用行为之间的关系意味着病理性互联网使用者将互联网作为逃避现实压力的工具。A. Joinson 的研究认为低自尊的人比高自尊的人表现出显著的偏爱网络交往。

四、满足内隐攻击

很多网络成瘾者喜欢玩狙击的游戏,在游戏中无论是警还是匪,只要是打败对方,就会在心理上得到放松和宣泄。崔丽娟、胡海龙等人的研究发现,网络成瘾者经常性地、一致性地接触攻击性的网络游戏内容,会形成或者增强与网络成瘾者的攻击性相关的自我图式,将攻击性相关概念有效纳入个体的自我图式中,成为网络成瘾者自我关联概念,且具有一定的强度,并形成或者增强网络成瘾者对攻击性的评价,导致个体攻击性和可能自我概念的联结不断增强。有人对网络成瘾者的内隐网络态度进行研究,发现网络成瘾者对网络持有积极的内隐评价,这种内隐评价可以通过阈下评价性条件反射程序加以有效降低。但是,网络成瘾者的内隐网络态度的变化存在回溯效应,一天以后,程序干预效果会稍有降低,内隐态度变化的回溯效应表明内隐认知过程具有相对稳定性和动力性。被试接受测试前一天没有接触网络,可以有效消除网络非攻击性内容对个体内隐攻击性的暂时性(抑制)作用。

五、社会支持不足

一般认为,建立在面对面交流基础上的现实的传统友谊能够提供社会支持、社会认可和归属感。当社会资源比较短缺时,个体就可能会选择网络这种媒介来满足自己的这些需要。多数学者认为,网络成瘾者的社会支持状况较差,因为网络的过度使用会导致个体脱离现实社会,远离现实社会支持,而网络上建立起来的支持系统由于受网络的虚拟性等因素的影响,是不可靠的、不稳定的,无助于改善现实社会支持。

R. Kraut 等人的研究发现,在被试上网的最初一两年内,过多使用互联网进行交流会导致他们社会卷入的减少与心理幸福感的降低,同时还会导致孤独感和抑郁感的增加。

J. Morahan-Martinh 与 P. Schumacher 认为,网络成瘾者比非网络成瘾者更经常通过网络认识新朋友,寻求感情支持。

崔丽娟的研究发现,网络成瘾组与非网络成瘾组在社会疏离感上的得分存在显著的差异。社会疏离感是指社会角色和日常活动的不确定,以及一种觉得自己与别人相隔离的信念。研究表明,社会疏离感与对网络的依赖存在显著的正相关,即对网络的依赖越强,社会疏离感越强。

不过,也有学者持不同的观点。他们认为网络为个体提供了大量的相遇和互动的机会,带来了社会联系的增加,建立起较多的网上人际联系,因而有助于增加个体的社会支持。这种说法有一定的道理,但可能忽视了在线社会支持与离线社会支持性质的区别。在线社会支持的增加并不意味着离线社会支持的加强,甚至可能会以牺牲后者为代价。

王立皓等人利用社会支持评定量表、交往焦虑量表进行的研究表明,人际交往、社会支持等各种需要很可能是导致大学生网络成瘾的动机之一,给出的解释为许多网络成瘾者尤其是网络高手可以在网上获得现实生活中所体验不到的满足感和虚荣感。

在心理压力增大的同时,人们迫切需要缓解压力、释放压力,而社会支持常常被认为是个人处理紧张事件问题的一种潜在资源。社会支持是对压力的缓冲。但是,在网络时代,传统的家庭功能已有所改变,来自家庭的人际支持系统也慢慢失去了以往强有力的效用。

以大学生为例,传统的顺向社会化已经发生变化,出现了反向社会化,即思维活跃的大学生首先把握了最新、最有效的知识技术,然后再向年长者延伸。这种状况使家庭权威受到挑战,不满足现状的大学生不得不向外界尤其是信息容量大的网络集中。而代沟的进一步扩大,使大学生与家长之间的有效心理沟通逐渐减少,以致相当一部分心理冲突来源于家庭。心理的家庭保健功能降低,渴求理解和宣泄的大学生便纷纷转向网络,以寻求情感支持。

当使用者坐在网络终端前,通过缺乏社会交往的媒体与匿名的陌生人交流时,他们会变得社会孤立,与真实的人际关系切断开来。

网络朋友

小花在网上交了许多的朋友。因为相同的爱好,小花认识了一大堆和她"志同道合"的好友。小花常常会花费数小时在网络聊天中。在小花看来,网络上的匿名性和隐蔽性让她觉得很安全。小花经常把自己伤心的、烦心的事情向网络上的好友倾诉。大家在看了她的问题之后,一起鼓励她、安慰她,并为她出谋划策。

小花觉得网络朋友才是她真正的朋友,她已经离不开他们了。

六、认知功能障碍

长期使用网络使人的认知功能发生变化。党伟等人对于网络成瘾大学生与非网络成瘾大学生用韦氏智力测验研究发现,网络成瘾者在数字广度、算术、填图等反应集中注意力方面得分高于非网络成瘾者,而在领悟能力上低于非网络成瘾者。

也有研究发现,互联网的自组织特性可能会导致网络使用者的思维模式出现多方面的变化,使网络使用者的思维与电脑的符号式机械思维趋同,常人的逻辑思维能力受到抑制和削弱,弱化了人与人沟通相处的能力及现实生活中的反应能力和应对能力。

简言之,就是由于互联网的使用,以线性的要素主义为特征的现代人的思维模式可能转化为后现代主义的非线性思维模式。

七、神经生理异常

对于行为成瘾,研究人员用了一些假说来解释。大脑与周围神经既是一个网络,又是一种神经通路,无论是药物、酒精还是一个人的行为、经历,都可能对中枢神经系统产生刺激。当这种刺激达到一定量时,便可以使大脑陷入一种强迫状态,也就是依赖和成瘾。网络成瘾与冲动控制障碍在性质上的相似之处,提示人们去探索网络成瘾者在神经生理学及心理学方面的异常。

网络成瘾是一种包含人机交互的行为成瘾,并且往往具有能助长成瘾倾向的诱导和强化的特征。作为行为成瘾的一种,网络成瘾虽然不具有明确的生物学基础,但与传统的药物成瘾具有类似的构成成分和表现,具有相似的特点。成瘾具有临床特征上的相似性,网络成瘾和药物成瘾一样都具有内在的生理机制。它与药物成瘾的相似性表现如下。

第一,具有发生作用的生理解剖结构,如中脑腹侧被盖区、伏隔核、杏仁核、下丘脑、内侧前额叶皮层、海马旁回等。

第二,具有完整的脑部反应通路,这些通路可以分为两种,一是固定的传导通路,二是弥散性投射敏化系统。

第三，具有严密的神经或生化反应链，并以多巴胺等兴奋性神经递质或可的松等内分泌激素作为生化终极方式，以激发机体愉悦情绪或轻松心情。

第四，学习记忆、条件性信号、习惯等在成瘾行为的敏化中起着重要作用。成瘾者重新看见或联想到致瘾药物，或网络设备和内容，或其他致瘾项目，均可唤起心理渴求。

第五，具有相似情绪和行为的生理反应和指征。

这五个相似性特点构成了完整的生化模型，表现为完整的生理心理反应模式，现实刺激物或刺激事件一旦点触其中某一环节，则很容易出现自动化的瘾性发作反应。

网络成瘾者由于上网时间过长，大脑神经中枢持续处于高度兴奋状态，会引起肾上腺素水平异常增高，交感神经过度兴奋，血压升高，引发心脑血管并发症，植物神经功能紊乱等症状。有研究者认为，无论是药物还是行为，它们都触及生物体的中枢神经的奖赏机制，由此才能成瘾。当网络成瘾者面对令自己兴奋的网络时，大脑中枢就会产生一种类似的愉悦感和欣快感，并传递到整个神经回路中，使全身都感到舒适，产生反复的高情绪、高频率体验，当这样的行为长期地反复进行，替代原有的报偿或成为新的报偿时，这些行为和经历可以引起神经适应，即让神经回路发生变化，从而让人成瘾。

从行为科学上来说，快感的获得就是得到了希望得到的事物（精神或者物质），从而产生一种欢愉的感觉。近年来科学研究发现在成瘾行为过程中确实出现大脑的功能和代谢改变。Giannini 与 Minuer 认为成瘾行为与六种不同的神经递质有关：γ-氨基丁酸、乙酰胆碱、去甲肾上腺素、多巴胺、5-羟色胺、β-内啡肽。

C. Betz 报道多巴胺系统与奖赏机制和成瘾行为有关。自然奖赏是通过行为反射促进多巴胺递质的释放，电刺激是通过电流促进多巴胺递质的释放，与成瘾有关的渴求感也与脑奖赏通路密切相关，是直接模拟多巴胺的作用或促进多巴胺递质的释放。

L. A. Sharpe 认为，神经递质的变化影响着行为成瘾。网络游戏之所以容易使人上瘾，与大脑的奖赏系统有关。很多电脑游戏都有一个或多个奖赏机制，这种奖赏机制能让人获得愉快感、优胜感和成就感，使人的心情和精神得到满足。每当完成这些行为时，大脑中枢就会产生一种愉悦感和欣快感，并传递到整个神经回路中，使全身都感到舒适。当生活中有某种行为能替代这种报偿或成为新的报偿时，就有可能让人成瘾，当然这样的行为需要长期反复进行。

目前研究较多的是去甲肾上腺素和多巴胺。去甲肾上腺素与多巴胺同属于儿茶酚胺类化学物质，在自律神经系统，该类物质参与了产生或战或逃反应，如增加心率和血压。在中枢神经系统中，去甲肾上腺素与危险的警觉性、恐惧和抑郁有关。脑内去甲肾上腺素的增加，可以提高情感状态，减轻抑郁，成瘾行为也是为了保持这种递质水平。

H. J. Shaffer 等人指出，中枢去甲肾上腺素系统在成瘾行为中与觉醒和冲动控制有关。多巴胺对随意运动、学习、记忆和情绪，以及对新鲜事物的反应产生影响，是动机和产生欣快感的重要神经递质，对调节与奖赏有关的相关行为非常重要。中枢神经系统中至少有五种多巴胺受体，纹状体有高密度的 D1 和 D2 多巴胺受体，D1 多巴胺受体可能在多巴胺对学习的影响中起着重要的作用。

有学者已经发现 D1 多巴胺受体在海马的长时程增强中起着重要作用，它的兴奋度决定了一个突触强度的变化是长时程的还是一过性的，即纹状体中多巴胺水平提高可以作为一个强化学习的信号。通过促进纹状体的谷氨酸突触传递，多巴胺可以强化特定行为和特定刺激之间的关联。纹状体的多巴胺释放不仅可以强化先前建立起来的行为表现，而且可以促进新的行为模式的学习。成瘾行为能引起奖赏中枢的多巴胺的大量释放,刺激愉悦中心,产生强化作用。上网持续时间过长使大脑中的多巴胺水平升高,会短时间内令人高度兴奋。

某些个体内可能多巴胺的量不足,而长时间上网能改变人体内环境,使大脑中多巴胺水平升高,这种化学物质令患者呈现短时间的高度兴奋,使人产生欣快感,沉溺于网络的虚拟世界不能自拔,体验其奖赏感受,但之后的颓废感和沮丧较前更为严重。时间一长,这些影响就会带来一系列复杂的生理和生物化学变化。

 阅读材料

网络成瘾诊断

对于网络成瘾的诊断与鉴别,目前并没有公认的标准,美国精神疾病学家 Kimberly Young 认为病态赌博的诊断标准最接近网络过度使用的病理特征,并经过修订,形成了网络过度使用诊断问卷。该问卷有8个题项,在每天上网超过4小时的前提下,如果下面8个问题的回答都是肯定回答,可以诊断为网络成瘾。

1. 你是否着迷于互联网?
2. 为了达到满意,你是否感觉需要延长上网时间?
3. 你是否经常不能控制自己上网或停止使用互联网?
4. 停止使用互联网的时候你是否感觉烦躁不安?
5. 每次在网上的时间是否比自己打算的要长?
6. 你的人际关系、工作、教育或者职业机会是否因为上网而受到影响?
7. 你是否对家庭成员、医生或其他人隐瞒了你对互联网着迷的程度?
8. 你是否把互联网当成了一种逃避问题或释放焦虑、不安情绪的方式?

2018年9月,国家卫生健康委员会发布《中国青少年健康教育核心信息及释义(2018版)》,对网络成瘾的定义及其诊断标准进行了明确界定。

根据《中国青少年健康教育核心信息及释义(2018版)》,网络成瘾是指在无成瘾物质作用下对互联网使用冲动的失控行为,表现为过度使用互联网后导致明显的学业、职业和社会功能损伤。其中,持续时间是诊断网络成瘾障碍的重要标准,一般情况下,相关行为需至少持续12个月才能确诊。

 ## 心理测试:了解你的网络依赖程度

这里有一个专业的测验量表,你可以用它来帮助你判断自己对网络的依赖程度。请根据自己的实际情况回答下列问题。

1. 你有多少次发现你在网上逗留的时间比你原来打算的时间要长?
完全没有(1分)　　很少(2分)　　偶尔(3分)　　经常(4分)　　总是(5分)
2. 你有多少次忽视了你的家务活而把更多的时间花在网上?
完全没有(1分)　　很少(2分)　　偶尔(3分)　　经常(4分)　　总是(5分)

3. 你有多少次更喜欢互联网的刺激而不是与亲人之间的亲密?

  完全没有(1分) 很少(2分) 偶尔(3分) 经常(4分) 总是(5分)

4. 你有多少次与陌生的网友形成朋友关系?

  完全没有(1分) 很少(2分) 偶尔(3分) 经常(4分) 总是(5分)

5. 你生活中的其他人有多少次向你抱怨你在网上所花的时间太长?

  完全没有(1分) 很少(2分) 偶尔(3分) 经常(4分) 总是(5分)

6. 你的学习成绩和学校作业有多少次因为你在网上多花了时间而受到损害?

  完全没有(1分) 很少(2分) 偶尔(3分) 经常(4分) 总是(5分)

7. 在你需要做其他事情之前,你有多少次去检查你的电子邮件?

  完全没有(1分) 很少(2分) 偶尔(3分) 经常(4分) 总是(5分)

8. 由于互联网的存在,你的学习表现或学习效率有多少次遭受影响?

  完全没有(1分) 很少(2分) 偶尔(3分) 经常(4分) 总是(5分)

9. 当有人问你在网上干些什么时,你有多少次为自己辩护或者变得遮遮掩掩?

  完全没有(1分) 很少(2分) 偶尔(3分) 经常(4分) 总是(5分)

10. 你有多少次用互联网的安慰性的想象来排遣你生活中的那些烦心事?

  完全没有(1分) 很少(2分) 偶尔(3分) 经常(4分) 总是(5分)

11. 你有多少次发现你自己期待着再一次上网的时间?

  完全没有(1分) 很少(2分) 偶尔(3分) 经常(4分) 总是(5分)

12. 你有多少次担心没有了互联网,生活将变得烦闷、空虚和无趣?

  完全没有(1分) 很少(2分) 偶尔(3分) 经常(4分) 总是(5分)

13. 如果有人在你上网时打扰你,你有多少次厉声说话、喊叫或者表示愤怒?

  完全没有(1分) 很少(2分) 偶尔(3分) 经常(4分) 总是(5分)

14. 你有多少次因为深夜上网而睡眠不足?

  完全没有(1分) 很少(2分) 偶尔(3分) 经常(4分) 总是(5分)

15. 你有多少次在下网时为互联网而出神,或者幻想自己在网上?

  完全没有(1分) 很少(2分) 偶尔(3分) 经常(4分) 总是(5分)

16. 当你在网上时,你有多少次发现你自己在说"就再玩几分钟"?

  完全没有(1分) 很少(2分) 偶尔(3分) 经常(4分) 总是(5分)

17. 你有多少次试图减少你花在网上的时间但失败了?

  完全没有(1分) 很少(2分) 偶尔(3分) 经常(4分) 总是(5分)

18. 你有多少次试图隐瞒你在网上所花的时间?

  完全没有(1分) 很少(2分) 偶尔(3分) 经常(4分) 总是(5分)

19. 你有多少次选择把更多的时间花在网上而不是和其他人一起外出上?

  完全没有(1分) 很少(2分) 偶尔(3分) 经常(4分) 总是(5分)

20. 当你下网时,你有多少次感到沮丧、忧郁或者神经质,而这些情绪一旦回到网上就会无影无踪?

  完全没有(1分) 很少(2分) 偶尔(3分) 经常(4分) 总是(5分)

评分方法与结果解释：

将20道题的分数累加。

20~39分：你是一个普通的网络使用者。你有时可能会在网上花较长的时间冲浪，但你能控制你对网络的使用。

40~69分：由于互联网的存在，你正越来越频繁地遇到各种各样的问题。你应当认真考虑网络对你生活的全部影响。

70~100分：你的互联网使用正在给你的生活造成许多严重的问题。你需要现在就去解决它们。

建议：

此问卷仅作为了解自己使用，如果有疑问，请咨询专业人员。

第二节　大学生网络成瘾的心理调适

一、扩大兴趣爱好，丰富大学生活

兴趣是最好的老师，拥有广泛兴趣的大学生会拥有更多的人生体验，这也是一个人具有健康心理的条件之一。和高中生相比，大学生可供支配的时间更多，这给大学生无节制地上网提供了便利，但同时也给他们参与更多的课外活动和社会实践，更多地扩大自己兴趣上创造了非常好的环境，因而大学生应积极增加兴趣、爱好，主动参与社会实践。大学生多学习一些自己感兴趣的技能，让自己的课余时间变得更加的丰富，对于减少对网络的依赖具有非常积极的现实意义。

二、拓展交际交往，增加人际沟通

网络的虚拟性，在满足了大学生网民网上娱乐消遣的同时，还能让他们在虚拟世界变换各种角色，和各种人打交道，更容易获得一种成就感，这也是导致许多大学生逃避现实、活在网络中的主要原因。现实世界中大学生严重欠缺人际沟通能力、交往能力等，因此，大学生应该主动走出象牙塔，多多接触、了解社会，参加集体活动、拓宽现实交际圈，增加同学之间的交往机会，养成善于与人合作、乐于与人分享的生活态度。大学生在充分享受现实世界与人交往的乐趣中，不仅可以掌握人际交往的方法，还能提升感情和获得人格的魅力。

三、制定上网计划，严格用网时间

有一定网瘾的大学生，自控能力较差，往往沉溺于网络而不可自拔。因此，努力增强自控能力，严格控制上网时间显得格外重要。要做到这一点，除了需要具有完好的自控力外，还要做好两件事情：一是要明确上网的任务，在上网之前把自己此次上网的任务列出清单，带着目的去上网；二是能够切实制定好每天的学习和生活计划，什么时候该做，什么时候不该做，包括上网的次数和时长都纳入计划。相信只要拥有毅力、恒心，严格地执行计划，养成习惯，每一位大学生都可以成为自己网络的主人。

四、做好生涯规划，树立人生目标

对于每一位大学生而言，在大学阶段做好自己的生涯规划，同时树立人生目标是最核心的必修课之一。很多人说，大学里有时觉得无聊便上网了。曾有一项调查显示，大学生网民上网的主要目的，第一是游戏，第二是聊天，第三是网上购物，第四是看新闻，第五是求职，第六是听歌。显然，反观大学生，由这些上网目的不难看出，只有当目标不明或者失去目标的时候，才会觉得无聊，才会沉浸在虚拟的网络世界之中，因此迅速树立人生目标，且切实做好生涯规划，并全力以赴，才是充实生活、调节心理、促进发展的必由之路。

五、寻求心理治疗，恢复心理健康

网瘾患者在现实生活中需要有充实的精神生活和娱乐，可以一起寻找其他的爱好替代网络，如游泳、打球、登山、旅游等户外运动。

有一部分人行为难以控制，带有冲动控制或者强迫色彩，需要考虑配合药物，在专业医师系统的指导下来控制网瘾的强迫和冲突，就像治疗强迫症一样，情况比较复杂，需要药物加上心理治疗、认知行为治疗。医学界用于治疗网瘾的药物主要为抗抑郁药和情绪稳定药这两大类。药物疗法之所以能在一定程度上起到戒除网瘾的作用，是因为药物可以抑制多巴胺等神经递质的产生，降低人的兴奋度。已出现心理障碍、精神症状及人格改变等严重的网瘾患者，必要时需要住院治疗。

最后提醒大家，与物质依赖的成瘾行为相比，网瘾患者没有受到任何摄入物质的影响，是一种最为单纯的行为成瘾。所以，针对网络成瘾的问题，要未雨绸缪，以预防为主，社会、学校、家长等多方面配合营造好的环境。

阅读材料

心理影片《网络妈妈》

《网络妈妈》是根据江西省劳动模范、全国十大优秀母亲、中国互联网十大新闻人物——江西省弋阳县网络妈妈刘焕荣的爱心事迹再度创作的一部真情故事片。

故事发生在江西省赣东北地区一个美丽而又纯朴的小山城。在这座小山城有一所农垦学校，学校里有一位清纯可爱、聪明活泼的初中生，名叫刘学萍。在学校里她是一位勤劳好学、积极向上的班干部，在家里她是一个肯干家务、极其孝顺的孩子，奶奶和父母都非常喜欢她。

这一天，她参加学校组织的植树造林活动。她和同学们一样，正干得挥汗如雨、起劲的时候，忽然，山火爆发，火势凶猛，同学们慌忙择路而逃。刘学萍为了照顾落下的同学，不小心掉进了火坑，熊熊火焰迅速吞噬了她……待她醒来时，她才知道自己在医院躺了几天，一直昏迷不醒。此刻，她看到自己的手和脚时，她被惊吓了，她不敢直视自己。天天守护她的母亲，看见女儿醒来，擦干眼角的泪水，对她百般呵护，并反复对女儿说："闺女你不能！活下去！活下去！"医护人员也变着法子给她讲故事，吹口琴，鼓励她。

手术之后,她终于活了下来。但大火给她留下了满身的疤痕,十个手指也只有一个拇指完好,她成了一个重度残疾人。灾难之后,生活完全改变了。现在在她眼中一切都变得很艰难,她甚至想结束自己的生命。妈妈带她去散心,当她看见蝴蝶在花丛中翩翩起舞时,她笑了,对妈妈说:"妈妈,我会好好活下去,活着真好!"担心了无数个日夜的母亲一下子泪流满面,紧紧地搂住了她。

日子一天天过去,她开始苦练生活自理,渐渐地,她像正常人一样走路、洗脸、吃饭、穿衣,还帮家里干家务……长大成人,刘学萍希望自食其力。她找了一些单位,大家都同情她,但谁也不愿意接收她。她向垦殖场领导提出工作申请,垦殖场领导帮她安排了一份收费员工作,她非常珍惜这份工作,常常带病工作。在这个工作岗位上,她刻苦自学,上了函授中专,后来从收费员转做出纳、会计。日子一天天过去了,姑娘长大了,奶奶和妈妈要为刘学萍找门亲事,可是,大火使刘学萍失去了生育能力。遇到爱却不能爱,她只好拒绝了向她求婚的退伍军人夏雨林……

时代在飞速地发展着,计算机和网络成了日常生活和工作中一个重要的角色。为了与时俱进,天生好学的刘学萍在家人和朋友的帮助下,借来一台老式电脑,开始学起了电脑。她不能像正常人那样,只能用一个拇指夹着一支笔来打字。她曾练得血迹斑斑,不停地练,终于掌握了电脑的基本操作。后来,她装上了宽带网。她上网从不主动加友,别人加了她,她才加别人。有一些青少年沉迷于网络游戏,刘学萍在网上真诚地与他们沟通,渐渐地使这些迷途的孩子戒掉了网瘾,学习成绩大幅度提高,孩子的父母深为感激。她得到了广大小网友及家长的爱戴,被网友们亲切地称为网络妈妈。

小清到底怎么了?

小清总是在网络上花费大量的时间,她自己也觉得这样不好,可是就是控制不了。有时候刷刷微博、抖音等APP,时间就转瞬即逝了。而且小清总觉得不能控制自己,网络上有太多有意思的消息,有趣的视频以及看不完的电视剧、综艺和电影。小清总是立志今天看完这一集就不再看了,可是总有层出不穷的新节目吸引她的视线。

小清怎么了?她的网瘾是什么原因导致的?

 推荐阅读:《鼠标上的青春舞蹈:青少年互联网心理学》

雷雳著,华东师范大学出版社2010年11月出版。

推荐理由:互联网的普及,给社会生活带来巨大的改变,青少年的成长和发展也同样受到互联网的影响,甚至产生了诸如网络成瘾这样的话题。如今不少人谈网色变,通过这本书,我们可以从实证研究的角度,了解网络是如何影响青少年的学习、自我发展的,以及青少年在网络使用中的心理和行为规律,并对网上亲社会行为与偏差行为、音乐使用、购物意向、信息焦虑、服务偏好等有比较深入的把握。同时,这本书对于评估青少年上网心理及行为,引导青少年健康上网、避免网络成瘾等问题,也有非常具体的探讨。

本章思考与练习

1. 什么是网络成瘾?试举例说明。
2. 大学生网络成瘾有哪些原因?
3. 如何针对大学生网络成瘾进行心理调适?

第十二章 大学生择业与就业心理

 / 引子：跳槽 /

小王毕业于某高校机电工程专业，一年时间内换了6份工作，并且每份工作的时间呈递减趋势。第一份工作做得最长，在一家日资企业做工程师，干了6个月；第二份工作是在一家民营企业做技术员，干了3个月，而今年的3个月内频繁地换了4份工作，做过市场推广、程序员、售后服务等。最后一份工作仅一个星期就辞掉了。现在的他，每天在各种人才招聘网站上不停地投简历，重复习以为常的流程：面试、再投简历、再面试……

他总是不停地寻找自己心仪的工作和岗位，也不知道自己到底最适合什么职业，更不清楚该如何适应职场。

本章我们将通过学习大学生在求职择业过程中的心理偏差，找到调适的方法，学会职业目标管理、职场人际关系处理，以适应未来职场。

第一节　择业心理误区

一、择业的概念及类型

（一）择业的概念

大学生择业是指大学生依据自己的职业期望和职业兴趣，凭借自身的职业能力选择职业，使自身能力素质与职业需求特征相符合的过程。

（二）择业的类型

1. 国家项目就业

（1）大学生志愿服务西部计划。

西部计划全称为大学生志愿服务西部计划。这一计划是2003年由团中央、教育部、财政部和人事部等四部委联合启动的，主要是在教育部公布的全日制普通高校中，每年选拔招募一批应届毕业生，到西部12个省（市、区）贫困县的乡镇一级从事为期1～3年的教育、卫生、农业技术、扶贫以及青年中心建设和管理等方面的志愿服务工作。

(2) 特岗教师招聘计划。

特岗教师招聘计划即农村义务教育阶段学校教师特设岗位招聘考试。此项目于 2006 年 6 月启动,由省级教育厅拿出计划方案,由省级自考办或相关考试机构负责报名考试。考试课目按特设岗位的实际要求,由教育学、教育心理学、英语三个部分组成,每部分分值均为 50 分,共计 150 分。

(3) 公务员招录计划。

公务员考试录用制度是我国干部人事制度改革的一项重大内容。1982 年,劳动人事部在《吸收录用干部问题的若干规定》中首次提出了考试录用的要求。1989 年 1 月,国家在一些部门中试行补充非领导职务,采取"公开考试、严格考核、择优录用"的公务员考试录用制度。

(4) "三支一扶"计划。

2006 年,中共中央组织部、人事部、教育部、财政部、农业部、卫生部、国务院扶贫办以及共青团中央联合发出通知启动高校毕业生"三支一扶"计划,即"支教、支农、支医和扶贫工作"计划。该计划从 2006 年开始连续 5 年,每年招募 2 万名高校毕业生,安排到乡镇从事 2~3 年的支教、支农、支医和扶贫工作。

(5) 大学生村官计划。

选聘高校毕业生到村任职工作从 2008 年开始,连续选聘 5 年,选聘数量为 10 万名,每年选聘 2 万名。选聘对象为 30 岁以下应届和往届毕业的全日制普通高校专科以上学历的毕业生,重点是应届毕业和毕业 1~2 年的本科生、研究生,原则上为中共党员,非中共党员的优秀团干部、优秀学生干部也可以选聘。

(6) 大学生应征入伍。

大学生征兵是指部队每年从应届大学毕业生中招收义务兵,从 2013 年开始征兵工作由冬季改为夏秋季征兵,时间调整为 4 月份开始,毕业生也可以在 10 月份回生源地人民武装部报名参加应征。

2. 直接就业

绝大多数大学生毕业后会选择直接就业,就业单位性质一般为国有企业、民营企业、三资企业、私营企业等。

3. 继续深造

大学生可以在毕业前选择专升本、出国留学、考研等继续深造方式,来继续完成学业。

4. 毕业生选择自主创业

国办发〔2002〕19 号文件中明确规定:"鼓励和支持高校毕业生自主创业,工商和税收部门要简化审批手续,积极给予支持。"2003 年 5 月,国办发〔2003〕49 号文件中再次提醒:"鼓励高校毕业生自主创业和灵活就业。凡高校毕业生从事个体经营的,除国家限制的行业外,自工商部门批准其经营之日起 1 年内免交登记类和管理类的各项行政事业性收费。有条件的地区由地方政府确定,在现有渠道中为高校毕业生提供创业小额贷款和担保。"

5. 灵活就业

灵活就业是指在正规形式就业之外的其他就业形式,主要是指在劳动时间、收入报酬、工作场地、保险福利、劳动关系等方面不同于建立在工业化和现代工厂制度基础上的、传统的主流就业方式的各种就业形式的总称。

二、择业心理

(一)择业心理的概念

择业心理指的是大学生在选择职业的过程中,对与职业选择有关的事物的一种认知、情感、态度等。

(二)择业心理存在的问题

1. 择业观念落后

由于社会主义市场经济体制的不断发展,在计划经济体制下形成的大学生分配制度被彻底打破,但是人们已经习惯的包分配观念还依旧存在,自主择业的择业观念还没有完全被家长及大学生接受。另外,多种经济成分的并存与单一的就业观念的矛盾日益突出,旧的择业观念仍然左右着部分大学生及家长的思维,造成大学生择业观念落后,产生心理问题。

2. 社会不正之风的影响

由于新的就业制度还不完善,社会上不正之风的影响渗透到了大学生就业领域,双向选择过程中凭关系择业还有一定的市场,"优先优荐""优先优选"的原则不能得到充分的体现,以至于出现优先不一定有好工作,差生凭借关系照样能找到好工作的现象,这些现象的存在影响了大学生就业的公平竞争,造成部分大学生心理上的不平衡,从而产生一些心理问题。

3. 家庭因素的影响

一些家庭在传统思想和观念的支配下,为上大学的子女设计了一个理想的就业蓝图,并千方百计地帮助子女安排工作,家长希望自己的子女选择的职业工作环境好、社会地位高、薪酬高、无风险又稳定。家长按照自己的想法给子女安排一切,往往不考虑子女的主观愿望和个性特点及能力特长,加之家长和子女得不到统一,或者家长的行为与学校的教育相矛盾,往往导致大学生择业的矛盾心理。

4. 缺乏系统的就业指导

一些学校只注重专业技能的学习与传授,放松了对毕业生的思想教育,忽视了就业指导工作,对大学生择业中出现的心理问题缺乏分析和研究,对就业观念、择业技能和技巧缺乏系统的指导,导致大学生在择业过程中出现的心理问题未能及时得到缓解。

5. 大学生自身素质的影响

一些大学生自身素质不强,或者心理发展不成熟,承受不起挫折与失败;或者由于自身学习成绩较差,动手能力不强,缺乏实践工作经验;或者由于放松对自己的要求,道德修养差,胸无大志,只考虑眼前利益;或者由于缺乏对自己的正确认识,不能正确评价自己。这些素质的欠缺导致竞争实力欠缺,直接导致大学生在求职择业过程中产生一定的心理障碍。

三、十个择业心理误区

心理误区是人在心理上特别是在认识和个性上陷入某种无出路而不能自拔的状态,本人对此缺乏开创意识。因此,大学生在择业过程中由于缺乏对自我和社会全面的认知,容易出现以下心理误区。

1. 定位不准

有部分大学生进校后不以为然,认为求职择业尚早,毕业时再考虑也不晚,殊不知这样的心理造成的不良后果,将使大学生站在求职择业的十字路口无方向、无目标,不清楚自己是谁,想做什么、能做什么、最终要想的职业是什么,找到的工作不是太高,就是太低,给用人单位造成眼高手低的不良影响。个人职业定位不准和缺乏对现实就业情况的了解,导致在择业过程中盲目、犹豫不决,不利于个人未来的发展。

2. 期望值过高

择业的期望值是指大学生对职业在多大程度上能满足个人期望的评估,适中的期望值是大学生正确择业的一个关键条件。但是近年来随着市场经济的不断深入,在社会转型期,人们的思维方式、价值观念、行为准则和生活方式都在发生着变化,新的价值取向在形成,市场经济的效益原则已深深地影响着大学生的择业观,使大学生择业观念的多元化趋势越来越明显。受经济利益驱动和拜金主义、享乐主义、实用主义等不良社会思潮的影响,大学生择业的期望值居高不下。

3. 怕受挫折

有的大学生在择业时不积极、不主动,独立面对竞争激烈的职场时感到胆怯,甚至束手无策。大学生大多是独生子女,从小到大的生活环境温馨自由,很少受到打击和挫折,自知自己在大学期间学的是理论知识,没有太多的实践技能,也缺乏实际工作经验,担心说错话给用人单位留下不良的印象,从而缩手缩脚,不敢应战,结果错失良机。

4. 焦虑抑郁

择业焦虑是与大学生就业相关的因素引发的对个人就业前景无把握的一种内心不安的状态。面对人生重大选择,不能预知后面可能发生的事情,对未来的不确定,导致不少大学生焦虑不安。大学生从大学走向工作岗位,即将进入一个陌生的环境,内心担忧自己能否完全胜任岗位工作、如何处理职场人际关系、工作单位是否有利于个人发展。面对这些问题,不少大学生患得患失,对未来充满焦虑。

5. 缺乏信息感应能力

大学生择业的过程就是将有关职业信息进行处理的过程。择业就是对与职业相关的信息综合后得出的结论。大学生在择业过程中拥有良好的信息感应能力,有利于大学生正确处理专业能力、就业信息、个性特长之间的关系,为自己找到适合的职业奠定基础。但由于长期以来受到计划经济时代遗留下来的等、靠、要等消极思想的影响,加上高校也没有专门培养大学生的信息感应能力,大学生在信息感应能力方面存在着盲目性、被动性和片面性。有些大学生整天在招聘网上投简历,成天往人才市场跑,以侥幸的心态去找工作,而忽视了诸如学生就业主管部门、报纸、亲朋好友等渠道提供的有针对性的就业信息。

6. 自卑自负

一些大学生在求职过程中,由于客观原因产生了自卑心理,如非名牌大学、冷门专业、家庭经济单薄、社会资源贫乏等。有些大学生由于主观因素,如自身素质和就业竞争力过低、性格内向、不善于表达、自控能力差等自卑。还有的是部分用人单位在招聘时,要求工作经验或其他门槛,而大学生大多数缺乏工作经验或工作经验不足,一些大学生一旦碰壁,便产生自卑心理,自觉低人一等,常常会精神不振、整日唉声叹气、内心孤寂,导致求职屡屡受挫。大学生一且产生自卑心理,无疑会影响大学生在人才市场上的正常竞争,无形中降低自己择业的心理高度。有的大学生表现为过高评价自己,认为自己是天之骄子,认为大学生就应该干体面的工作。

阅读材料

对自己说"我可以"

小李是一名工科男,大学期间专业学习成绩好,参加学科竞赛也曾获得多项奖,可是就是性格内向、不善言辞。眼看即将毕业找工作,一想到进入面试现场,面对企业HR的提问,他就感觉心里发怵、手足无措,眼睛也不知道该往哪里放,面对HR更是每次都低着头,心里七上八下的。回答问题时,声音小,还经常会卡壳,对原本非常熟悉的问题也回答得磕磕巴巴,甚至还出现过答非所问的现象。这样的状态让小李自己也很委屈,原本心仪的工作由于面试不过关,导致错过。

为了找到解决问题的方法,小李主动求助学校心理咨询中心的教师,希望通过心理干预来改变自卑心理。心理教师了解了导致小李自卑的原因,同时教他克服自卑的方法,让他不要被过往纠缠,放眼向前看,尽量把自己的特长和优点写在纸上,把用人单位面试的问题列出来,每天起床后大声告诉自己"我可以",多练几次,从心里暗示自己不比别人差。

除此外,心理教师还让小李多参加集体活动,多在班上或者团队里演讲,训练上台发言的勇气和信心,每次遇到自己不敢做的事情时,心中默念"我可以"。经过一段时间的训练,小李终于可以应对自如地参加企业面试,并顺利进入一家IT企业工作。

7. 从众、随意

部分大学生错误认为经过艰辛的高考,进入大学就好了,普遍认为刚进大学谈就业尚早,等到毕业时再考虑也不迟,结果导致大学生在大学期间,既缺乏对社会的认识,又缺乏对自我的认知,不能客观地分析自身的实际情况和社会的需求。因而,临近毕业找工作时,看到其他同学有目标地找到心意的工作,便乱了阵脚,产生随大流的从众心理,赶紧随意找个工作,以消除同学的议论,但他们这样找工作草率简单,对职业和工作岗位了解甚少,往往在工作中缺乏自信心,瞻前顾后,勇气不足,人云亦云,没有主见,缺乏工作中应有的冷静处事能力和应变能力,容易心情急躁、盲目攀比、牢骚满腹。

8. 依赖心重

有些大学生从小学到大学,凡事都是父母包办,自己习惯了在温室里生活,独立性较差,时间久了往往产生依赖心理。大学毕业后,他们不愿意独自去面对社会的竞争,希望通过学校、家长和亲朋好友的帮忙,找到一份稳定的工作。他们不是凭自身的才能在人才市场上竞争,而是把希望寄托在学校推荐或父母、亲朋好友的"关系网"上,安于自己命运由学校、家长、亲朋好友操纵,一切听从别人的安排。有了依赖心理的大学生,找工作时不积极,找到了工作也不能全身心地投入,造成被就业的局面。

9. 盲目攀比

攀比心态在国人中比较普遍。例如,"我"要买件名牌衣服,不管是否需要,只管面子上好看。不少大学生也存在这样的心态。许多大学生在衡量事物时,尤其是在自己的价值能否得到承认时经常互相攀比,特别是在择业时,与同学之间比工作单位名气、比收入、比职位,一旦出现某个比自己条件差的同学找到了比自己好的工作,心理上就很不平衡,觉得自己找不到理想的工作很没面子。

大学生求职不从自身实际出发,而是与同学盲目东攀西比,只会导致高不成、低不就,错失就业机会,给自己的职业发展徒增烦恼。因此,大学生应该实事求是,本着做好自己的心态,正确面对自己的职业选择。

10. 缺乏决策能力

有些大学生,从小到大顺从于父母,缺乏应有的决策能力,在择业时毫无主见,这山望着那山高,这花看着那花俏,参加招聘会投递简历,也是走马观花、左右徘徊、举棋不定。特别是一些社会需求比较大的专业的大学生,在几个单位之间挑来挑去,迟迟拿不定主意,甚至有些大学生还要带上父母一起去企业面试,听父母的意见才能决定是否去就职,结果让企业 HR 百思不得其解,错失良机。有些大学生虽然心中有了意向单位,但仍然抱着等一下、看一看的念头,把面试签约等流程一拖再拖。

阅读材料

离家近,还是离家远

小李毕业于某财经学院的会计专业。他是一个开朗热情的人,对自己的面试也做了充分准备。但是,小李有个致命的弱点,就是面临决策时总是优柔寡断,等到错失良机后才后悔莫及。

求职找工作时,小李也和其他同学一样,开始了面试生活,每天过得很充实。期间他也面试过多家企业,可是不知道什么原因,总是在通过两三轮的面试和笔试后就没有了下文。

直到毕业前一个月,小李同时接到了两家公司的好消息,它们都决定录用小李。开心之余,小李有点发愁了:一家公司是在省外发达城市,工作环境很好,制度也很健全,薪酬和发展前景都不错,但关键是离家远;而另一家公司是在省内小城市,公司规模和知名度,以及提供的岗位和薪酬都一般,只是离家近,每周有时间回去看父母。这让即将毕业的小李无从选择。

小李真是左右为难,一边不想放弃高薪工作,到大城市发展的机会,另一边又不想离家太远。最终,小李与父母商量,听取老师、同学的意见,才做了最后的决定。不然,他又将错失良机。

第二节 择业心理调适

求职择业是大学生走进社会的第一步。在求职择业过程中,大学生要面对陌生的环境、陌生的人及未知的问题,难免会觉得焦虑不安,只有具备良好的择业心理,大学生才能应对求职过程中的各种成功与失败。因此,良好的择业心理对大学生能否成功就业具有十分重要的意义。

找不到适合的工作

某大学酒店管理专业一学生,大四择业时成功应聘一家酒店,工作以后才发现自己并不喜欢现在的工作,但又不敢轻易跳槽,因为他找不到自己的优势,更不知道自己适合做什么样的工作,因此十分痛苦。

当被问及他为什么选择这个酒店工作时,他说自己当时听家人说酒店工作环境好、收入高,自己没认真了解就报考了这个专业。现在从事这个工作以后,他才发现自己不喜欢这个专业,也不具备这个工作要求的职业能力。

他分析自己性格有些内向,胆子比较小,与人交往的时候说话吞吞吐吐,遇事急躁,不淡定。

其实,每个人都有自己的优缺点,但我们要把自己放在合适的位置,让优点突显出来。小李喜欢时尚杂志,喜欢流行服饰,喜欢画画,基于他的性格和爱好,他可以在完成大学学习之后,选择更适合自己的工作,如服装设计师、平面设计师、时尚杂志策划等。

每种类型的人都既有自己独特的优势,也有自己的劣势。只有找到自己最适合的工作,才能扬长避短,最大限度地发挥自己的潜能。

一、心理调适的概念与途径

(一)心理调适的概念

调适,又称心理调适,是指改变或扩大原有认知结构,以适应新情境的历程。大学生在择业过程中,不可避免地会遇到困难、挫折和冲突,引发各种心理问题,既不利于个人身心健康,也不利于求职就业。心理调适的作用就在于帮助大学生在遇到挫折和冲突时,能够客观地分析自我与现实,有效地排除心理困扰,控制和调节自己的情绪,从而保持一种稳定而积极的心态,维护自己的身心健康,人尽其才,各得其所。

所谓自我心理调适,就是自己根据自身发展及环境的需要对自己的心理进行控制调节,从而最大限度地发挥个人的潜力,维护心理平衡,消除心理困扰。大学生学会自我心理调适,能够帮助自己在择业遇到困难、挫折和心理冲突时,进行自我调节与控制,化解困境,排除困扰,改善心境,寻找最佳途径实现自己择业的理想和目标,不至于因受挫而使情绪一落千丈或丧失信心。因此,大学生要充分认识心理调适的积极作用,提高自我调适的自觉性,增强承受挫折、化解冲突和矛盾的能力,及时调整自己的心理状态,促使心理健康,顺利择业。

(二)心理调适的途径

1. 职业目标清晰

清晰的职业目标,是每个大学生有明确人生信念的写照。大学生经历了十几年的学习,经历了十几年人生观的改造,人生目标和职业目标在脑海里已经都很稳固,也很牢靠。大学生应从实际出发,从自身专业特长中找到自己适合职业的兴趣爱好。

2. 了解就业形势与政策

对大学生来说,面临就业抉择,应该首先关注的是就业形势与政策。针对大学生在择业过程中出现的心理问题，学校会着重分析大学生当前面临的严峻就业形势和造成就业形势严峻的原因，引导大学生估计到就业应有的难度，正确为自己定位，克服在择业中的盲从心态，认清现实，做到在择业时有的放矢，量力而行。

3. 做好就业前的知识技能储备

随着高校毕业生就业制度的转变，加上全国高校招生规模的逐步扩大，大学生面临的就业竞争十分激烈。因此，大学生要有效提升就业竞争力，增强综合素质，并培养适应社会的能力。大学生在大学期间要扎实学好专业知识，积极参加学科知识竞赛，以巩固课堂知识，同时还要积极参加第二课堂学习、创新创业大赛和各类社会实践活动，培养自身的独立生活能力、人际交往能力，以及创新精神和创新意识。

4. 明确个人价值观

价值观是指对个体来说很重要或个体很想要的东西，或者是个体应该去做的事情。

价值观在人们的职业生涯发展中起到极其重要的、决定性的作用，甚至超越了兴趣、性格对我们的影响。当我们有矛盾冲突或妥协与放弃时，常常也是出于价值观的考虑。

大学生在选择企业时，也要了解企业的价值观是否与自己的价值观相吻合，自己是否认同企业的价值观。

5. 客观认识和评价自己

大学生在大学期间要利用各种机会充分锻炼自我，在过程中客观地认识评价自己，根据自身实际情况，不断提升各种能力，并在各种活动、项目中，修正和改进自身的不足。大学生的自我评价一定要适度，如果评价过高，将使自己脱离实际；如果评价过低，往往因忽视自身的长处而缺乏自信。这些都不利于把握机遇，从而错失就业机会。

6. 评估职业环境

大学生应根据所学专业，对专业所对应的职业环境，做一个全面、充分的了解，而且要客观、准确、透彻。越早了解职业环境，越有于今后职业方向的选择。评估职业环境也会促使大学生提前对职业环境的利弊做充分的心理准备，有效提高初入职场解决问题的能力。

7. 竞争意识

走到大学毕业，一路上，学生时代的我们，每天都要面对大大小小、形形色色的竞争，各年段成绩的竞争、每次考试名次的竞争、升学时名额的竞争，还有中考和高考的升学竞争，现在到了就业竞争。竞争让大学生一路勇敢前行。竞争意识，不需要强化，都装在心中。因为这个社会变化太快，有时候淘汰一个人，都不说声拜拜。所以大学生应时刻保持强烈的竞争意识，在这种心理的作用下，保持旺盛的精力，勇敢地面对每一次竞争。

8. 培养独立意识

大学生在校期间有意识地培养自己的独立意识是十分重要的。大学生要培养自己独立生活，发展各种基本生活技能的能力，摆脱家庭的关怀呵护，学会自立；要注重培养独立处理学习和生活、应付工作的能力；要在思想上和心理上走向独立，独立处理面对的各种问题，不断完善自己的思想体系。

二、心理调适的方法

(一)自我激励法

自我激励法主要指用生活中的哲理、榜样的事迹或明智的思想观念来激励自己,同各种不良情绪进行斗争,坚信未来是美好的,因为失败、挫折已经成为过去,要勇敢地面对下一次,尽可能地把不可以预料的事当成预料之中的,即使遇到意外事件或择业受挫,也要鼓励自己不要惊慌失措、冲动、急躁,而是开动脑筋、冷静思考、寻找对策。

(二)注意转移法

注意转移法即把注意力从消极的情绪转移到积极的情绪上。当不良情绪出现时,可以采取转移注意力的方法寻找一个新颖的刺激,激活新的兴奋中心,以抵消或冲淡原来的兴奋中心,使不良的情绪逐渐消失。

(三)适度宣泄法

当遇到各种矛盾和冲突、引起不良情绪时,个体应尽早进行调整或适度宣泄,使压抑的心境得到缓解和改善。个体较好宣泄的方法是向挚友、师长倾诉忧愁、苦闷,使不良的情绪得到疏导。在倾诉烦恼的过程中,可以获得更多的情感支持和理解,获得认识和解决问题的新思路,增强克服困难的信心。

(四)自我安慰法

自我安慰法又称自我慰藉法,关键是自我忍耐。在择业中,大学生常常会遇到挫折,当经过主观努力仍无法改变时,可适当地进行自我安慰,以缓解动机的矛盾和冲突,解除焦虑、抑郁、烦恼和失望情绪,这样有助于保持心理稳定。

(五)合理情绪疗法

合理情绪疗法认为,人们的情绪困扰是由于不正确的认知即非理性信念所造成的,因此,通过认知纠正,以合理的思维方式代替不合理的思维方式,可以最大限度地减少不合理的信念给人们的情绪带来的不良影响。

自我调适的方法有很多,如环境调节法、自我静思法、广交朋友法、松弛练习法、幽默疗法等。这些都是应变的一些方法,最主要的是大学生要树立正确的择业观,对择业要充满信心,要注意磨炼自己的意志,培养乐观豁达的态度,不要惧怕困难、挫折,始终保持积极向上的精神状态和健康的心理。

总之,在择业求职过程中,大学生应提高自我调适的自觉性,立足于自身的努力使自己保持一种良好的心态。同时,社会、学校和家庭各方面也应提供热忱的关注和积极的引导,帮助大学生面对现实,排除心理困扰,缓解不必要的心理压力,促使他们尽快实现角色转换,顺利走向工作岗位。

第三节　职业生涯规划与目标管理

一、职业生涯规划发展

(一)生涯与职业生涯

生涯,顾名思义,生为"生命",涯为"边际"的意思。生涯即为人的一生、有限的人生历程。目前,大多数西方学者所接受的生涯的定义是舒伯的论点:生涯是生活中各种事件的演进方向和历程,它综合了人一生中的各种职业和生活角色,由此表现出个人独特的自我发展形态。

职业生涯是一个人一生的工作经历,指个人从正式进入职场直到退出职场这段时间内有关的经历、态度、需求、行为等过程,如演艺生涯、教师生涯、军人生涯、运动员生涯等。

职业生涯规划就是个体在知己(自身条件与特点)、知彼(社会需求)的基础上,根据自己的职业倾向,确定自己最佳的职业奋斗目标,并为实现这一目标做出行之有效的安排。

大学期间的职业生涯规划属于职业准备规划,是每个大学生在努力完成学业的同时,从各方面提升职业核心能力,充分储备好内职业生涯,为将来走入职场打下坚实的基础,让自己今后工作以后如愿获得应有的外职业生涯。

阅读材料

拿了导游证却做不了导游

朱同学是某知名师范学院旅游管理专业的学生,学习成绩优秀,多次获得学校奖学金。她平时上课认真做笔记,专心听讲,得到任课老师和同学的一致好评。她第一次考导游证时,便顺利通过,并拿到导游证。就是这样一位优秀的学生,毕业后却不能成为一名优秀的导游。

原来,朱同学平时为人老实、性格内向,因此通过几次带团后,发现不适合做导游。因此,有人认为,专业知识不重要,会带团讲解、善于与客户沟通、能及时处理游客的需求才是王道。但也有人认为,专业知识是基础,不能以偏概全。

知名企业 HR 认为,在旅游这个行业,沟通表达能力十分重要,有时候甚至超过了一个人的专业技能。因为导游需要为游客讲解景点,需要与上级、同事沟通,良好的表达和沟通可以起到事半功倍的效果。导游在带团的过程中会用到一些专业知识,但不是全部,所以刚入职的大学生应尽快补学专业知识以外的其他知识,并迅速提升工作能力。

(二)职业生涯规划的方法

1. 归零思考法

最简单的职业生涯规划方法,即通过五个问题来思考自己的职业生涯规划与设计。由于每个问题的前面都有一个英文字母 W,所以归零思考法也叫"5W"法。下面来看看这五个问题。

(1) Who am I ?（我是谁？）

(2) What will I do ?（我想做什么？）

(3) What can I do ?（我会做什么？）

(4) What does the situation allow me to do ?（环境支持我做什么？）

(5) What is the plan of my career and life ?（我的职业与生活规划是什么？）

现在我们就可试试：先取出五张白纸、一支铅笔、一块橡皮，在每张纸的最上边分别写上以上五个问题，然后静下心来，排除干扰，按照顺序，独立地仔细思考每一个问题。

2. 系统化规划法

职业生涯规划是一个长期的、连续的过程，需要有一套系统的步骤来确保规划的顺利完成，包括客观认识自我、评估职业机会、确定职业目标和路径、制定行动策略、高效行动、与时俱进、灵活调整等步骤。

(1) 客观认识自我。

职业生涯规划是一个由内而外的过程，因此每个大学生在制定职业生涯规划时，首先要先认识自己。大学生应做好自我评估，包括自己的兴趣、爱好、特长、性格、学识、专业、技能、智商、情商、思维方式等，也就是说大学生要清楚自己到底想干什么、能干什么，在众多的职业面前选择最适合自己的。

①兴趣——喜欢做什么。

兴趣是指建立在需要的基础上，带有积极情绪色彩的认识和活动倾向，是个人对所处环境中的人、事、物所产生的喜爱程度，是个人力求认识、掌握某事物，并经常参与该种活动的心理倾向。当个人对某事物有兴趣时，会对它产生特别的注意力，对该事物感知敏锐、记忆牢固、思维活跃、情感浓厚。

职业兴趣是指人们对某种职业活动的关注程度以及乐于从事某职业活动的稳定、积极而持久的心理倾向。职业兴趣是一个人职业生涯取得成功的重要推动力。浓厚的职业兴趣能够最大限度地调动人的潜能，使他长期专注于某一方向，愿意为之付出艰辛的努力，并最终取得职业生涯的成功。

霍兰德生涯理论的基础主要由以下3个基本假设组成。大多数人的人格特质都可以归纳为6种类型，即现实型、研究型、艺术型、社会型、企业家型和常规型。工作环境也有6种类型，其名称、性质与人格类型的分类一致，如表12-1所示。人与职业环境的类型匹配是形成职业满意度、成就感的基础。人们都尽量寻找那些能突出自己特长、体现自己价值和能令自己愉快的职业，所以一个人的行为表现是职业环境类型和人格类型相互作用的结果。

表12-1 霍兰德职业兴趣类型

类 型	特 征	典型职业
现实型(R)	愿意使用工具从事操作性工作，动手能力强，做事手脚灵活，动作协调。偏好于具体任务，不善言辞，保守，较为谦虚。缺乏社交能力，喜欢独立做事	工程师，机械师，动物专家，机械工（车工、钳工、电工等），火车、长途汽车司机，机械制图员，修理师

续表

类型	特征	典型职业
研究型(I)	抽象思维能力强,求知欲强,不愿动手。喜欢独立、富有创造性的工作。知识渊博,有学识才能,不善于领导他人。喜欢逻辑分析和推理,爱探讨未知领域	气象学者,生物学者,天文学家,药剂师,医生,化学家,科学报刊编辑,地质学者,物理学者,数学家,科研人员,科技作者
艺术型(A)	有创造力,渴望表现个性、实现自身的价值。做事理想化,追求完美,不重实际。具有一定的艺术才能。善于表达、怀旧、心态较为复杂	室内装饰专家,摄影师,音乐教师,歌唱家,作曲家,作家,演员,记者,诗人,编剧,雕刻家,漫画家
社会型(S)	喜欢与人交往,善言谈,愿意教导别人。关心社会问题,渴望发挥自己的社会作用。寻求广泛的人际关系,比较看重社会义务和社会道德	社会学者,社会工作者,社科类教师,学校领导,福利机构工作者,导游,咨询人员,护士
企业家型(E)	追求权力和物质财富,具有领导才能。喜欢竞争、敢冒险、有野心。为人务实,习惯以利益、权利、金钱等来衡量做事的价值,做事有较强的目的性	项目经理,销售人员,营销管理人员,广告宣传员,政治家,政府官员,企业领导,法官,律师
常规型(C)	尊重权威,喜欢按计划办事,细心、有条理,习惯接受他人的指挥和领导,自己不谋求领导职务。喜欢关注实际和细节,较为谨慎和保守,缺乏创造性,不喜冒险和竞争,富有自我牺牲精神	记账员,会计,出纳员,法庭速记员,成本估算员,税务员,打字员,图书馆管理员,办公室职员,统计员,计算机操作员,秘书

②性格——适合做什么。

性格是在后天的成长环境和教育环境中逐渐形成的,比较稳定的、独特的行为方式和个性倾向。"江山易改,本性难移",说的就是性格。

MBTI 从四个维度考察个人的偏好倾向,以区分人与人之间的差异,这四个维度如图 12-1(a)所示。

四个维度两两组合,可以组合成 16 种性格类型,如图 12-1(b)所示。

③价值观——最看重什么。

价值观就是我们在生活和工作中所看重的原则、标准或品质。它是我们一生中最重要的,不轻易放弃或妥协的东西。

职业价值观是一种处理事情、判断对错的标准,是在面临抉择时的一项思维依据。不同的价值观会产生不同的行为模式,而行为决定结果。

④能力——擅长做什么。

能力是指能迅速和准确地完成某种活动所必须具备的个性心理特征。它是影响活动效果的基本要素。如果一个人的能力符合某项活动的要求,能力较强,那么他就会很容易地、高质量地完成任务;反之,如果一个人不具备某项工作所要求的能力,能力较差,则他不能很好地完成工作。

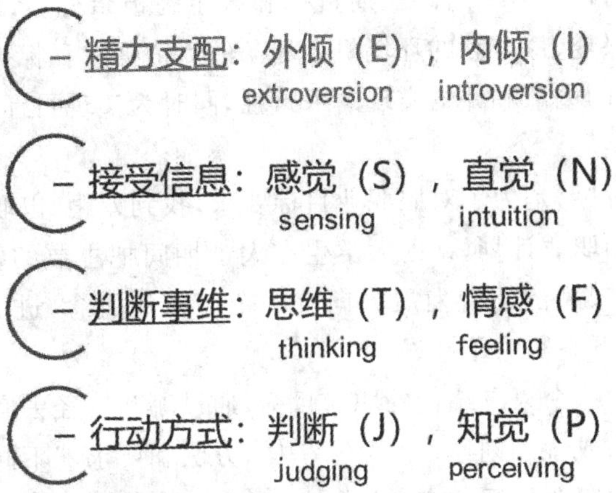

- 精力支配：外倾（E），内倾（I）
  extroversion   introversion
- 接受信息：感觉（S），直觉（N）
  sensing   intuition
- 判断事维：思维（T），情感（F）
  thinking   feeling
- 行动方式：判断（J），知觉（P）
  judging   perceiving

(a)

ISTJ 内倾感觉思维判断 稽查员	ISFJ 内倾感觉情感判断 保护者	INFJ 内倾直觉情感判断 咨询师	INFP 内倾直觉情感知觉 治疗师、导师
ESTJ 外倾感觉思维判断 督导	ESFJ 外倾感觉情感判断 供给者、销售员	ENFJ 外倾直觉情感判断 教师	ENFP 外倾直觉情感知觉 倡导者、激发者
ISTP 内倾感觉思维知觉 操作者、演奏者	ISFP 内倾感觉情感知觉 作曲家、艺术家	INTJ 内倾直觉思维判断 智多星、科学家	INTP 内倾直觉思维知觉 建筑师、设计师
ESTP 外倾感觉思维知觉 发起者、创设者	ESFP 外倾感觉情感知觉 表演者、演示者	ENTJ 外倾直觉思维判断 统帅、调度者	ENTP 外倾直觉思维知觉 企业家、发明家

(b)

图 12-1 MBTI 性格理论

(2) 评估职业机会。

职业生涯规划需要在系统地自我评估之后，进行深入的环境探索，包括探索职业世界和职业环境分析。探索职业世界主要包括建立职业的概念，探究专业和职业的关系，了解职业世界的宏观发展趋势，了解职业的分类和人才市场的需求，把握具体职业，特别是自己适合的职业对人员的各种要求、条件和待遇等。职业环境分析主要包括宏观层面的社会环境分析、中观层面的行业和地域环境分析及微观层面的组织环境分析。

职业机会评估是职业生涯规划中的一个环节。通过职业生涯规划确立职业发展目标的时候，个体会有一个方向性的选择。但在这个方向实施的过程中，个体会遇到许多的工作机会。但并不是所有的机会都适合个体，也并不是所有的工作机会都能够满足个体的要求。在这种情况下，就需要进行职业机会评估，看看这个工作机会是否符合个体的兴趣，能否发挥个体的优势特长，能否为个体未来的发展带来足够的成长空间。

(3) 确定职业目标和路径。

职业目标的设定是职业生涯规划的关键。一个人事业成功与否，很大程度上取决于有无合理、适当的目标。大学生进校后,应尽早结合自身情况和所学专业,找到奋斗的方向,确定职业目标。通常目标有短期目标、中期目标、长期目标和人生终极目标。设立目标,要以自己的最佳才能、最优性格、最大兴趣、最有利的环境机会等条件为依据。目标确定后,还需要对目标进行仔细分解,以利于目标的澄清和评估实现的可行性,同时为实现目标制定具体可行的实施方案。

大学生设定未来职业目标,是为了对照职业目标要求,找到差距,以职业目标为标准,做好自己大学四年的学业计划和职业计划,帮助大学生在大学期间把主要的资源和努力集中在最重要的事情上,在头脑中对未来的职业发展方向有一个清晰的概念,进而形成很强的就业能力,为将来胜任目标职业打下坚实的基础。

职业生涯发展路径是指一个人围绕他的职业目标,通过哪些途径去实现它,是走专业技术路线,还是走行政管理路线,或者是创业。路径不一样,方法和要求就不同,关键是个体走的路线是否更有利于实现个体的职业目标。有人说,成功的人可以无数次修改方法,但是不轻易放弃目标;不成功的人总是修改目标,就是不改变方法。目标一旦确定,不宜经常改变,可以调整节奏。

因此,大学生在制定职业生涯规划之前,必须根据自身实际情况和就业环境,结合职业目标,做出发展路径选择,以便有序安排大学四年的学习和工作,沿着可行的职业生涯发展路径坚定地走下去。

(4)制定行动策略。

职业生涯规划行动策略就是实现职业目标的行动计划,一般都是具体、可行的。在确定职业目标后,行动成了关键环节。没有达成目标的行动,目标就难以实现,也就谈不上事业的成功。这里的行动主要是落实目标的具体措施,主要包括教育、培训、实践等方面的措施。例如:在学业方面,计划在什么时间考取什么证书;在职业素质方面,计划在哪个阶段拓展哪些知识、掌握哪些技能、开发哪些潜能等。

(5)适时调整。

计划赶不上变化。任何事物都受自身及外部条件的影响,都在运动变化中。职业生涯规划也要随着时间的推移而变化。影响职业生涯规划的因素很多,有的变化因素是可以预测的,而有的变化因素难以预测。

大学生最初在制定职业生涯规划时,对自我的了解不全面,对职业环境分析不够全面,导致职业生涯规划模糊不清或不合理。经过一段时间的实践体验以后,大学生应有意识地回顾自己的行为得失,检验自己的职业定位与职业方向是否合适,达到及时评估职业生涯规划是否合理的效果。因此,要使职业生涯规划行之有效,就必须不断地对职业生涯规划进行评估和修正。一般修正的内容包括职业的重新选择、人生目标的修正、实施措施与计划的变更等。

二、职业目标管理

(一)目标与职业目标

1.目标

职业生涯规划就是个体在知己(自身条件与特点)、知彼(社会需求)的基础上,根据自己的职业倾向,制定最适合的职业奋斗目标,并做出行之有效的行动计划。

目标就是个体真正想要的东西或达到的一种状态。

2. 职业目标

职业目标是指个人在选定的职业领域内未来时点上所要达到的具体目标,包括短期目标、中期目标和长期目标。

首先,个体必须设定一个职业目标,并对发展路线进行评估,选择一条适合自己发展的路线。唯有发展路线选择对了,才有可能顺利达成既定目标。否则,前进的道路必将受到阻碍。其次,要进行目标需求分析。个体可以根据公司的岗位说明书,也可以从人才招聘网发布的招聘信息中搜寻岗位需求信息。这些岗位需求,就是实现这个目标岗位所必须具备的基本条件。再次,个体要进行目标分解。个体可以把自己的目标分解为几个阶段,然后分阶段去完成。个体可以将目标分成长期目标、中期目标、短期目标,甚至可以细分到每月、每周都可以。最后,目标实施。职业目标经过详细分解后,就进入了实施阶段。职业目标的实施是一个漫长的过程,伴随着整个职业生涯。

 阅读材料

你看到了什么

学校召开大型校园招聘会,教师带了3名艺术设计专业的大一学生去体验、了解用人单位的招聘需求情况。

走进招聘会现场,人头攒动,热闹非凡。走到一半时,教师问道:"你们看到了什么?"A同学兴奋地说道:"今天参加招聘的师兄师姐着装好漂亮,完全不像学生呢!"B同学沮丧地说:"招聘的企业真多,但是我们都达不到它们的条件。"C同学自信地说:"看到几家广告公司在招聘设计专业的岗位,虽然有些要求我现在还达不到,但是我知道了差距,接下来我会不断提升自己。"教师高兴地说:"C同学,你一定会成为一名真正的设计人员。"

此次参观招聘会的目的是了解用人单位的需求情况。A同学被师兄师姐的漂亮着装吸引;B同学有点丧气,缺乏正能量;C同学目标明确,具有较强的觉察能力。因而,教师认为C同学有目标地进行学习,一定会成为真正的设计人员。

(二)职业目标管理

目标管理概念出自于美国著名管理学家彼得·德鲁克(Peter F. Drucker)于1954年出版的《管理实践》一书。在该书中,德鲁克首先提出"目标管理与自我控制"的主张。随后他在他的《管理——任务、责任、实践》一书中对目标管理做了进一步的阐述。德鲁克指出,并不是有了工作才有目标,而是相反,有了目标才能确定每个人的工作。

目标管理的最大优点在于它能使人们以自我控制的管理来代替受他人支配的管理,激发人们发挥最大的能力,把事情做好。

1. 职业目标管理的五个阶段

第一阶段:设定目标,"我"想要什么。

第二阶段:分解目标,"我"要做什么事情。
第三阶段:制定计划,什么时候做。
第四阶段:执行计划,怎么做事情。
第五阶段:回顾总结,接下来怎么做。

2. 职业目标管理原则

制定目标应该符合 SMART 原则。SMART 是由五个英文单词的首写字母构成。

(1)S(specific)——目标必须是具体的。

也就是说明确做什么、达到什么结果。

(2)M(measurable)——目标必须是可衡量的。

可衡量是指目标应该是清楚明确的,而不是模糊的,应该有一组明确的数据,作为衡量是否达成目标的依据。

(3)A(attainable)——目标必须是可以实现的。

目标设定要坚持员工参与、上下左右沟通,使拟定的工作目标在组织及个人之间达成一致,并通过大家的共同努力可以达成。

(4)R(relevant)——目标必须是具有相关性的。

目标要与企业的发展战略高度相关,体现出目标从上到下的传递性。如果实现了这个目标,一定会推动其他目标的达成,如果目标与企业的发展战略不相关,即使达到了,意义也不是很大。

(5)T(timetable)——目标必须具有明确的时间节点。

目标是以时间为基础的,任何一个目标的设定都应该考虑时间节点的限定。例如,"我"将在 2020 年 5 月 30 日之前完成某事,5 月 30 日就是一个明确的时间限制。

3. 职业目标分解

职业目标分解是指将人生目标或者说最后想实现的终极目标分解成短期目标、小目标,就像把年终目标分解到每个月到每周再到每天,分解成容易实现的、具体的、当下的目标。

4. 践行职业目标

在职业目标确定之后,最重要的便是采取措施与行动,制定积极的行动方案。一个完整的行动方案,应该包括要达到的具体目标、时间、方法、措施。

按照制定的行动方案,现在应该做什么,就立即行动;需要什么资源,就设法去创造,不要考虑得太多,最重要的是尽快干起来。

根据职业目标,个体可将自己的目标分解成年目标、月目标、周目标、日目标。日目标完成的情况直接影响到周目标,周目标直接影响到月目标,月目标又影响到年目标,最后影响到整个目标的实现。因此,在执行行动方案的过程中,应当做到今日事今日毕,确保每个目标如期完成。

职业目标一旦明确,个体就应瞄准目标,集中自己的时间、精力、资源、财力和脑力等一切可以调动的能量,聚焦于目标,淡化困难和障碍,奋发进取。有了明确的目标,个体便可排除无益于目标的活动和干扰,经得起打击和挫折的磨炼,使自己沿着既定的轨道努力前进。

本章思考与练习

1. 联系实际谈谈大学生有哪些择业心理误区？
2. 大学生在求职择业过程中应该怎样调试自己的心理状态？
3. 联系实际谈谈自己怎样做好大学生的职业生涯规划。

第十三章 大学生创业心理教育

引子:怎样成为双创升级弄潮儿?

大学生是时下双创升级背景下创新创业最大的生力军,而创新创业是实现人生价值的重要途径。心理学研究表明,20~29岁是创造力最为活跃的时期,是创造能力觉醒阶段,因此,走创新创业之路是当下大学生促进自身发展的不二选择。

当前,很多大学生都在参与创新创业活动,然而,近年来的数据显示,高校大学生参与双创热情高而质量低,无法满足高质量发展的升级目标。《全球创业观察(GEM)2017/2018中国报告》显示,18~34岁群体约占创业者总数的50%。在2002—2017年这15年里,中国低学历创业者比例逐渐下降,初中及以下学历创业者比例由14.2%逐渐下降到6.3%,高学历创业者比例有所提高。虽然中国创业者的失败比例由8%下降到2%,但是创业失败的比例有所上升,由25%上升到2017年的41%。这说明,随着技术进步和社会发展,成功创业对创业者的能力要求不断提升,这些能力既包括外在能力,又包括心理素质等内在能力。

面对国家双创升级,各类创新创业大赛铺天盖地而来,大学生应如何应对呢?如何内外兼修,不断提高创业能力和创业质量呢?目前大学生们存在着不少困惑:"我身边很多同学都入驻了学校的科创园,我很想抓住这一难得的时代机遇,但是不知道从何入手。""我还听说,大学生创业的成功率不到1%,我很害怕失败。同时,我还很困惑的是,参与创新创业一定要创办属于自己的企业吗?""我创办了自己的企业,但是遭遇了各种问题,团队建设、资金筹措、产品营销等一系列问题接踵而至,我感到很困惑,有时也很无助,不知道我的选择能否一直坚持到底。"……

本章强调理论联系实际,将从创业心理概述、创业心理指导和创业历程解析三个方面着手,希望为大学生高质量的创新创业提供一些有益指导和帮助。

第一节 大学生创业心理概述

一、创业心理基本概念

(一)大学生创业的提出和发展

创业是指通过利用各种资源包括人力和资本来创造价值,以产品或服务的形式贡献给消费者,同时自身获取利润并取得发展的过程。大学生创业是指在校正在接受大学教育的学生及刚毕业还没有找到工作的大学生,通过家庭、学校、社会等方面学习创业实践活动所必须具备的知识能力,根据自身经验,发现和捕获机会,并由此创造产品或提供服务,并在不断变化和充满风险的动态过程中实现其经济价值、社会价值和自身价值的过程。

心理学开始关注创业是在20世纪中叶以后。早期的研究通过分析创业者的人格特征来研究和预测创业行为发生的概率,但解释力和预测力都比较低。随着信息化技术的发展,高新技术产业的创业成为主流。国内外心理学家借助认知研究和社会认知理论,来研究人格特质、能力、认知行为和环境条件等影响创业的因素,来解释和预测创业行为。

(二)大学生创业的相关概念

1. 创业教育

创业教育既不同于基础理论和专业知识的教育,也不同于单纯的思想政治教育,有其独特的目标和要求。根据联合国教科文组织提出的概念,创业教育要培养学生的第三种能力。第三种能力是与学术能力和职业能力不同的一种能力,是一个人应当具有的事业心和开拓技能。

2. 创业意向

创业意向是个体计划在将来进行创业的决定和选择偏向。

3. 创业能力

能力是人顺利地完成某种活动所必须具备的那些心理特征。能力是由多种品质所构成的系统,具有复杂的结构。创业能力包括意识层面和行动技能两个方面。其中意识层面包括首创和冒险精神,行动技能包括创业的能力、独立工作的能力、技术能力、社交能力、管理能力。

创业能力结构模型如图13-1所示。

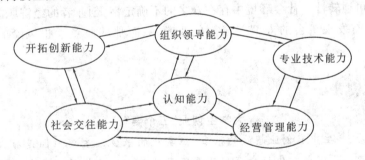

图13-1 创业能力结构模型

4. 创业人格

创业人格是创业者在创业过程中体现的人格特质,根据美国卡鲁创业企业家协会对75位创业企业家所做的研究,创业企业家心理素质特征大体可归纳为11个方面:健康的身体、控制及指挥的欲望、自信、急迫感、广泛的知识、脚踏实地、超人的能力、崇高的理想、客观的人际关系态度、情绪稳定、迎接挑战。

5. 创业社会支持

创业社会支持是指获取创业帮助和支持的可能性,包括政府政策和规程、社会舆论、资金和非资金支持、创业技能培训、创业指导等。

大学生创业团队苗壮成长

成都小微众媒科技有限公司（以下简称小微众媒）于2015年8月成立，其前身是在四川工商学院参加中国第一届"互联网＋"大学生创新创业大赛的校园团队，创立之初四川工商学院给予团队创业辅导以及创业经费支持，并给小微众媒引荐专业的项目孵化机构创梦空间进行项目辅导。在创立之初，团队面临着极大的市场问题，学校针对项目的问题进行专业指导，并经过创业导师的项目推介，成功完成了团队由不成熟到成熟的转变，并针对团队在经费、政策、人才、技术方面的问题进行指导解决。在学校积极推动下，小微众媒成功在2016年完成了数百万元的营业额。

2017年，小微众媒旗下创立成都铱悦广告有限公司、成都星辰大海文化传播有限公司，现合作客户逾千家。

6. 创业社会适应

大学生创业社会适应是指大学生在创业过程中，达到大学生与校园环境、社会环境等互动的状态和过程。

7. 创业自我效能感

创业自我效能感是指个体能够成功扮演创业者角色和完成相应创业任务的自信强度。创业自我效能感在充满风险和挑战的创业领域能最好地解释和预测创业行为。

8. 创业良好决策

创业决策是创业者面对商业机会时所做出的抉择取舍。它具有常规决策的属性，如风险性、过程性和不可逆转性。社会环境中存在众多的不确定性，创业者的经济职能就是承担不确定性，并不是所有发现机会的人都能成为创业者，只有那些愿意承担风险的人才能成为创业者。

大学生创业"五个要"

1. 要自信。大学生中有创业想法的很多，但实践的很少。主要原因是有太多大学生有创业失败的经历，造成不少大学生如今有想法无行动的局面。这样的现象归根结底还是在于大学生对自己信心不足。创业是需要激情和信心的，只有建立了自信，才能继续往前走。

2. 要创新。从某种意义上讲，创新甚至可以决定创业成功与否，这是创业中必不可少的要素，包括技术和思维的创新。一些具有知识产权的发明创造，可能为创业者带来广阔的市场。

3. 要务实。如今的许多大学生不乏创新精神，但创新一定要建立在务实的基础之上。现在的很多大学生，提到创业想到的就是高科技，开大公司，做大买卖。其实，哪怕是摆个地摊，也是创业。很多成功人士都是从小做起，从实际做起的。

4. 要积累。创业是一个系统工程，需要不断地积累。例如行业经验、社会人际关系、管理能力等方面，这就需要一个知识的整合、经验的积累，这也是要求大学生要懂得务实、从小做起的原因，因为这些能力要不断地积累才能获得。

5. 要吃苦。无论你问哪个创业者，他都会无一例外地告诉你创业的艰辛，这种艰辛只有经历过的人才会懂。因此,大学生创业一定要做好吃苦的准备,调整好心态。有了良好的心态,又勇于吃苦,自然就为创业成功打下了良好的基础。

二、大学生创业心理的理论体系

创业心理主要研究在创业行为发展过程中,创业者这一主体的心理现象及其行为规律。特别是随着近年来大众创业万众创新劲头日盛,作为心理学的一个分支,创业心理理论需要有自己的概念框架和体系,以对社会中存在的创业现象进行解释。对此,国内外众多学者提出了不同的观点。

(一)菲利普·藩的创业倾向模型

菲利普·藩等人指出,以往针对创业成功的大量研究,比较关注创业者资源获得和价值创造的过程,很少关注创业者的先备条件和创业倾向。因而,菲利普·藩针对新加坡大学生群体探讨了该群体背景、经验及创业的信念和态度对创业倾向的影响,并由此构建了理论假设模型(见图13-2)。研究结果显示:随着受教育水平的提高,尤其是正规教育的培训,个体的创业态度反而会有所削弱;个体对自身创业特质的自信和认可度与创业倾向显著相关;大学生的创业态度和创业倾向也存在显著相关。

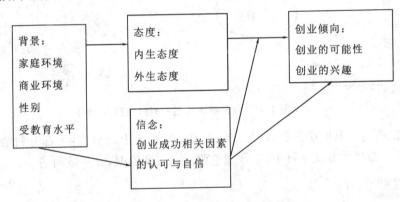

图13-2　菲利普·藩的创业倾向模型

(二)贺丹等人的创业倾向模型

贺丹等人提出了涉及社会环境、校园环境、个体创业背景因素、人格特质等相关维度的创业倾向模型(见图13-3)。他们认为,个体特质和个体背景通过影响创业态度,进而影响创业倾向;而环境因素直接对创业倾向起作用。在此模型假设下,他们针对408名学生群体进行访谈和问卷调查,结果验证了该模型的可靠性。

贺丹等人的理论模型和研究不论是在个体特质、个体背景方面还是在环境因素上都包含了较多因素和层面。同时,他们将人格特质分为企业家特质和学生特质,可见他们看出了不同创业群体间的创业人格特质可能存在差异。但该模型和研究仍存在一些不足。

(三)创业心理学理论体系

在整个创业心理的理论体系构建中,创业心理的研究建立在对影响创业的因素分析之上,综合考察环境、创业者和社会文化因素对于创业的影响,但着重考量创业者内在因素在其中的作用。相关研究模型如图13-4所示。这就为创业心理的研究规划了一个范围,即研究创业过

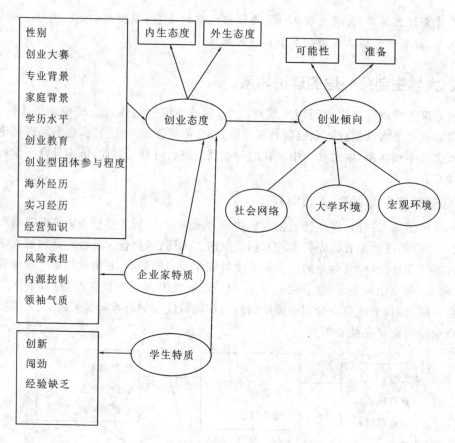

图 13-3　贺丹等人的创业倾向模型

程中人的心理、行为及其影响因素,在总结创业的心理内容上,仍将各个部分归结于已有完整学科体系的其他心理学分支学科中,结合理论假设和实证依据,分别做阐述。

李瑞豪——95 后少年的创业榜样

李瑞豪,男,1997 年生,四川德阳人,四川工商学院 2016 级财务管理专业学生。四川维立方教育科技有限公司(交易代码:812147)执行董事兼总经理、西南商业模拟挑战赛组委会常务主席、四川省文艺传播促进会文化创意专委会副秘书长;2018 年被共青团中央、全国学联和中国青年报社分别授予"2017 年度全国大学生创业英雄百强"称号和"中国大学生自强之星提名奖",被四川省就业训练中心授予"2018 年度优秀创业者"称号。

公司创办后,李瑞豪带领他的创业团队一边勤奋学习,一边忙碌于工作。凭借第一次举办心青年商业模拟挑战赛的经验以及对国内外商业大赛的规模、流程、举办方式等的全面了解,结合当前素质教育发展的需要,李瑞豪团队决定举办首届西南商业模拟挑战赛。他们希望通过此次商赛,在各中学间搭建起相互交流的平台,打造中学生的交流圈和交际圈,逐步破除高分低能现象。他带领团队设计比赛规程,以公司创办的流程为基础,模拟企业的管理运营,并设置层层关卡,对参赛选手的团队精神、管理能力、决策能力、风险意识等进行全方位考评。先

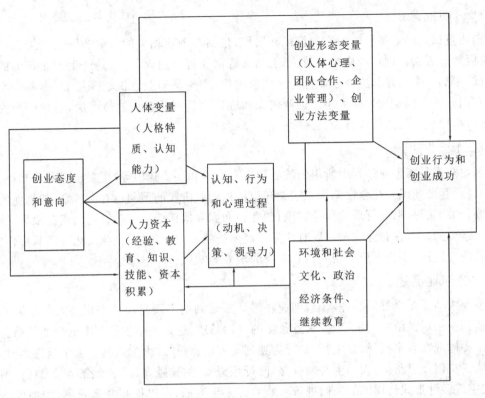

图 13-4　创业心理学理论体系的构建

进的大赛理念,不仅吸引了省内各大城市的学生,更吸引了远在广东、广西的中学生前来参赛。截至目前,他们已成功在四川地区举办了数十届各类赛会活动,服务全国数千名参赛学子。

2016 年 9 月,李瑞豪顺利考取四川工商学院。在辅导员老师的推荐下,他的创业项目顺利入驻大学生创新创业俱乐部,并得到学校的资金扶持和导师的一对一辅导。入驻期间,李瑞豪团队在学校计算机专业导师的指导下,自主开发了商业模拟挑战赛赛事承载系统和模拟电子政务大厅等软件系统。2016 年 11 月,李瑞豪带领团队顺利入驻四川省大学生创新创业中心加速孵化。公司通过成功举办第二届西南商业模拟挑战赛暨第三届心青年商业模拟挑战赛,迅速与一家投资机构达成意向合作。

第二节　大学生创业心理指导

一、大学生创业教育指导的内容

促使大学生形成创业意识与个性心理品质,掌握创业能力与相关知识是大学生创业教育指导的目标,这就决定了创业教育指导的基本内容包括创业意识的培养、创业知识的学习、创业能力训练以及创业品质的培养等。

(一)创业意识

创业意识是创业过程中的心理特征和属性,包括与创业相关的需要、动机、兴趣、理想、信念、价值观等因素。创业动机是发动、指引和维持创业行为的内驱力,是产生创业行为的前提和基础,影响一个人是否选择创业行为。创业兴趣、理想是创业意识较高层面,影响一个人是否开心创业以及创业成果的大小。创业信念和价值观是创业意识的最高层,引导一个人的创业方向,指导一个人的创业行为。

(二)创业知识

创业知识是指创业过程中所用到的各种现有经验和必备知识等,主要包括专业知识、相关知识、经营管理知识和综合性知识。这类知识根据创业阶段的不同也有所区别,如创业的准备期需要公关、文秘、财务管理等预备知识,创业初期需要伙伴选择、市场体验、资源聚集、项目规划、经营学等知识,在企业成长发展时期需要经营战略与产业先进、企业文化与团队协作精神、组织行为与发展、企业资源计划和核心能力的培养等知识。

(三)创业品质

创业成功需要良好的心理素质,创业心理品质对创业实践起调节作用。大学生需要具备如下的创业品质。第一,大学生应具备独立的个性品质,这是大学生最基本的创业品质。这种品质主要体现在自主抉择、自主行为、行为独创等方面。第二,大学生具有善于交流、合作的心理品质。在创业道路上,大学生必须摒弃"同行是冤家"的狭隘观念,学会合作与交往。通过语言、文字等多种形式与周围的人们进行有效的交流与沟通,可以提高办事效率,增加成功的机会。第三,大学生具有敢于行动、敢冒风险、敢于拼搏、勇于承担行为后果的心理品质。立志创业,必须敢闯敢干,有胆有识,才能变理想为现实,所以这一品质又称为敢为性。第四,大学生具有敢于克服盲目冲动和私利欲望的心理品质。在创业过程中,大学生要善于克制,使自己的活动始终在正确的轨道上进行,不会因一时的冲动而引起缺乏理智的行为。同时大学生还要自觉接受法律的约束,接受社会公德和职业道德的约束。第五,大学生具有坚持不懈、不屈不挠、顽强努力的心理品质。大学生必须有一颗永远持之以恒的进取心,遇事沉着冷静,思虑周全。创业过程是一个长期坚持努力奋斗的过程,在创业过程中纵有千难万险,也不轻易改变初衷、半途而废。第六,大学生具有善于进行自我调节、适应性强的心理品质。面对市场的千变万化,激烈竞争,大学生能够灵活地适应变化,成为创业成功的关键所在。同时,大学生要能用积极的态度看来自工作和生活的压力,能够保持良好的心理,勇敢面对压力与挫折,做到"胜不骄,败不馁"。(前文已对创业能力进行了探讨,在此不再赘述)

 想一想:ofo 失败的原因何在?

2018 年 12 月 19 日,申请退还 ofo 押金的用户排队已经接近 1 115 万位,按照最低每位 99 元押金计算,ofo 的欠款超过 11 亿元,若按照 199 元计算,ofo 的欠款则高达 22 亿元。

初创时的 ofo,简单的校园模式一天可撑起 200 万单,一年收入 3 亿多元人民币,利润 3 000 万~4 000 万元。朱啸虎只是简单地认为"在 A 股上市没问题"。

曾经从北大校园走出来的大学生成功创业的项目,为何会遭遇"滑铁卢"?

二、大学生创业指导实施路径

目前,在我国高校中大学生创业教育指导比较多见的实施方法有学科教学、"第二课堂"活动锻炼、创业基地实践孵化、校园文化熏陶等。

(一)学科教学

学科教学主要通过第一课堂的必修课、选修课等教学方式对大学生进行创业教育指导。必修课如商学院学生的创业学基础与训练等课程,主要讲述与创业相关的理论知识和技能等。选修课主要包括面向全校学生开展的大学生创业指导、职业生涯规划、SYB 创业培训、KAB 创业培训等相关课程,也包括任课教师在课堂教学中渗透创新创业思想教育。

(二)"第二课堂"活动锻炼

"第二课堂"主要指社会实践、毕业前实习锻炼、创新创业大赛等模拟实践活动。前两种方式是每个大学生必须参加的学习,这些学习有助于促进他们创业思想萌芽。创新创业大赛更是激活了学生的创业精神,促进了创新型人才的诞生。当前,比较知名的创新创业类大赛包括中国"互联网+"大学生创新创业大赛、"挑战杯"全国大学生课外学术科技作品竞赛、创青春全国大学生创业大赛、中国大学生服务外包创新创业大赛、全国大学生创新创业训练计划年会展示、全国大学生电子商务"创新、创意及创业"挑战赛、"天府杯"创业大赛、"中国创翼"青年创业创新大赛等。

(三)创业基地实践孵化

由学校成立创业基地,对在萌芽期、诞生初期、发展初期的创业企业进行指导性实践孵化是常见的指导方式。学校一般会成立创业教育指导的领导小组,并设立专项经费用于创业教育指导的硬件投入和成功孵化工作。

(四)校园文化熏陶

环境能在不知不觉中影响一个人的思想观念和行为。大学生创业教育指导的另一途径就是校园文化的熏陶,既包括展板、宣传栏、校园广播、电视台、活动等实体的校园环境及校园文化的建设,也包括网上学生社区、创业微博微信、网络课程等虚拟网络环境建设与引导。

三、大学生创业心理自助

(一)创业心理自我测试

开启创业征程,干出一番伟业,是很多大学生的梦想。然而,光有梦想是不够的,在决定开始创业之前,不妨先停下来想一想"我适合创业吗?","大学生创业心理自助测试量表"分别从不同层面对被试进行判断。通过回答这些问题,个体就可以知道自己是否能战胜对手经营自己的事业。

(二)创业心理自助策略

1. 调整思路,寻找创业突破口

已经决定创业的大学生,首先要考虑的就是创业方向的问题——要做什么?所以,创业初期最应该做的就是训练思维习惯。那么,成功的人究竟是怎样思考的呢?拿破仑·希尔总结了上千名成功人士的经历,发现他们都在思考以下三个问题:

"这是一种方法,还有其他的方法吗?"
"如果这样做,在什么时候会有什么样的结果?"
"我这样做,别人会有什么样的感受?"

由这三个问题组成了创业思维训练的三节大脑操。经常让自己的大脑做这些锻炼,或许就能找到创业的起点了。

2. 学会情绪管理,快乐创业

创业路上,注定不是一帆风顺的,因此情绪在所难免。学会情绪管理,有利于创业者在创业路上保持乐观积极的心态,更加全面地挖掘潜能,达到自我超越与自我实现。

创业过程中难免遇到不顺心的事情,当遇到这些事情的时候该如何调整自己呢?可以问自己三个问题:①事情的起因是什么?——是外部原因还是内部原因?②这件事对我的影响有多大,是局部的还是全局的?③它的影响延续多长时间,是短期的还是长期的?经过这三方面的思考,有助于我们清除消极情绪,客观寻找理性的解决办法。表 13-1 所示是在创业过程中常见的一些不合理想法及其校正策略。

表 13-1 部分不合理想法及其校正示例表

导致负面情绪的想法	促使积极情绪的想法
"应该" 我应该是全能的,创业必须成功,否则我就很失败。我没能力,是一个彻底的笨蛋	"希望" 我希望自己有创业的竞争力,我可以通过不断学习和提高自己,变得越来越强
"不可能" 我好几次创业都失败了,我不可能再走创业之路了	"暂时还没有找到方法" 以前创业不顺利,的确有些麻烦。但是这不代表我就不能创业,只是暂时没有找到方法而已
"根本没有办法" 我没有创业经验,性格也内向,根本没有办法创业	"是个挑战" 我没有创业经验,性格也内向,创业对我来说是个很大的挑战,我会更努力、更成功的
"永远如此" 我创业一直不顺利,生意恐怕永远都好不起来了	"到目前为止" 我创业一直不顺利,但这只代表以前。我的生意会好起来的,我一定会找到办法的
"气死我了" 办创业贷款的手续太麻烦了,他们故意刁难我,气死我了	"我生气" 办创业贷款的手续多,太麻烦,的确令人不快,我很生他们的气,但想到贷款有助于实现梦想,我又开始高兴起来了

3. 在生活实践中培养综合心理品质,为创业保驾护航

一个人的综合心理品质不是由上帝或别人决定的,而是在后天的生活实践中陶冶出来的。只要掌握正确的方法,有针对性地锤炼自己,个体就可以拥有良好的综合心理素质。图 13-5 列出来良好创业心理品质构建的四个方面,创业者可以在日常的生活中注意从这几个方面来着手培养创业心理品质。

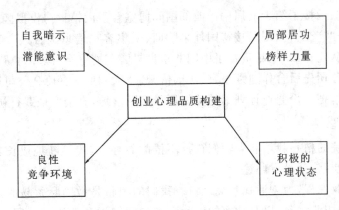

图 13-5　良好创业心理品质构建要素图

问一问：3~5 人一组，找 1~2 位创业朋友访谈

你可以从以下几个问题着手或自拟问题，并做好记录、拍照、整理工作。
◎您最初产生创业的想法是什么时候？是出于什么样的考虑？
◎能简单介绍下你们的团队和你们的创业过程么？
◎家人及周围的朋友对您创业的选择支持吗？
◎您认为创业者应该具有什么样的素质和能力？
◎在您的创业过程中，是否遭遇过挫折或失败？您是怎样面对的？
◎您觉得政府、社会对创业有帮助吗？了解当前政府对大学生创业的扶持政策和力度。
◎您是如何构建您的创业资源的？
◎您对目前有创业意图或者刚开始创业的大学生朋友有什么意见或建议？

第三节　大学生创业历程解析

一、曹坤燕：大赛走出来的创业公司

（一）创业经历

曹坤燕，女，1996 年生，毕业于四川工商学院外语学院 2015 级商务英语专业。四川省匠心竹贸易有限公司、四川省满竹里科技有限公司联合创始人。在校期间主持国家级创业实践项目立项一项，2017 年荣获第二届中国大学生跨境电子商务创新创业大赛全国特等奖，2018 年荣获第四届中国"互联网+"大学生创新创业大赛全国铜奖、四川省金奖，2018 年"创青春"四川省大学生创新创业大赛创业实践挑战赛金奖，第三届"中国创翼"青年创新创业大赛四川选拔赛最佳人气奖、优胜奖，2019 年第十届中国大学生服务外包创新创业大赛全国二等奖，首届西部区域赛一等奖。

创业以来,团队承接了第十七届中国西部国际博览会眉山馆竹房模拟区的布展,并且连续两年参加春秋两季"广交会",现场接待国外采购商、采集客户信息上百人,意向订单两千多万元。不仅如此,团队还在2019年负责了中国北京世界园艺博览会"国际竹藤馆"的展示和售卖区域。一路走来,公司先后合作迪拜皇宫、法国依云、澳大利亚SCOOP公司等。公司秉承"竹编情怀,家乡担当",把一份商业计划书的美好愿景实际落地,脚踏实地践行初心。

(二)创业者感悟

三年来,在学院的精心栽培和老师们孜孜不倦的教导下,我不断地成长着,奋斗着。我认定,既然选择了创业路,就没有归途。

第一,学好专业课程,为创业找到突破口。我们的项目是做国际贸易的,需要较强的英语综合能力和较好的职业素养,以及扎实的国际商务专业知识和熟练的外贸业务实操能力。也正是在课堂上我遇到了创业路上的导师——邹松老师。在她的指导下,我们建立了自己的团队"Ambition",把眉山市传统优势产业竹编和跨境电商相结合,推动传统竹编企业转型发展,不断培养竹编产业外贸专业人才,实现青神竹编产品升级及构建竹生态圈。

第二,不忘初心,珍惜每一次锻炼的机会。我们的项目之所以能走到今天,和学校、社会的支持是密不可分的。2017年,项目的雏形"织竹"项目在第二届中国大学生跨境电子商务创新创业大赛中荣获金奖并得到20万元奖金后,项目成员以此为启动资金创办了公司。虽然公司化运作了,但一旦有创业大赛,我们都会积极参加,因为我们知道,通过大赛,可以不断磨炼我们的项目,得到各界专家大咖的指点,整合资源,提升公司的销量,增强企业品牌的知名度。实践证明,我们的选择是明智的,一路走来,政府、学校都给了我们大力支持。2018年11月,我们获得了政府的60万元投资,与青神国际竹艺城发展投资有限公司合作,成立了四川省满竹里科技有限公司。

第三,摆正心态,正确面对挫折。选择创业必然会面对困难,这时如何面对显得尤其关键了。创业之初,我们欣喜之余,面对冷冰冰的网络,销路成了最大的问题,公司在最苦难的时候连员工的基本工资都四处筹措。但是,我们从来没有想过放弃,面对困难时,团队成员相互鼓励,共同打气,终于挺过了难关。

第四,做好计划,制定长中短期目标。做公司和大学学习一样,需要有明确的目标和发展计划,这样就不会陷入发展窘境了,按照目标一步步地走,这样就可以稳健发展。另外,计划赶不上变化,要根据市场的实时变化及时调整公司发展战略。

(三)专家点评

创业者首先要学会在创业之前做好创业准备,而参加创新创业大赛就是一个有效的途径,曹坤燕的创业之路就是抓住了创业大赛成功突围的一个典型案例。实践证明,曹坤燕及其团队的路子是走对了的。他们的坚持最后赢得了社会的支持和客户的好评。

创业者需要重点考虑的是创后时代,即创业之后能否坚持到底。创业者必须明白,市场是无情的,它并非每一次都会青睐优秀的人才。因此,创业后的团队组建、资金筹措、战略选择等都至关重要,可以说,创业者创业后的每一步都十分重要,一定要慎之又慎。所以,创业者一定要坚持持续学习,因为准备和学习能在很大程度上减小失败的发生,但绝对不可能消除失败。因而,有一次乃至几次的创业失败并不代表什么,持续的努力和不折不扣的坚持才是最重要的。

创业政策大搜索

请通过互联网查阅近5年国家、省、市、校对鼓励在校大学生创新创业有哪些支持政策,请分小组讨论,这些创业支持政策有什么变化,传递了什么信号。如果你是一名创业者,你最关心的创业支持政策是什么?

二、谭锐:连续创业的激情与速度

(一)创业者简介

谭锐,男,汉族,1997年4月生,四川工商学院市场2016级营销专业在读学生,四川蓝海智博集团有限公司董事长,四川工商学院眉山校区大学生创新创业俱乐部理事长。从大一开始创业,连续创业者,创办有成都蓝科智博网络科技有限公司、成都轼辙智博教育咨询有限公司、智博大学生创业街等实体,联合创办了四川合众智博广告传媒有限公司、成都风尚智博体育文化传播有限公司、成都共创智博人力资源有限公司等实体,并于2019年1月创办四川蓝海智博集团有限公司,公司年营业额达1 400万元。

(二)创业者自述

我从大一开始创业,现在已经是第三个年头了。三年来陆续做过网络软件开发、人力资源整合、教育培训、商业管理等项目,从最开始的单体公司发展到现在的四川蓝海智博集团有限公司。一路走来,我最大的感悟就是创业永远需要激情,需要付出。

回想刚开始创业的时候,想法特别简单。因为自己学的市场营销专业,想要寻找一个锻炼的平台,把更多所学到的知识运用在实践上面,所以我的创业之旅开始了。

创梦第一步:成立成都蓝科智博网络科技有限公司。开始的时候,一个偶然的机会我接触到了一个叫作"轻松点"的平台。"轻松点"是一个微信平台,主要是推送一些旅游攻略和本地信息,开发较简单。在朋友的介绍下,我进入了"轻松点"做兼职,一段时间后由于自身表现良好,"轻松点"准备让我成为他们的校园总代理。但是通过一段时间的深入接触后,我发现"轻松点"平台本身有着诸多的不足,产品太过于单一,服务不能跟上学生的需求。在熟悉平台的运营模式后,在家人的支持下,我决定自己成立一家网络公司,在"轻松点"的基础上做功能的完善,开发一款更具有竞争力的校园平台。于是我开始在学校里面组建团队,同时开始着手收集同学们的需求。在大量地收集了同学们的需求后,我们做了较为完善的产品设计。一个面向校园细分市场的垂直平台呼之欲出。一段时间后,通过技术工程师的技术攻关和努力,校园平台成功建立了。令我印象最深的一件事情是:一段时间,由于紧急情况我们需要做产品的大量测试,为了更好地提升产品的体验度,我们收集了很多同学的意见和反馈。几乎每天熬夜到凌晨4点,晚上忙测试,白天忙收集意见与反馈。那段时间过后,感觉自己成熟了不少,也明白了一个道理——创业需要激情,需要付出。

创梦第二步:联合成立成都共创智博人力资源有限公司。在有了第一步"校园综合服务平台"之后,在经过一段时间的运营之后,我们手上积累了大量的用户数据与需求资源。通过整合这些数据,我们分析发现学生对于兼职的需求很大,与此同时,企业对于学生兼职的需求同样大。但是双方都存在盲区,即互相之间的接触较少,无法做到资源的无缝对接。在得出这一结论后,我与我的团队毅然决定将这一块业务从"校区综合服务平台"中剥离出去,单独成立一个项目来运营该项业务。项目一经推出,很快得到了市场的认可,短短两月便有了百万元的流水。我们的人力资源板块就此奠定了基础。通过人力资源这个项目,我明白了一个道理——创业者需要有敏锐的商业嗅觉,一旦发现商机就要果断出击,满怀激情去争取。

创梦第三步:成立成都轼辙智博教育咨询有限公司。在有了一定的人脉资源和资金实力后,我开始关注当今的一些热点项目,如教育、医疗、大健康等,并尝试往这些方向靠近。在经过一系列的考评之后,我们最终选择了教育板块。原因是这个行业门槛相对较低,相对容易出彩。项目伊始,我秉着找专业的人做专业的事的态度,找到了当时相对出名和优秀的某培训机构高管张女士作为我们的项目运营总监。在她的指导与帮助下,我们事半功倍,很快就在行业内小有名气并建立自己的一系列体系。至今,我们的教育板块已经成了我们的主力板块,并在项目发源地——眉山市东坡区,取得了不错的成绩(综合实力位列眉山东坡区前10名)。

创梦第四步:集中精英力量,实现质的转变——成立四川蓝海智博集团有限公司。在上述项目发展得如火如荼的时候,我逐渐意识到管理和规划的重要性。想要做得更大更强,我们就必须集中力量,集中管理,集中规划。在统一思想的情况下,才能有更大的突破。于是在我创业的第三个年头,四川蓝海智博集团有限公司顺势成立了。现在蓝海智博集团作为一个管理中枢,管理着智博旗下的各个板块并成为各项目公司的财务与行政管理中心。在未来,我们要进一步整合资源,力争把蓝海智博集团打造成为一个更高级的管理中枢,并通过自身实力的增大,不断巩固现有优势产业,发展和进军更多的优势产业。

(三)创业者感悟

一路创业到现在,作为一个连续创业者,我收获了很多,也失去了很多。我付出了很多超过同龄人的努力,也收获了很多的创业感悟。

第一,创业需要激情。创业是一个极具挑战力的工作。有句至理名言恰好说明了这一点——在创业中唯一不变的就是变化本身。选择了创业便选择了变化,我们无法预料明天会发生什么,但是我们可以激情满怀,时刻准备着解决问题的态度和激情。

第二,创业需要速度。俗话说,商场如战场,商机稍纵即逝。我们发现了商机后,就需要用最快的速度去获取成功(就如同我们成立人力资源公司一样),不能有太多犹豫,认定了就去做。

第三,创业需要借力。在创业的过程中一定要注意一点,找专业的人做专业的事。站在别人的肩膀上成功往往来得更容易;借助专业的人往往能够避开很多坑,达到事半功倍的效果。

第四,创业到了一定的阶段需要统一战略。项目发展到了后期,往往有很多资源、关系以及发展战略需要协调和解决。这时往往之前的草根创业团队已经不具备继续开拓的能力了,这个时候也是项目最容易失败、由盛转衰的一个节点。在这时,我们需要借助一个工具和平台来统一思想,以求得到更大的突破。

(四)专家点评

创业是一条"不归路",一旦踏上,个中景致,其中辛酸,只有自己知晓。同时,上天只会青睐勤勉者,只要坚持,总会有意想不到的惊喜。

"行到高处,静听风鸣",越是到创业中后期,越是要认真审视,对自己及团队有清醒的认识和定位:自己到底需要什么?自己人生的终极追求是什么?创业究竟是为了什么?

在创业进程中,需要创业精神。创业精神包括两个层面:一是精神层面,创业精神代表一种"以创新为基础的做事与思考方式";第二个是实质层面,创业精神代表"发掘机会,组织资源建立新公司,进而提供市场新的价值"。

本章思考与练习

1.《2017年中国大学生创业报告》指出,中国大学生的创业意愿持续高涨,30%的在校大学生创业意愿强烈。此外,有一定创业意愿的大学生占57.9%,从未想过创业的大学生只占12.1%。2017届本科毕业生自主创业比例为1.9%,2017届高职高专毕业生自主创业比例为3.8%,这一数据与发达国家20%的创业率相去甚远。请思考,为什么部分大学生的创业意向不了了之,很少转化为创业行动呢?

2.当前各类创新创业大赛多得不胜枚举,然而,从大赛中真正落地并走出来的项目屈指可数。请思考,导致这种参与人数多而产品能力不足的原因是什么?你认为,如何才能打通赛创一体的通道呢?

参考文献

[1] 彭聃玲.普通心理学[M].4版.北京:北京师范大学出版社,2012.
[2] 叶浩生,西方心理学史[M].北京:开明出版社,2012.
[3] 侯玉波.社会心理学[M].2版.北京:北京大学出版社,2007.
[4] 蔡玲丽,宋茜,赵春鱼.大学生人际关系自我效能感状况及其辅导策略[J].思想理论教育,2011,5:73-78.
[5] 莫雷,颜农秋.大学生心理教育[M].广州:暨南大学出版社,1996.
[6] 钟明华,李萍.《思想道德修养》学习指导[M].广州:广东高等教育出版社,1998.
[7] 陈华蓉."95后"大学新生心理适应问题探析[J].现代交际,2019,(2):22,21.
[8] 贾晓明,陶勒恒.大学生心理健康——走向和谐与适应[M].北京:北京理工大学出版社,2005。
[9] 黄希庭.心理学与人生[M].广州:暨南大学出版社,2005.
[10] 励骅.大学生心理学[M].合肥:合肥工业大学出版社,2011.
[11] 胡华荣.女大学生自我安全意识与应急能力探讨[J].当代教育理论与实践,2011,3(10):61-63.
[12] 韩国栋.浅议培养青少年学生健康的自我意识[J].时代教育(教育教学版),2011,(1):237.
[13] 张敏.确立自我意识,激发学生发展的内在动力[J].雅安教育学院学报,2000,(3):16-17.
[14] 聂衍刚,李婷,李祖娴.青少年自我意识、生活事件与心理危机特质的关系[J].中国健康心理学杂志,2011,19(4):435-438.
[15] 张金峰.关于大学生自我意识的发展与教育[J].中国科教创新导刊,2011,(7):144.
[16] 陈理.当代大学生自我意识研究综述[J].大众科技,2011,(3):106-108.
[17] 赖文龙.大学生自我意识研究.[J]心理科学,2009,32(2):495-497.
[18] Jerry M. Burger.人格心理学[M].陈会昌,译.北京:中国轻工业出版社,2010.
[19] 王秀阁.大学生人际交往理论与方法[M].北京:人民出版社,2010.
[20] 赵平,夏玲.大学生心理健康问题与策略研究[M].合肥:中国科学技术大学出版社,2012.
[21] 杨睿宇,崔永鸿,毛媛媛.当代大学生人际关系学[M].重庆:重庆大学出版社,2014.
[22] 郑彩莲,杨振海,等.人际物语:大学生交往的智慧与秘籍[M].杭州:浙江大学出版社,2014.

[23] 朱坚强.大学生心理辅导与体验[M].上海:上海教育出版社,2015.
[24] 殷爱华.大学生人际沟通与交往艺术[M].大连:大连理工大学出版社,2016.
[25] 范朝霞,毛婷婷.新时期大学生心理健康问题与对策探究[M].北京:中国书籍出版社,2017.
[26] 徐莉.从我到我们——谈谈大学生人际交往[J].心理与健康,2019,(5):76-77.
[27] 樊富珉,王建中.当代大学生心理健康教程[M].武汉:武汉大学出版社,2014.
[28] 黄维仁.亲密之旅[M].北京:中国轻工业出版社,2011.
[29] 张晓玲,李佳.大学生性与恋爱心理困扰团体辅导方法与效果研究[J].黑龙江高教研究,2009,(2):147-149.
[30] 张建英,侯大寅.大学生恋爱与心理健康关系的调查研究[J].中国健康心理学杂志,2010,18(10):1266-1268.
[31] 郑日昌.大学生心理健康——自主与自助手册[M].北京:高等教育出版社,2007.
[32] 林永和,等.大学生心理素质教育实践教程[M].北京:经济管理出版社,2008.
[33] 张颖琳,仉媛.大学生心理健康教育[M].北京:高等教育出版社,2014.
[34] 布莱恩 L.西沃德,琳达 K.巴特利特.青少年心理压力管理手册[M].刘丹,译.北京:世界图书出版公司,2006.
[35] 黄希庭,郑涌.大学生心理健康教育[M].2版.上海:华东师范大学出版社,2009.
[36] 夏翠萍.大学生心理健康教育[M].北京:人民邮电出版社,2017.
[37] 姚萍.大学生心理健康与咨询[M].北京:北京大学出版社,2010.
[38] 游永恒.大学生心理咨询案例集[M].成都:四川大学出版社,2005.
[39] 顾瑜琦,孙宏伟.心理危机干预[M].北京:人民卫生出版社,2013.
[40] 夏翠翠.大学生心理健康教育[M].北京:人民邮电出版社,2015.
[41] 黄小梅.大学生心理健康教育[M].北京:人民邮电出版社,2013.
[42] 朱育红,潘力军,王爱丽.大学生心理健康教育课堂互动手册[M].上海:华东理工大学出版社,2015.
[43] 黎艳华.大学生心理健康教育[M].北京:北京理工大学出版社,2015.
[44] 蔺桂瑞.北京市高校心理危机预防干预工作指导手册[M].北京:高等教育出版社,2013.
[45] 刘济良.生命的沉思:生命教育理念解读[M].北京:中国社会科学出版社,2004.
[46] 李亚文.当代大学生生命教育现状及对策研究[D].上海:华东师范大学:2018.
[47] 力克·胡哲.人生不设限:我那好得不像话的生命体验[M].彭蕙仙,译.天津:天津社会科学院出版社,2011.
[48] 褚惠萍.当代大学生生命教育研究[D].南京:南京师范大学,2014.
[49] 彭舸珺.大学生生命道德教育方法的创设及运用[J].西北师大学报(社会科学版),2011,48(6):113-116.
[50] 刘宣文,琚晓燕.生命教育与课程设计探索[J].课程·教材·教法,2004,24(8):79-83.
[51] 水淑燕.价值澄清理论对高校德育改革的启示[J].扬州职业大学学报,2005,9(14):6-9.
[52] 朱光潜.朱光潜谈修养[M].北京:中国青年出版社,2013.
[53] 张美云.生命教育的理论与实践探究[D].上海:华东师范大学,2006.
[54] 廖桂芳,徐园媛.生命与使命——大学生生命教育创新模式构建[M].成都:电子科技大

学出版社,2012.
[55] 叶华松.大学生生命教育[M].杭州:浙江大学出版社,2011.
[56] 武志红.为何家会伤人[M].北京:世界图书出版公司,2007.
[57] 卢婧,曹莉莉.混沌理论视角下原生家庭影响力探析[J].齐齐哈尔大学学报(哲学社会科学版),2011,(1):71-74.
[58] 王恪.大学生网络成瘾的预防与戒除[M].北京:北京航空航天大学出版社,2013.
[59] 张兰君.大学生网络成瘾倾向多因素研究[J].健康心理学杂志,2013,11(4):279-280.
[60] 赵北平.大学生职业规划与职业发展[M].武汉:武汉大学出版社,2006.
[61] 方伟.大学生职业生涯规划咨询案例教程[M].北京:北京大学出版社,2008.
[62] 钟谷兰,杨开.大学生职业生涯发展与规划[M].上海:华东师范大学出版社,2008.
[63] 巴里·施瓦茨.选择的悖论[M].梁嘉歆,黄子威,彭珊怡,译.上海:华东师范大学出版社,2008.
[64] 文厚润,张斌.大学生就业实用教程——大学生职业发展与就业指导[M].2版.北京:高等教育出版社,2013.
[65] 吴克明.中国大学生就业问题研究[M].济南:山东人民出版社,2015.
[66] 李家华,黄天贵.职业指导[M].北京:高等教育出版社,2008.
[67] 罗双平.职业选择与事业导航——职业生涯规划技术[M].北京:机械工业出版社,2007.
[68] 高桥.大学生就业指导[M].北京:清华大学出版社,2006.
[69] 罗伯特·里尔登,珍妮特·伦兹,加里·彼得森,等.职业生涯发展与规划[M].侯志瑾,等,译.北京:高等教育出版社,2005.
[70] 严建雯.大学生创业心理研究[M].北京:世界图书出版公司,2013.

后 记

近几年,大学生心理健康教育日益受到党和国家的高度重视,各省市教育行政机关和高校学生管理部门也一再强调加强大学生心理健康教育工作。四川工商学院近几年在转型发展中取得了显著成绩,学校对大学生心理健康教育工作愈加重视,在颁发的《中共四川工商学院委员会 四川工商学院关于加强和改进新形势下思想政治工作的实施方案(试行)》中,明确提出要加强学生心理健康教育、充实心理健康教师队伍、开展心理健康教育研究,打造适合我校学生教学特点和心理需求的公共基础课。在这样的背景下,通过编写组全体老师的努力笔耕,我们这本《新编大学生心理健康教育》教材诞生了。

正如前言所述,虽然目前国内已有同类心理健康教育教材,但不能很好地结合我校实际发展情况和学生学习特点,因此我们编写组根据本校转型发展方向、应用型本科特点以及学生心理需求编制了这本教材。在编写过程中,我们力图强调教材要系统、全面、有创新地涵盖现有教材内容;既要强调学术性和科学性,又要兼顾趣味性和可读性;理论知识一定要与实际和实践尤其是本校实践相结合,达到让学生阅读后感到有趣有用、爱学想学的目的。

本教材由徐鸿、高恩胜和潘复超策划发起并组织实施。徐鸿起草、修改并完成全书大纲章节及体例内容。徐鸿、潘复超编写第一章,徐鸿、潘复超编写第二章,邹雨婷编写第三章,徐迪、郑蓉编写第四章,徐迪编写第五章,王耘科编写第六章,徐鸿、刘鸿娇编写第七章,刘方编写第八章和第九章,母建春、徐鸿编写第十章,覃琴编写第十一章,张红梅编写第十二章、黄河编写第十三章。刘方、徐迪和黄河分工完成了第一次统稿,徐鸿、刘方、徐迪和黄河再次分工完成了第二次统稿,徐鸿、潘复超完成最后的定稿。

非常感谢学校党委胡增军书记和校长夏明忠教授对本教材编写工作的大力支持,校长夏明忠教授还拨冗为我们的教材撰写了热情洋溢的前言。副校长张晓舟教授对整个编写过程给予关心和帮助,通阅书稿并提出了宝贵意见。校长助理、教育学院院长高恩胜教授从策划发起、组织实施到人员协调做了大量细致的工作。两个校区的教务处领导、学生处领导、图书馆领导等,给予了编写组全体老师很多支持和帮助,在此一并致谢!

徐 鸿
2021年3月于四川工商学院